Malersaal.

Rüstkammer.

Souffleusen.

Gerhard Stadelmaier
Letzte Vorstellung

Die Andere Bibliothek
Herausgegeben
von Hans Magnus Enzensberger

Gerhard Stadelmaier

Letzte Vorstellung

Eine Führung
durchs deutsche Theater

Mit Photographien
von Hermann und Clärchen Baus

> *Theater. Wenn ich bedenke, daß Gott,*
> *der alles sieht, sich das hier auch ansehen muß!*
> Jules Renard, »Tagebuch«

Eichborn Verlag
Frankfurt am Main 1993

Für Anni und Georg Hensel

Vorverkauf.

Der Gedanke ans Hinauskommen wird
ein Genuß sein, wenn wir erst einmal
drinnen sind.

Robert Walser, »Komödie«

Es ist nicht zu verfehlen, liegt mitten in der Stadt, meist verkehrsgünstig neben einem Parkhaus, am besten ein bißchen erhöht. Alle Wege führen zu ihm hin. Es strahlt. Die großen Fenster zwischen den Säulen oder dem Fassadenstuck sind hell erleuchtet. Es möchte ein Schmuckstück sein, ist oft nicht mehr als ein Prunkstück. Wenn es schön aussieht, ist es mindestens hundert Jahre alt, ein wollüstig steinernes Kind des neunzehnten Jahrhunderts, einschüchternd prächtig mit Stufen, Portalen, Fenstergiebeln, Balkonen und Nischen verziert, in denen alabastern Musen oder Dichtergipsköpfe sich zum Exempel statuieren. Wenn es häßlich aussieht, hat man es in den sechziger, siebziger Jahren gebaut, mit Metallamellen verkleidet, als sei es der Vorstandssitz eines Aluminiumkonzerns, oder in riesige Betonklötze gegossen, die ihm den Anschein eines versunkenen Schiffes geben: Mitten in der Stadt liegt die *Titanic*.

Es ist, so oder so, ein Ort gesellschaftlicher Repräsentation, wo sich im Idealfall die ganze Stadt treffen könnte, wenn sie wollte. Auch wer sich nicht dort einfindet, bezahlt dafür, daß andere sich dort treffen können. Für die zweihundertundzwanzig öffentlichen

Theater in Deutschland geben die öffentlichen Hände vier Milliarden Mark im Jahr aus. Das ist wenig, wenn man bedenkt, was für andere Sachen, wie zum Beispiel Rüstungsgüter, ausgegeben wird. Das ist viel, wenn man bedenkt, daß viele Theater nicht mehr wissen, wofür sie das Geld eigentlich ausgeben.

Über den klassizistischen oder gründerzeitlichen Säulen und Giebeln wehen in der Regel große weiße Laken. Was von ferne wie ein Zeichen von Kapitulation aussieht, entpuppt sich beim Nahekommen als Bilanzangriff. Das Theater hat sämtliche Premieren und Vorhaben aufs große Laken drucken lassen. Der Wind bläht es. So kann das Theater »Schiff unter vollen Segeln« spielen, als sei es zu anderen Ufern unterwegs.

Das Laken hat sich in Ost und West, Nord und Süd als obligatorischer Fassadenschmuck durchgesetzt. Er lockt Jahr für Jahr an die achtzehn Millionen Menschen in die Theater. Diese glauben, daß sie, wenn sie Vestibül, Foyer und Garderobe passiert haben, im wichtigsten Raum des Theaters, dem Zuschauerraum, Platz nehmen. Sie fühlen sich dort im Zentrum.

Das Zentrum ist aber immer mehr an den Rand gerückt. Oft ist es schon mit Scheinwerferbatterien in der Höhe vollgestopft; manchmal beanspruchen diese sogar den Platz zweier Logen. An besonders albtraumhaften Theaterabenden will es scheinen, als sähen dem Geschehen auf der Bühne nicht die Menschen im Parkett, sondern die technischen Geräte überm Parkett zu. Als kontrollierten sie technisch, was oftmals auch nur technisch dort oben hergestellt wird. Es sind Abende, an denen die Begründung der Politiker, warum ihnen das Theater so teuer ist, sofort einleuchtet: Das Theater als »Standortfaktor« und »Infrastrukturmoment« muß klotzen, nicht kleckern.

Es steht in Konkurrenz zu anderen Standortfaktoren wie Freibädern und Zoos. Aber ein Löwe bleibt auch hinter goldenen Gitterstäben ein Löwe. Im Theater ist alles, was glänzt, Gold. Dagegen stellt eine Neoninstallation, die in der Aufführung nur zehn Sekunden lang zu sehen ist, nichts weiter dar als ein riesiges rotes, glühendes Dreieck, das nichts bedeutet, aber viel kostet. Sechzehn gigantische Styropor-Kühe, die wochenlang die Werkstatt lahmgelegt haben, sind nur deshalb anwesend auf den Brettern, die den Bauernhof bedeuten, weil im Stück ein Landwirt im Ruhestand auftritt. Ein Wald aus zweihundert Raummetern Tannenholz wird für ein Rotkäppchen errichtet, das nichts als ein blödes Rotkäppchen ist, aber dies vier Stunden lang. Oder es schwebt eine Orgel über den Zuschauern, die richtig tönt, dazu auf der Bühne ein megalomanes Welt-Ei, bühnenhoch, in der Mitte gespalten, auf dem oben Adam sitzt, unter dem unten Eva kauert, weshalb auch die stundenlange Inszenierung danach gar nicht erst zu beginnen brauchte, denn das Großbild hat schon alles erklärt, was die Inszenierung dann nur noch nachplappern kann.

Wer dem allem zuschaut, der ahnt, daß er nicht mehr im Zentrum sitzt. Diese liegt über und hinter der Bühne, dort, wo der Apparat wuchert, wo der Leiter der Schreinerei immer wieder den geflügelten Satz sagt: »Hier ist eine Schreinerei, und kein Theater!« Dort, wo der Beleuchter die Farbfilter vor den Scheinwerfern aus der einen Inszenierung auch für die nächste Inszenierung am anderen Abend aufgesteckt läßt, weil es ihm so gefällt; ein unfreiwilliger Spareffekt aus apparatehafter Präpotenz. Dort, wo Requisiten wie in einem Supermarkt des Luxus und der Moden bereitliegen: heute ein Schweizer Armeemesser, morgen ein

9

Porsche, übermorgen eine komplette Einbauküche —
und das Programmheft vermerkt dankbar »mit Unter-
stützung der Firma Alno«.

Wer öfter im Theater sitzt, dem scheint es, als
wüchse der Bühnenraum dschungelartig zu, als
kröchen immer teurere Materialien aus verborgenen
Löchern auf die Szene. Oft verschwinden Menschen,
die man Schauspieler nennt, unterm Blitzgewitter der
Lichtspiele, im Hagel der Materialschlachten, unter
der Wucht der Bildzeichen.

Das Haus, das da so schön mitten in der Stadt liegt
und mit Geheimnissen und Wundern lockt, die nir-
gendwo anders zu haben sind, weder im Zoo noch im
Kino und auch nicht im Zirkus, ist mehr in der Hand
der Handwerker und Techniker als in der Hand der
Zauberer und Geisterbeschwörer.

Dieser Ort, der zur Stadt gehört wie Rathaus und
Bahnhof, Kneipe und Bordell, Kino und Park, Kinder-
garten und Fußgängerzone, weist oft weit über die
Stadt hinaus. Er ist der Ort des Begehrens von ganz
fremden Leuten, Schauspielern, die ihm zugehören
wollen und nur für ein paar Jahre Station machen,
Regisseuren, die ihre Erfahrungen von anderswo hierher mitbringen und so eine ganz andere Stadt und
deren Theater an diesen Ort transferieren, Kritikern,
die hierher reisen und die Szenen, die sie gesehen
haben, für Leser in ganz anderen Städten beschreiben.
So zieht das Theater in der Stadt Kräfte an und gibt
sie weiter.

Es ist ein ungeheuer lebensvoller, impulssatter
Organismus. Jeden Abend eigentlich könnte von
ihm überprüft werden, was von dem, was man an
alten Erfahrungen mit alten Geschichten gemacht hat,
noch zählt, was es an Neuem zu sehen und zu begreifen

gibt. Und dabei ist es die einfachste Sache der Welt und die unbegreiflich schönste.

Menschen treten hervor und spielen anderen Menschen etwas vor. Die einen agieren auf einer Fläche, die der Fläche, worauf die anderen sitzen, entgegengesetzt ist. Im »entgegen« liegt der Witz. Wer neben mir sitzt und anfängt, zu reden, zu klagen oder komische Dinge zu sagen, ist für mich noch kein Schauspieler. Erst wenn er sich von mir abspaltet, sich mir konfrontiert, verändert er sich und mich: Er zeigt mir, was gar nicht da ist. Mit diesem Trick, dem ältesten der zivilisierten Welt, setzt er mich in Bewegung, auch wenn ich sitzen bleibe.

Dann, wenn ich durcheinandergebracht, *gerührt* bin, wenn er mich angesprochen hat mit seinem Spiel, wird der Ort, den man Theater nennt, zum Land, aus dem die Träume sind. Und nur dann lohnt es sich, ihn aufzusuchen. Es ist aber immer weniger der Ort, wo die Schauspieler sind, die einem Publikum etwas zu sagen haben. Die Schauspieler suchen den Kontakt mehr zu den Requisiten als zum Publikum, sie dienen mehr dem Aufwand, den man mit ihnen und um sie herum treibt, als daß ihr Trieb befriedigt würde, ihrem Zuschauer entgegenzutreten.

Immer weniger Schauspieler, Regisseure, Intendanten, Bühnenbildner, Kostümbildner wissen immer weniger, was sie mit diesem großen, teuren Spielzeug Theater eigentlich anfangen sollen. Das häufigste Wort, das man in Theaterkreisen am Ende des zwanzigsten Jahrhunderts hört, ist »Ratlosigkeit«. Die Politiker nehmen Intendantenwahlen zwar noch immer so wichtig wie das Parlament eine Bundeskanzlerwahl: Man tut immer noch so, als hinge von diesem einen Mann das kulturelle Wohl und Wehe einer ganzen Stadt ab, als könnten er und sein Theater die

Kommune über ihre Unwirtlichkeit hinwegtrösten, indem er ihr Glanzlichter aufsetzt.

Aber dieses Wichtigkeitsgefühl, mit dem das Theater im öffentlichen Bewußtsein immer noch paradiert, hält oft nicht einmal bis zum ersten finanzpolitischen Debakel in der Stadt- oder Staatskasse an. Dann vergreifen sich die Sparpolitiker aller Parteien gerne zuerst am Theater, dem sie mal vernünftige, mal unsinnige Einschnitte in den Etat zumuten — nie aber Einschnitte in die Strukturen, den Apparat, der am meisten kostet, aber unter gewerkschaftlicher Aufsicht vor sich hin wuchert. Gespart wird meistens bei der Kunst. Und der Intendant, der, nachdem man ihn in komplizierten Verfahren und geheimen Gesprächen gekürt hatte, noch wie ein Papst einzog in die Stadt, wirkt jetzt wie ein lästiger nassauernd-quengeliger Bittsteller, der nicht Vernunft annehmen will. Es ist ihm nicht gelungen, den Politikern in Stadt und Land und vor allem dem Publikum klarzumachen, warum sie auf gar keinen Fall auf das Theater verzichten dürften. Er hat ihnen kaum die Dinge gezeigt, von denen sie so fasziniert gewesen wären, daß sie sich das Leben in der Stadt ohne das, was ihnen hier geboten wird, gar nicht mehr vorstellen könnten.

»Um also vom Theater zu sprechen, nehmen wir einmal an: das Theater, das Sie als Intendant betreuen, als Dramaturg beraten, als Kritiker überwachen, nicht das Theater als Begriff, sondern ganz konkret und lokal: Ihr Theater, das vertraute Haus an der Sowiesostraße, genau dieses eine Theater (. . .) ist über Nacht geschlossen worden. Außer Betrieb. Und nicht nur das Ihre. (. . .) Ihr Haus, sei es ein altes mit Glanz der Zwanzigerjahre im Kronleuchter oder ein neues, eben erst erbaut in Stahl-Beton-Glas mit Ausmaßen, die dem Aufschwung auf anderen Gebieten entsprechen, das Haus steht unversehrt, brauchbar wie das Theater von Epidauros, ebenso still. (...) Ein Passant vielleicht, den Sie um Auskunft bitten, kann sich erinnern, daß hier einmal Theater gespielt worden ist, und geht freundlich weiter, als wären die Zeiten des Theaters vorbei.«

Diese Vision, einen Vorschlag zur Güte fast, richtete Max Frisch, dem Theater als Autor verbunden, 1967 an eine Tagung von Theaterleuten. Frisch kennzeichnete die Vorstellung, daß es in Deutschland kein Theater mehr gebe, ausdrücklich als »belebend«. Man kann solch ein Denkspiel nur in Zeiten als belebend empfinden, in denen das Theater ein belebender Faktor ist. Man kann an der Abschaffung von etwas nur dann richtigen Geschmack finden, wenn das Abschaffungsspiel den Spaß am Ernst der Sache nicht gefährdet, die Sache absolut fraglos dasteht und der Gedanke, einmal so tun, was wäre, wenn . . ., nur ein Gedanke ist, der dieser Sache neuen kontradiktorischen Schwung verleiht, sie hinterm negativen Gedankenspiel um so strahlender wieder auftauchen läßt. »Denken Sie jetzt nicht«, fährt Frisch fort, »der Staat hat seine Zuschüsse gestrichen. Das ist es nicht. Das kann der Staat sich gar nicht leisten, solange er unsere Steuern braucht auch für Tanks und Düsenbomber; auch diese werden manchmal fehlgesteuert. (...) Daß Sie Hochhuth spielen, daß Sie Hochhuth nicht spielen, das eine wie das andere ist es nicht. Der Spielplan, auf einem vergilbenden Plakat noch zu lesen, darf sich sehen lassen: eben wurde hier noch Brecht gespielt, Shakespeare — Schiller — Kleist — Büchner — Tschechow, dazu Walser — Albee — Dürrenmatt — Beckett usw. Weiss war angekündigt; eine Werkraumbühne, intim und weltoffen, war auch in Betrieb, allzeit bereit für Kühnes. Was konnten Sie mehr tun? Und nun sitzen Sie auf dieser Treppe vor dem Theater und füttern die Tauben, und der da des Weges kommt, nehmen wir an, das sei ich, ein Autor!«

Und danach entwickelt Frisch ganz sanft, beharrlich und vernünftig und auch selbstgewiß-moralisch, wie es seine Art war, die Rettung des Theaters durch den Autor. Durch das Wort, das die Haltungen der Gesellschaft umwerte, sie unmöglich mache, sie umtaufe, werde das Theater doch schon in den Stand gesetzt, so etwas wie die »Innere Führung« der Gesellschaft zu übernehmen. Frisch greift dann zum höchsten Vergleich:

Allein die Tatsache, daß die Hitler-Herrschaft, angewiesen auf leidenschaftliche Verdummung, die Literatur der Zeit nicht habe dulden können, sei Beweis genug, wieviel die Sprache offenbar vermöge; wenn auch ein negativer Beweis. Frischs Position ist ein großes Trotzdem!, gekoppelt an die Literatur, die dem Theater auf die kritischen Sprünge helfen könne.

Inzwischen hat das Theater die Literatur aus dem Theater so ziemlich vertrieben. Worte, auch und gerade solche, in und mit denen sich »Haltungen« ausdrücken lassen, sind vernutzt worden in der Theatermaschinerie. Frisch forderte 1967 vom Theater der Klassiker, daß es »uns das Allzunahe durchsichtig« mache »auf klassische Distanz«: Hamlet, der »prunkende Prinz im Hause eines Mörders«, der Mitmacher in einer Gesellschaft, die, um sich zu erlösen, nur *en famille* Selbstmord begehen könnte — das sei etwas, was uns heute (von 1967), meint Frisch, unmittelbar betreffe, wenn man es nur »durchsichtig mache«.

Hamlet ist in den fast dreißig Jahren seither durch sämtliche Neurosen, Psychosen, Mutterschöße gekrochen, gelaufen, gehastet. Sein vorerst endgültiger Platz war ein Eisschrank, aus dem er sich nie richtig befreien konnte. Er hat die Lehre aus Heiner Müllers *Hamletmaschine* kapiert, daß er sein »Drama im Rücken« habe, daß es nicht mehr stattfinde, untergehend im Geräusch parallel nebeneinander herlaufender Zivilisationskatastrophen. Der Griff zur größtmöglichen Vernichtungsgeste löscht aus, was das, wonach gegriffen wird, uns noch sagen könnte: Sie macht nur noch Dauerschaudern und erregt eine wohlig gruselige Langeweile. Durchsichtig ist das alles nur allzu sehr, aber es verlangt nur noch unser globales Kopfnicken als Einverständnis ins grotesk Schreckliche. Es geht nur noch um den »Riß durch die Welt«. Um uns geht es nicht mehr.

Auch deshalb könnte heute niemand auch nur mit dem Gedanken spielen, die Theater für einige Zeit zu schließen, um dann zu sehen, ob jemand ganz dringend nach ihnen so sehr verlangte, daß der Gesellschaft und der öffentlichen Hand gar nichts anderes übrigbliebe, als sie schnellstens wieder zu öffnen.

Im Gegenteil. Die deutsche öffentliche Hand hat am Ende des Jahrhunderts nicht übel Lust, sich etlicher Theater zu entledigen — vor allem deshalb, weil es vorzugsweise in Ostdeutschland zu viele davon gibt, wo in der DDR fast jede kleinere Stadt ihr größeres Dreispartenhaus besaß. Als nach der sogenannten Wende von 1989 und der deutschen Einigung von 1990 der Bund in Bonn für die Gesamtheit der ostdeutschen Theater mit jährlich 900 Millionen Mark finanziell aufkam, wurde jedem Haus eine Liste mit zehn Fragen zugeschickt, auf der die Bühnen die für ihren Unterhalt erforderlichen Mittel, ihre Ensemblestärke, ihre technische Ausrüstung und dergleichen mehr eintragen sollten. Die

zehnte Frage begehrte Auskunft darüber, welche Maß-
nahmen die Bühnen in Angriff zu nehmen gedächten,
um ihre Struktur zu ändern. Welche Möglichkeiten
sie sähen, ihre Apparate abzuspecken, ihre Überbeset-
zungen abzubauen. Die zehnte Frage blieb unbeant-
wortet.

Auch die Bühnen im Westen hätten und haben
wenig Lust, sich zu ändern, was ihren »Beton« angeht, den Intendanten und Kulturpolitiker immer so
emphatisch-erzürnt beschwören, wenn sie beklagen,
daß sich eigentlich alles ändern müsse, sie aber nichts
tun könnten, denn der »Beton«, die zementierten
Strukturen von Technik und Verwaltung und Gewerkschaft, verhinderten dies.

Manchmal treffen sich die Intendanten, malen ein absolut apokalyptisches Szenario an die Wand, hauen mit
den Fäusten auf den Tisch, schwören, daß es so nicht weitergehe — bis zum nächsten Mal, wenn sie sich wieder
treffen, mit den Fäusten auf den Tisch hauen, beklagen,
daß »der Lappen« (Vorhang) an immer weniger Tagen
im Jahr überhaupt noch hochgehe, daß sie zu Schließtagen förmlich gezwungen seien, daß die Arbeitszeitver-
kürzungen im Personal ihnen immer weniger Premieren
erlaubten, daß die Bühnenbildner immer unverschäm-
ter würden und daß ihre Theater eigentlich unregier-
bare Monstren seien. Aber diese Monster regieren sie
weiter, als seien sie regierbar.

Das Monster ist ein Großbetrieb, der vom Stadttheater mit drei-, vierhundert Angestellten bis hin zum Staatstheater mit über tausend Lohnabhängigen reicht. Ein
Mischkonzern mit hoher Arbeitsteilung und hohen Rei-
bungsverlusten. Er hat Tochterfirmen, die sich »Studio«,
»Podium«, »Lusterboden«, »Malersaal« oder »Werkstatt«
nennen. Das sind die Stätten, auf denen das stattfindet,

was man fälschlich »das Experimentelle« nennt. Es findet auf ihnen nämlich auch nichts anderes statt als das, was geht; und da nach der Moderne alles geht, ist eigentlich auch nichts mehr Experiment.

Das Experiment hauste in den fünfziger, sechziger Jahren noch in den Kellern der kleinen Theater, meist privat finanziert, bewußt dem öffentlichen Programm der großen, subventionierten Bühnen entgegengesetzt. Es war ein Experimentieren mit Autoren. In den siebziger Jahren wurde das Experiment oder was von ihm noch übrigblieb, an die Staatstheater delegiert, die zunehmend mit den Experimenten der Regisseure beschäftigt waren. Die Kleintheater dagegen gaben auf oder stießen in die Marktlücke, die von den Großtheatern aufgerissen wurde: Man spielte jetzt in Gewölben und Kellern und auf Nudelbrettern vor dem soignierten Publikum, das aus den Großtheatern floh, damit es unterirdisch seinen Klassiker im alten Stil, dröhnend vom Blatt, vorgesetzt bekam, während ein paar hundert Meter weiter im Staatsschauspiel Faust stöhnend im Bett Hand an sich legte.

»Studio«, »Podium«, »Werkstatt« sind keine Orte, an denen man heute andere, kühnere Qualitäten als auf den Hauptbühnen erblicken könnte. Es ist nur noch eine Frage der Quantität, der Besetzung und des Bühnenbildetats. Literarisch ist den Bühnen alles eins. Ein *Macbeth* hier in der »Werkstatt«, dort auf dem Burgtheater; eine lockere, harmlose Sketch-Folge wie *Babylon-Blues* von Tabori in riesiger Aufmachung auf der riesigen Burgtheater-Bühne; ein großes, gewaltiges Stück wie Schillers *Jungfrau von Orleans* in Frankfurt im intimen »Kammerspiel«. Der kleinere Raum schafft meist keine eigene Spielart, er ist eine willkommene Ausweichstation für dispositionelle Engpässe, verschlingt

17

aber andererseits wieder Kosten für Technikerstellen. Die Räume, die auf die Theaterkunst verkleinernd wirken, vergrößern den Apparat.

Die deutschen Theatermacher halten sich für »Theaterweltmeister« und ihr Theatersystem für das »beste System der Welt«. Das rührt daher, daß dieses System es ihnen erlaubt, jeden Abend etwas anderes zu bieten: heute *Hamlet,* morgen Beckett, gestern Hochhuth. Sie können viele Stücke und Inszenierungen über Spielzeiten hinweg im Angebot halten. Der geradezu grundgesetzliche Gedanke, Repertoire zu spielen innerhalb eines absolut hierarchisch gegliederten Systems, in dem jeder, vom Intendanten bis hinunter zum Regie-Hospitanten, Teil eines staatlichen, kameralistisch bestimmten Regie-Betriebs ist, spielt in die Sphäre des Absolutistischen hinüber. Der Souverän ist nur dann souverän, wenn er jedem nach seinen Bedürfnissen das ihm Gemäße bietet. Dies tut er mit einer zentralen Steuerung, die er Konzeption nennt und die dem urdemokratischen Pluralismus dienen soll.

Die Stadt- und Staatstheater, Nachkömmlinge der höfischen Residenztheater, haben den Anspruch, in ihrem beschränkten Rahmen das Ganze, die Vielfalt der Welt zu zeigen: Duodez-Fürstentümer, die mit dem Kosmos liebäugeln. Während die Theatersysteme Frankreichs oder Englands, abgesehen davon, daß es dort eine öffentliche Subvention kaum oder nur in sehr bescheidenem Maße gibt, normalerweise jede Produktion absolut setzen. Jede Inszenierung ein eigenes Reich, das durchschritten und durchmessen wird in einer festgesetzten Frist. Daneben gibt es keine anderen Reiche und Götter. Kein Repertoire-Himmel überwölbt das kleine, weite Land. Und wenn es *en suite* oder *en bloc* abgeschritten ist, dann nimmt man sich eine neue Gegend vor. Dieses System erfordert in seiner Beschränkung auf jeweils einen Reiz in einem Haus den Einsatz von Konzentration. Vielfalt und Reichtum gibt es da nur durch viele einzelne Häuser. Man flaniert zwischen den Theatern hin und her.

Das deutsche System erfordert in seiner auf jeweils ein Haus verstreuten Vielfalt den Einsatz reicher Mittel und Massen von Leuten. Die Weltmeister müssen klotzen. Nur sind die Zeiten nicht mehr zum Klotzen. Die öffentlichen Finanzmittel für das deutsche Theatersystem, das immer mehr wächst und immer weniger produziert, können nicht ins Unermeßliche steigen. Den Weltmeistern droht der Abstieg.

An besonders schönen Tagen sitzen sie zusammen und kommen als Sitz-Gruppe in die Zeitung. Dann sieht es so aus, als stellten sie im Feuilleton ihre Mannschaft auf, als redeten und schwärmten sie von den Toren, die sie zu schießen gedächten, von den Kombinationen, die sie trainierten, von den Pässen, die ihnen glücken müßten, von ihren Dribbel-Tricks, die sie draufhätten. Vor allem jüngere, unerfahrenere Weltmeister üben sich so im gegenseitigen Gespräch, das vor allem eines zeigt: daß sie noch an die Magie des öffentlichen Redens glauben, an die Beschwörungskraft von Floskeln und Sentenzen, an die Sache, die, spreche man sie nur an und aus, sofort zur Tatsache werde.

Hört man aber genau zu, dann geht es im Tiefen-Text ihres Geredes nur um eines und um ein anderes: um Geld und um die nackte Überlebensangst. Sie reden gerne vom Aufbruch, fürchten aber den Abbruch ihrer Existenzen. Sie reden vom Theater als vom Überlebensmittel einer Gesellschaft, wissen aber nicht mehr, wie sie es der Gesellschaft reichen sollen, so daß diese es überhaupt noch wahrnimmt.

Der eine, hoch in den Vierzigern, grau meliert das
Haar, melancholisch gestutzt der Schnurrbart, auf
dessen Bühne es gerne so gepflegt chaotisch zugeht,
redet sich in den Traum hinein, daß das Theater nur
überleben könne, wenn es die Leute im Kopf klarer
mache. Der andere, umwallt von einer eindrucksvollen
Asketenmähne, die er sonst immer schüttelt, wenn er
seine Regie-Bluthunde von der Leine läßt, die alles
kurz und klein beißen, gerät in geradezu religiöses Ent-
zücken: »Wir sind doch wie die Ritter vom Heiligen
Gral. Auf der Suche — was ist Theater, was bewirkt
Theater? Und mit dieser Suche fangen wir jeden Tag
neu an. Wir werden also mit lebendiger Arbeit anfangen!« Ein dritter, der durchaus als solider Bankange-
stellter durchgehen könnte, phantasiert vom »Theater
als von einer Investition in das Individuum«. Sie
stehen mit dem Rücken zur Wand, fechten mit Worten
ins Leere und pfeifen im Dunkeln.

Sie selber haben sich eingeredet, sie dürften, wenn
sie von Subventionen reden, nicht von Subventionen
sprechen, das klinge so bedürftig, so bittstellerisch.
Das Geld, das vom Staat komme, sei die pure selbst-
verständliche Notwendigkeit. Der Bankangestellten-
Typ: »Ich rede schon lange nicht mehr von Subvention.
Ich rede von Investition in eine demokratische Gesellschaft. (. . .) Wenn wir nicht anfangen, radikal Begriffe
anders zu besetzen, sind wir selber schuld. Ich gehe
nie zu einem Minister und bitte um Subventionen.
Wir haben in Hannover ein Schauspielhaus neu gebaut,
gegen jeden Widerstand. Niemand hatte Geld. Ich
habe gesagt: Wenn ihr nicht weiterbaut, drehe ich hier
morgen den Schlüssel rum.« Die Szene des Mameluk-
ken-Muts, die hier mit Stolz beschrieben wird, ist
typisch.

Sie bezeichnet ein Verhalten, das nur noch dann mit einem Ausbruch, einer Ausfälligkeit, einer Regung überhaupt aufwartet, wenn es um die Bedrohung oder um die Erweiterung des materiellen Bestands geht. Die Institution ist ihnen lange schon identisch geworden mit der Kunst, zu deren Erzeugung die Institution erst das Mittel sein sollte. Zwar schwärmt der eine: »Wenn uns jemand nicht mehr arbeiten läßt, finden wir eine Fabrikhalle. Dort werden wir uns alle wieder treffen, mit guten Schauspielern, und weiter Theater machen. Um das Überleben von Theaterkunst, und darum geht es mir, mache ich mir keine Sorgen.« Aber die Suche nach der Fabrikhalle, die in den späten siebziger, frühen achtziger Jahren unter Theaterleuten einmal eine hochsubventionierte Mode war, würde er sich ganz gewiß wieder subventionieren lassen — oder sie aufgeben.

Das Reden der Theatermacher von ihrer Kunst als einer eigentlich einfachen Sache wird schnell zur Lüge, wenn man sieht, wie einfach sie es sich in ihren komplizierten Apparaten machen. Sie investieren lieber 250000 Mark ins Lichtdesign einer Inszenierung als einen Gedanken in die Überlegung, ob die rotglühende Ecke und das blauschimmernde Dach, das gelb flirrende Dreieck überm Riesensofa im Hintergrund mit den beiden Schauspielern etwas zu tun haben, die ganz klein im Vordergrund einen unerbittlichen Kampf um Vorteile im Geschlechterkrieg kämpfen, aber nur nett und gepflegt herumstehen und sich manchmal das eine oder andere Wort an den Kopf werfen, ohne daß das ihre Köpfe etwas anginge.

Ihre Häuser wirken wie Schiffe unter vollen Segeln, bis über die Toppen geflaggt: Freibeuterbriggs der Kultur. Aber sie kommen immer schwerer in Fahrt.

Es ist abzusehen, daß sie irgendwann liegenbleiben. Für die Oper der Stadt Frankfurt am Main hat deren Intendant zu Beginn des Jahres 1993 prognostiziert, daß, wenn die Strukturen so blieben, ja noch wüchsen, spätestens 1997 das Haus nur noch in allen Abteilungen von Technik, Verwaltung, Werkstätten sich selbst unterhalten könne, ohne dann imstande zu sein, eine einzige Vorstellung herauszubringen.

Und Matthias Langhoff, 1993 noch ein Mit-Intendant des Berliner Ensembles, hat in einem »Brief an einen Senator« die absurden Folgen eines Staatstheater-Unwesens skizziert, das logisch ins Absurde wächst. »Es gibt, meines Erachtens, nur zwei Wege für das Berliner Ensemble. Der erste, das Berliner Ensemble wird übernommen als das, was es schon ist, ein Staatstheater wie andere auch. Dann sollte nicht an ihm gerührt werden, außer soweit, daß das Ensemble ständig vergrößert werden müßte. Der Tatsache, daß die beschriebene Entwicklung ein Theater schuf, in dem von 267 Beschäftigten 104 bereits seit 15 Jahren dort arbeiten, könnte durch Mehrposten und Stellenplanaufstockung begegnet werden. Eine Art Burgtheater, wo Sammelplatz und Ruhepunkt identisch sind. Legitimiert durch den Satz, ›Jeder ein verdienter Künstler des Volkes‹, und das Ende der Spirale wäre erst erreicht, wenn das gesamte Volk zum Berliner Ensemble gehört.« Der andere Weg wäre, so Langhoff, eine Reform des Berliner Ensembles. Diese kam Anfang 1993 dadurch in Gang und erreichte wahrscheinlich schon ihr Ende, daß man nun nicht das ganze Volk zum Ensemble machte, aber dem Haus immerhin schon mal fünf Intendanten spendierte: Die Stellenvermehrung fand, ganz im Sinne des alten hierarchischen Musters, auf Leitungsebene statt.

Sonst aber hat Langhoff schon wieder recht: »Das Problem ist nicht, daß die Theater zu teuer sind, sondern daß sie zu teuer sind für das, was sie sind.« Sie sind zu teuer als ihre eigenen Selbstbeschäftigungsapparate mit impotenten, starren Strukturen, in denen alles, auch das nur mit Zeitverträgen versehene Flüchtige, in die Verbeamtung drängt, vor allem in die geistige Verbeamtung. Langhoff: »Die DDR und die Bundesrepublik haben sich immer zu wichtig genommen, auch kulturell. Das war enervierend, aber verzeihbar, solange die Existenz aus der Konfrontation heraus behauptet wurde. Heute ist das zusehends ermüdend. Daß da zusammenwächst, was zusammengehört, kann ja auch eine Schreckensvision sein.«

Der öffentliche Auftrag, das der Öffentlichkeit vorzusetzen, was sich nicht verkaufen muß, was auf den Mechanismus von Angebot und Nachfrage, von Kosten und Nutzen keine Rücksicht zu nehmen braucht, was es erlaubt, das Unerhörte, Neue, Unerprobte genauso vorzustellen wie das Alte, längst Erprobte, ist einerseits versandet im Einerlei: Alle machen das gleiche, das Neue ist überall dieselbe Mode; die Demut, das Wunder zu suchen, ist der Chuzpe gewichen, das Beliebige neu aufzuputzen. Andererseits hat der öffentliche Auftrag, lebendig zu sein, das Theater dazu verführt, immer mehr Mittel und Energie damit zu verschwenden, das Leben im Toten oder Leeren zu suchen — und, je weniger es fündig wurde, immer schneller sich um sich selbst zu drehen.

Der Regisseur Hans Neuenfels, einer der größten derartigen Verschwender, der seine inszenatorische Leere bisher hinter krampfhaft-interessant verzerrten Psycho-Masken verbarg, hat in einer *Theater heute*-Kolumne bekannt: »In den letzten Jahren haben wir

Theaterleute der Öffentlichkeit unseren Beruf immer frivoler als windige Überflüssigkeit vorgeführt. Wir haben die Attitüden der derzeitigen einbalsamierten Gesellschaft nicht nur angenommen, sondern sie oft gar übertroffen, einer Gesellschaft, die vorgibt, über alles informiert zu sein, über allem zu stehen mit starrem Lächeln und stumpfem Blick. (. . .) Wir Theaterleute haben vergessen, daß wir zum Theater gegangen sind, weil uns etwas Lebensnotwendiges fehlt, etwas, was wir nur in der Literatur, im Spiel, im gemeinsamen Spiel finden können.«

Das Spiel im wohlgeordneten, unaufhörlich vor sich hin wuchernden dämmerigen Dschungel der Theater scheint so gut wie verloren. Die Spieler wirken wie Dinosaurier, die sich die Zeit bis zu ihrem Aussterben vertreiben. Man sollte diese merkwürdige Spezies noch einmal vorstellen.

Der erste Schrei. Pressekonferenz.

*Wer mit Narren anfängt, muß mit
Narren aufhören.*
Deutsches Sprichwort

Oben, mitten im Stuck der schönen alten Foyerdecke,
schaut Zeus als Schwan auf die Szene herab. Leda
empfängt ihn gerade. Unten empfängt der Schauspieldirektor die Presse. Vor sich hat er Kaffeekannen,
Wasserkaraffen, Gläser, Platten mit belegten Broten in
erster Phalanx. Dahinter ist in zweiter Phalanx die
Kopfschar der Feuilletons aufgereiht, hie und da
unterbrochen von einem Scheinwerfer und einem
Kamerastativ des dritten Fernsehprogramms.

Das Auge des Schauspieldirektors hält sich am dritten
Eierbrötchen von links fest, springt aber von Zeit zu
Zeit jäh über die Köpfe und die Kameras hinweg und
sucht das hohe, schmale Foyerfenster, durch das er im
milden Mittagslicht den Theatersee schimmern sieht.
Bläßhühner, Enten, ein paar verirrte Möwen tauchen
in verschwimmenden Lichtflecken vor dem Auge des
Schauspieldirektors auf und unter, denn die Scheinwerfer blenden ihn. Ihm ist heiß.

Und eigentlich ist er verzweifelt. Er hat nichts zu sagen, außer daß es demnächst die eine oder die andere Premiere in dieser oder jener Besetzung an seinem Hause
geben wird. Es sind Dinge, die er auch auf jeden Zettel
gedruckt an die Öffentlichkeit versenden könnte. Aber
ein Grund, der ihm und den Journalisten schon lange

entfallen ist, macht seine persönliche Anwesenheit erforderlich beim Verkünden des Selbstverständlichen. Niemand müßte fragen: »Was werden Sie uns vorsetzen, Herr Schauspieldirektor?«, weil es alle eh schon wissen. Und der Schauspieldirektor müßte keine Antwort geben.

Die Szene besteht eigentlich aus dem absoluten Nichts, außer daß Menschen einem Menschen gegenübersitzen. Aber urplötzlich dringt die ungeheure Macht der Phantasie in dieses Vakuum. Sei es, daß sich ihm die Bläßhuhn- und Möwenlichtflecken ganz wundersam mit dem vierten Schinkenbrötchen von rechts vermischten, sei es, daß die Hitze der Scheinwerfer ihn verrückt machte, der Schauspieldirektor fängt an, vom Tisch weg, zu inszenieren. Aus dem einschläfernden Gemurmel, mit dem er *Hamlet* ankündigte, führt auf einmal ein Gedankenblitz und ein Einfall: Mit seinem *Hamlet,* in dem übrigens (jetzt schreit er schon fast) die bedeutendste deutsche Jungschauspielerin der letzten vierzig Jahre die Ophelia spielen werde (jetzt fällt er wieder ins Pianissimo, aber in ein hochgefährliches), wolle er alle die Gartenzwerge in all den Vorgärten der schrecklichen Stadt, in der er Theater machen müsse, »auf den Punkt« bringen. Und er nenne diesen Punkt den »Stadtpunkt«.

Mit diesem einen Satz hat er sich sein Grab gegraben. Daß die Stadt schrecklich ist, wissen auch die Bläßhühner und die Journalisten; diese Passage finden sie sogar schick. Städteschlechtfinden ist ein beliebter Sport in deutschen Feuilletons. Aber daß er mit dem *Hamlet* auf Gartenzwergjagd gehen möchte, legen sie ihm sofort als Konzeption aus, nicht als Ausrutscher. Über nichts sind Kulturjournalisten so glücklich wie über Konzeptionen. Denn Konzeptionen sind Behauptungen. Und an Behauptungen kann man sich halten. Tatsachen sind schwerer zu fassen. Bisher hatte der Schauspieldirektor immer nur Tatsachen geschaffen: Inszenierungen, Schauspielerengagements, Schauspielerentlassungen und dergleichen.

Jetzt, auf einmal, ist ihm in Sekundenschnelle eine Konzeption entschlüpft, eingefangen von den Kameras des örtlichen Senders. Sofort heben bohrende Journalistenfragen nach der Gartenzwerg-Ethik und -Ästhetik des Schauspieldirektors an. Und, mag sein, daß die Hitze in ihm steigt oder daß er über der Wasserkaraffe Regenbogenfarben glühen sieht, er macht sich zu eigen, was ihm nur so entfallen ist. Er begrüßt innerlich freudig seinen Schwachsinn als Gunst der Stunde: Er wird von nun an Gartenzwerge, blutüberströmte Grünwichtel, auf die *Hamlet*-Plakate drucken lassen.

Der Zwang der Öffentlichkeit, etwas öffentlich zu machen, hat bei ihm eine Schleuse geöffnet, durch die jetzt die Konzeption strömt. Kein Gespräch, kein Interview, kein öffentlicher Auftritt von ihm in Zukunft, bei dem es nicht um den »Stadtpunkt« und die Sache mit den Gartenzwergen gehen wird. Plötzlich hat die Stadt ein Gesprächsthema. Das Theater ist in aller Munde. Die Worte des Schauspieldirektors geistern als szenische Phantome durch die City.

Auf seiner allerersten Pressekonferenz, auf der er sich, frisch gekürt, der Öffentlichkeit vorgestellt hatte, verdrehte er gleich zu Beginn die Augen und blickte in den Stuck nach oben. Als warteten auch Zeus und Leda darauf, worauf alle warten, wenn ein neuer Intendant kommt. Also hob er die Hand zum Schwur und sagte feierlich, was alle sagen, wenn sie in eine Stadt kommen: »Ich mache Theater nur für diese

Stadt. Es ist so in keiner anderen Stadt möglich. Das verspreche ich.« Und dann hat er Tschechow angekündigt (»Äh, wissen Sie, der Mensch und die Zukunft und so«), Shakespeare gepriesen (»Weil Shakespeare sein muß, wegen dem ganzen Dramatischen und so«), an Wedekind geglaubt (»Weil: die Jugend braucht ein Erwachen, heute immer noch«). Aber an das Theater für seine Stadt und nur seine Stadt hat er bis jetzt noch nicht denken können, geschweige denn, daß er es gemacht hätte. Nun aber hat er es gemacht, schon allein dadurch, daß er etwas zur Stadt gesagt hat. Seine Worte simulieren sein Theater. Die Verkündigung ist bereits die Erscheinung.

Von nun an wird ihn, sobald Scheinwerfer aufflammen, Mikrophone eingeschaltet und Journalisten postiert sind, nichts mehr davon abhalten auszurutschen: Seine Schleifspur wird sofort zum Pfad festgetrampelt. Er wird Ministerrücktritte fordern, Millionen Menschen in der dritten Welt dazu animieren, in sein Theater zu kommen und zähnewetzend ihm gerechterweise sein Brot zu rauben, das er sich schäme zu essen. Derweil hängt sein Auge versonnen am fünften Tatarschnittchen von links. Er wird die Abschaffung des Luxus verlangen und nebenher überlegen, welche Sponsoren er für die Teakholzgalerie im ersten Akt von *Wie es euch gefällt* auftreiben könnte.

Der Journalist im grauen Bart und mit dem unsicheren, breiten Mund, den er gern zu einer Häschenschnute verzieht, fragt bei solchen Verkündigungen immer nur nach der »Qualität des Abendlandes« und ob der Schauspieldirektor diese denn auch bedenke. »Ich bin das Abendland«, erwidert dieser. Und der Graubart nickt beruhigt; Hauptsache Abendland, dann ist ja alles in Ordnung. Der schmale, quicklebendige,

quecksilbrig auf seinem Stuhl hin und her wetzende
Journalist, der vor der Pressekonferenz mit dem
Minister telefoniert hatte, fragt, ob der Schauspieldirektor denn glaube, daß er politisch haltbar sei? »Ich
bin haltbarer als die Politiker«, erwidert dieser. Und
der Schmale hat seine Schlagzeile, halbfett. Der Dick-
liche, Gedrungene mit dem klatschnaß nach hinten
gekämmten Haar, der vor der Pressekonferenz in der
Kantine war und dort die neuesten Schauspielerintri-
gen mitgekriegt hat, fragt, ob der Schauspieldirektor
wisse, daß sein Ensemble ihm davonlaufe. »Ich laufe
keinem Ensemble nach«, erwidert dieser. Und der
Klatschnasse hat seinen Leitartikel: »Wohin läuft das
Theater?«, in den seine Zeitung die halbspaltigen
Bilder des Theaterdirektors und des läufigsten Ensem-
blemitglieds einblockt, dazu Stellungnahmen des Ober-
bürgermeisters, des Vorsitzenden des Volksbühnen-
vereins, des stellvertretenden CDU-Fraktionsvorsit-
zenden und eines ständigen Premierenbesuchers »aus
dem Volk«.

Der Schauspieldirektor, der klug ist, hält doppelt
so viele Pressekonferenzen ab, als er Premieren
herausbringt. Der Schauspieldirektor, der ein Genie
ist, hält nur Pressekonferenzen ab. Sie halten ihn am
Leben. Bald spürt er beglückt: Sie sind sein Leben.
Und sein Theater sind sie auch.

Die Garderobe. Drinnen vor der Tür.

Stell dir vor, der Herr hier möchte schon gehen.
Die Garderobenfrau
in »Besucher« von Botho Strauß

In Wien sind es Männer. Sie tragen kackbraune Uniformen, in denen die Garderobiers ausschauen, als gehörten sie zu einer außerordentlichen Polizei. Innerlich stehen sie über dem Burgtheater-Direktor. Den Aufbewahrungsschein für den Mantel händigen sie dem Zuschauer aus, als empfange dieser zu Recht ein Strafmandat, das mit dem Besuch der Aufführung abzubüßen ist. Was großes Theater ist, wissen sie besser, obwohl sie nie Theater sehen. Sie müssen an der Garderobe aushalten. Es könnte sein, daß ein entsetzt fliehender Zuschauer schon während des zweiten Aktes energisch und erbost seinen Paletot ausgehändigt haben möchte. Darauf warten sie nur.

Auch dort, wo Frauen dieses Amt ausüben, und sie üben es außer in Wien fast überall aus, gehört die Besatzung der Garderobe aufs Intimste zum Theater — ohne je mitspielen zu dürfen. Intendanten, Regisseure, Schauspieler, Dramaturgen kommen und gehen. Garderobieren aber bleiben. Man hat sich angewöhnt, von einer »Ära« zu sprechen, auch wenn eine Mannschaft aus Theaterleuten nur fünf Jahre an einem Haus war.

Die wahre Ära sind die zwanzig, dreißig Jahre der weißhaarigen Dame, Parkett-Garderobe, rechts

Mitte, zuständig für die Reihen vier bis acht. Sie hat ihre festen Kunden und ihre Laufkundschaft. Vielen ist sie vertraut, den meisten gleichgültig, jedem aber eine Vertraute. Sie hütet nicht nur die abgelegten Überkleider, inklusive Schirme und Stiefel. Sie hütet einen Zustand der Gnade in Unschuld. Vom Theater da drinnen erhält sie nur spärliche, schallgedämpfte Reflexe: Beifallsrauschen, Buhgeschrei, Gelächter. Und wenn die Zuschauertüren sich öffnen, drängt ein Strom von animierten oder gelangweilten, amüsierten oder angeödeten Gesichtern lärmend oder moderat auf sie ein. Indem sie Garderobenmarken entgegennimmt und im raschen Wirbel Kleidungsstücke über die Theke schiebt, erlebt sie das Theater als einen Schwall von Reaktionen.

Sobald der letzte ihrer Kunden ihr den Rücken gekehrt hat, ist dieser undeutliche Schwall wie weggewischt. Es muß da drinnen etwas Furchtbares oder etwas Wunderschönes passiert sein. Aber sie ist davon ausgeschlossen, obwohl sie ganz nahe dabei ist. Sie wirkt wie der Zuschauer (oder Kritiker), der, wenn der Vorhang aufgeht, sofort in den Tiefschlaf verfällt und erst aufwacht, wenn der Beifall einsetzt — und so das reine, von keinem Schmutz, keiner Freude getrübte Theater erlebt hat. So hütet sie die Gnade eines ewigen Nullpunkts, an dem jeden Abend das Theater von neuem beginnen kann: Es muß nichts sein, Hauptsache, es findet statt. Sie verkörpert so am reinsten den Sinn des Theaterbetriebs.

Wenn die Garderobiere ins Foyer blickt, bleiben ihre Augen auf den Auslagen einer Buchhandlung haften, die dort ihr Sortiment aufgeschlagen hat. Der Buchhändler, der den Abenddienst versieht und mit verschränkten Armen sich hinter seinem Tresen lang-

weilt, ist der Bruder im Geiste der Garderobiere.
Außer daß er hier vor allem Theaterbücher anbietet,
brauchte sein Geschäft das Theater nicht. Im Gegenteil. Manchmal sehnt er sich danach, die Leute würden
die Klingelzeichen überhören, ihre Mäntel und Über-
zieher zwar an der Garderobe abgeben, aber dann die
ganze Zeit damit zubringen, bei ihm Bücher zu kaufen.
Das Programmbuch, das die Garderobiere dem Zuschauer verkauft, wäre dazu der rechte Anreiz: Es hat
ja auch wenig mit dem Theater, mehr mit Bibliotheken
zu tun. So käme der Garderobiere, der wahren Schwester des Buchhändlers im Theater, die Funktion einer
Einschleuserin ins reine Literaturtheater zu.

Aber der Buchhändler bleibt im Pausentrubel und in
der Schlußhektik so allein und unbehelligt wie die
Garderobiere. Beide arbeiten mit gesenkten Köpfen.

Weiter vorn im Foyer hat ein »Champagner-Team«
damit begonnen, vorsorglich Gläser zu füllen. Es
arbeitet mit langen, weißen, enganliegenden Schürzen.
Es ist jung. Es baut seine Batterie auf der Marmor-
theke zu einer einnehmbaren Festung aus. Es würde
jede Fußgängerzone am Samstagmorgen zieren. Am
Abend, hinter der Foyerverglasung, wirken die Champagner-Team-Leute wie hereingeschneit. Sie sind darauf trainiert, ihren Stoff charmant an den Mann zu
bringen und sofort zu kassieren. Sie wirken wie die
frivolen, glänzend erzogenen Kinder der Garderobieren und der Buchhändler, die in genügendem Sicher-
heitsabstand von ihnen ihren effektiven Spielen nach-
gehen. Aber sie haben mehr mit dem Theater da
drinnen zu tun als jene.

Der Fabrikant, der ihre Champagner-Marke herstellt,
steht im Programmheft als Sponsor. Er tut viel für
die Kultur dadurch, daß er sie verdirbt. Er spendiert

dem Theater sogenannte Sahnehäubchen. Sahnehäubchen können in Form besonders teurer, besonders aufwendiger, besonders luxuriöser Bühnenbilder vorkommen: wenn Treppenstufen, die zu Lulus Wohnung führen, mit echtem Blattgold belegt sind, wenn die drei Tonnen Marmor, die Fausts Studierstube kleiden, mit einem Sonderzug aus den Steinbrüchen von Carrara herbeigeschafft worden sind. Oder wenn ein weltberühmter Sänger nur für einen Abend sich an die Rampe stellt, sein weißes Taschentüchlein zerknüllt und weiter nichts tut, als schön zu singen, und am nächsten Tag ist viel Geld verpulvert, und die Inszenierung versinkt wieder im Nicht-Star-Elend; was noch angeht, denn oft tritt der Sänger gar nicht auf, das Geld wird aber meist trotzdem bezahlt.

Im leeren Raum der Foyergesellschaft sind die Champagner-Team-Leute die Verkörperung des kostspieligen Sukkurses, der von außen ins Theater dringt, ohne daß er Spuren, es sei denn solche der Verschwendung, hinterläßt.

Das Foyer ist, während die Vorstellung läuft, der Ort der Spurenlosen. Trabanten eines Betriebs, dem sie wie durch Schwerkraft zufallen, der sie aber nicht berührt. Sie verschlafen ihn mit offenen Augen. Und oft haben sie das Beste gar nicht versäumt.

Der Ohnmachtskopf. Intendant.

Wer Intendant werden will, ist selber schuld.
Benjamin Henrichs, »DIE ZEIT«

Gott ist das Allmächtigste, was es auf diesem Gebiet gibt.
Ein Kind

Manchmal träumt der Intendant vom Feldweg. Wie seine Mutter den Feldweg entlanggeht. Wie der Traktor, der ihr entgegenkommt, anhält, der Bauer absteigt und die Mutter anspricht, und da mischt sich Musik in den Traum: Der Bauer hat gehört, ihr Sohn sei Generalintendant geworden, und fügt ehrfürchtig hinzu: »Gibt's denn jetzt eigentlich noch was Höheres?« Er wird den Traum aufschreiben und irgendwann einmal damit seine Memoiren beschließen. Erst dann wird er ein richtig glücklicher Intendant gewesen sein. Vorher aber weiß er schon die ganze Zeit: Es gibt nichts Höheres. Und das macht ihn unglücklich.

Er ist um die Fünfzig, hat mehr Bauch, als er haben sollte, arbeitet achtzehn Stunden am Tag, nervöse Störungen, angegriffene Leber, unruhiges Herz, zuwenig Schlaf, kein freies Wochenende, kein Privatleben. Und dann ist niemand da, der höher ist als er.

Manchmal denkt er, wenn er Kritiken liest, der Kritiker sei höher, manchmal, wenn er mit dem Bürgermeister essen geht, der Bürgermeister, manchmal, wenn er zufällig an Kirchen vorbeikommt, Gott. Das sind Täuschungen, die seinem Herzen, seinen Nerven, seinen Wochenenden noch mehr zusetzen. Irgendwann dämmert es ihm: Gott, und Gott ist das Allmächtigste, was es auf diesem Gebiet gibt, bin ich. Und da er im Grunde Atheist ist, hat er die Allmacht und zugleich die Verzweiflung an der Allmacht tief in sich. Der Intendant ist der Machtträger der Ohnmacht.

Er hat die vollkommene Freiheit, für die Freiheit derjenigen vollkommen zu sorgen, die unter, mit, neben ihm Kunst machen. Aber er steht unter dem Zwang, letzten Endes alles allein zu entscheiden. Das macht ihn einsam und reizbar. Sein Albtraum: Ihm werde mit einer Guillotine eine riesige Perücke aufs Haupt plaziert; das Messer fahre hernieder — und statt ihm den Kopf abzuschneiden, drücke es ihm gewaltsam ein gepudertes Gebilde auf den Schädel, durch dessen Kunstlocken und -stoffe hindurch er die Schärfe des Stahls immer spüre. Eine falsche Bewegung — und das Ding gehe richtig schief.

»Seine Kurfürstliche Hoheit gestattet dem Unternehmer Bondini, in dem Kleinen Hoftheater deutsches Schauspiel und deutsche Operette spielen zu lassen vom Michaelismarkt bis vierzehn Tage vor Weihnachten und dann vom 2. und 3. Januar bis vierzehn Tage vor Ostern, wohl verstanden so, daß das deutsche Schauspiel jährlich spätestens vier Tage nach Beendigung des Michaelismarktes beginnt. Der Kurfürst gewährt dem Unternehmer Bondini für die Dauer des vorliegenden Kontrakts eine jährliche Vergütung von 6000 Talern, zahlbar in üblicher Währung, unter der Bedingung, daß der ganze Hof zum deutschen Schauspiel freien Eintritt genießt, daß die in der beigefügten Spezifikation angegebenen Logen Kurfürstlicher Hoheit zu voller Ver-

fügung stehen und daß der Unternehmer Bondini die
Kosten für die Beleuchtung, die Musik und alle anderen
Aufwendungen für sonstiges trägt, was für die Aufführungen von deutschen Schauspielen und Operetten
erforderlich ist. Seine Kurfürstliche Hoheit gewährt
dem Unternehmer Bondini das Exklusivprivileg für die
Stadt Leipzig. Der Unternehmer Bondini verspricht,
seine neue deutsche Truppe aus den besten Kräften bei-
derlei Geschlechts zu bilden, die er auftreiben kann.«

Pasquale Bondini bildet in der Gen-Struktur des
Intendanten-Typus sozusagen das Perücken-Element,
eines von Tausenden: einer, der von außen kommt, von
Haus aus Baß-Buffo, Gründer, Unternehmer, Unter-
halter einer Truppe von bis zu achtzehn Leuten, die für
kurze Zeit, mal hier, mal da, mit steigendem Ruf und
Marktwert auch für länger an Höfen und Residenzen
unterkommen. Bondini ist selbständiger Prinzipal: auf
sein und seiner Leute Risiko auf Wanderschaft, abhängig von den Tageseinnahmen.

Der Prinzipal trachtet danach, seine Selbständigkeit
ein bißchen und immer ein bißchen mehr zu verlieren,
dadurch sein Risiko zu vermindern, unter die Fittiche
der Mächtigen zu schlüpfen, die ihm so lala die künstlerische Freiheit lassen, aber das finanzielle Risiko ab-
nehmen. Der Vertrag, den Bondini im Sommer 1777
mit dem *Directeur des Plaisirs* des Kurfürsten in Dresden
schloß, ist ein Beispiel für die Steigerung der Macht des
Theaterdirektors durchs Joch kalkulierter Ohnmacht.

Denn eben dieser *Directeur des Plaisirs* bildet in der
Gen-Struktur des Intendanten-Typus das Guillotine-
Element, eines von Tausenden. Er, eine Hof-Charge,
trägt zuerst und noch vor den Bondinis, den Ekhofs,
den Schröders, den Seylers, Döbbelins, Kochs, Schöne-
manns den Titel »Intendant«. Ein Aufseher, Kontrol-

leur, Ökonomie- und Organisationschef. Bald wird das Element im Hoftheater des achtzehnten und neunzehnten Jahrhunderts, das sich von Gottes oder Staates Gnaden ableitet, mit dem Element, das sich völlig in Freiheit und Unabhängigkeit weiß, unauflöslich verbunden sein: Der Intendant repräsentiert im Staats- oder Stadttheater des zwanzigsten Jahrhunderts, das sich aus dem Hoftheater entwickelt hat, die Obrigkeit; und er darf, alimentiert von der Obrigkeit, die ihn bestellt und entläßt, die Kunst machen, die sich um die Obrigkeit nicht zu scheren braucht.

Er entscheidet über den Spielplan, die Engagements, die Probenzeiten, gibt und nimmt, denn er ist der Herr. Aber wenn er durch die Gänge seines Hauses mit den vielen Türen geht, in denen es riecht wie nach Schule plus Löwenkäfig plus Werkstatt plus Parfümerie, wenn ihm Schuster, Rüstmeister, Tischler, Schneider, Buchhalter, Rechnungsführer, Sekretärinnen, Bühnenarbeiter, Fahrer, Disponenten, Maler, Werkzeugmacher begegnen, dann weiß er, daß das, was er geben kann, ungemein beschränkt ist. Die Millionen, die der Staat oder die Stadt ihm in die Hände drückt, rinnen ihm zu fünfundachtzig Prozent durch die Finger hinab und hinweg in die Technik, die Verwaltung, in den Apparat, in Personalkosten, die Tarif um Tarif ständig steigen. Was er für die reine Kunst ausgeben kann, wird immer weniger. Wäre er ehrlich zu sich, gäbe er seinen Beruf auf. Die Intendantenlüge aber hält ihn am Leben: *Le théâtre, c'est moi!*

Wenn er sein Büro erreicht hat, ist er an Flurwänden vorbeigekommen, an denen Dutzende von Plakaten kleben: die Spielpläne anderer Bühnen, Ergebnisse der Arbeit anderer Intendanten, die sich alle ähneln wie ein Ei dem anderen. An dieser Konformität richtet er sich

auf, obwohl er nichts so sehr verabscheut wie Konformität.

Er läßt sich in seinen Ledersessel fallen und projiziert
auf die holzgetäfelte Wand imaginäre Lettern: tan-
zende, fette, phantastische Buchstaben, die sich zu deli-
rierenden Texten fügen, von deren Einzigartigkeit der
Träumer im Sessel zutiefst überzeugt ist. Aber alle
Intendanten träumen in jeder Stadt denselben Text,
ungefähr so: Ich mache Theater, unverwechselbares
Theater nur für diese und in dieser Stadt! In jeder
anderen Stadt müßte ich ganz anderes Theater machen!
Oder: Ich setze mit meinem Theater Bilder gegen den
Alltag der Menschen! Oder: Ich biete mit meinem
Theater ihnen das, was sie verloren haben: Phantasie,
Phantasie und immer wieder Phantasie! Abonnieren
Sie Phantasie! Das Widerständige! Den Traum! Die
Kunst — also das Anti-Fernsehen!

Da der Intendant aber von Berufs wegen der Ethnie
der bewundernden Verächter angehört, der das liebt,
was ihn quält, verachtet er außer den Kollegen, die ihm
so gleichen, wofür er sie anbetet, kaum noch etwas so
sehr wie das Fernsehen. Dessen Ästhetik der Bilder,
die immer alles sofort erklären müssen, ist ihm ein
Graus. Aber wenn ihm das Fernsehen Bilder von
Atomkraftwerksunfällen ins Intendantenbüro liefert,
setzt er sofort ein Anti-Atomkraftwerksstück auf den
Spielplan, auch wenn es noch gar nicht geschrieben ist.
Bilder vom Fall einer Mauer quittiert der Intendant
sofort mit dem Konzept »Deutsche Stücke« oder »Frö-
ste der Freiheit«. Zeigt das Fernsehen Interviews mit
Mädchen, die als Kinder von ihren Vätern sexuell mißbraucht wurden, reagiert der Intendant mit entspre-
chenden Stücken. Er hetzt dem, was das Fernsehen ihm
vorsetzt, wie ein Hase hinterher, der den Igel nie er-

reicht, dafür glaubt, die viel interessanteren Stacheln zu haben. So täuscht der Hase sich über sein Fell.

Auch läßt der Intendant liebend gerne Fernsehteams in sein Haus. Er weiß, daß jede Kamera dem Bleistift eines Theaterkritikers zum Beispiel vorzuziehen ist. Der Bleistift kann sich gegen das Theater bewegen. Die Kamera hält das Theater fest. Der Bleistift ist ungeniert frei. Die Kamera ist ungeniert affirmativ: Sie kritisiert nicht. Sie zeigt das Theater ganz nah. Dazu ein bißchen O-Ton Intendant oder Dramaturg — und schon dient das Fernsehen dem Theater. Es macht ihm den Service, auch wenn der Intendant im Fernsehen, vom Fernsehen unwidersprochen, seine Konzeption erklärt: Diese richte sich gegen die Fernsehästhetik, die immer nur alles abbilde, sein Theater dagegen . . .

Wenn der Intendant Geschmack hat, muß er das Theater geschmacklich auf seinen Kurs bringen. Er notiert in sein Tagebuch: »Das, was ich am Theater bis jetzt erreicht habe, habe ich nur dadurch erreicht, daß ich mich eisern nach meinem Geschmack gerichtet habe und mich einen Scheiß gekümmert habe um die Kommentare, Kritiken und Beratungen von anderen Leuten. Man muß es selber machen — das ist wie eine Biographie —, und wenn erst einmal die Richtung stimmt, kann man sich allerhand Sachen leisten, die nicht ganz deckungsgleich auf der eigenen Linie liegen und zulassen, daß sich andere Impulse mit entwickeln innerhalb dieses Theaters. Sicher, die können später auch gefährlich werden, aber das muß man riskieren.«

Um nichts kümmert er sich aber so sehr wie um die Kommentare, Kritiken und Beratungen. Nichts macht er selber. Hinter allen muß er herlaufen, für Sachen die Verantwortung übernehmen, die er gar nicht selber gemacht hat.

Wenn er Realitätssinn hat, sieht er ein, daß er sich eigentlich den eigenen Geschmack kaum leisten kann: Er, auf den alles ankommt, mit dem man das Haus identifiziert, es sein Theater nennt, kann sich in ihm kaum ausdrücken. Nach außen tut er so, als sei es Wachs in seinen Händen. In Wahrheit macht er hektische Dauerläufe um einen Granitbrocken herum. Jeder Handwerker im Hause lächelt an ihm vorbei, die Augen auf den Gewerkschaftsobmann gerichtet: Dieser entscheidet und paßt auf, wann auf-, wann abgebaut wird, wie lange eine Probe dauern darf.

Der Intendant ist nur der Chef. Sieger sind längst die Strukturen. Am schmerzlichsten siegen sie über ihn. Ist der Intendant selbst Regisseur, fühlt er die Niederlagen stärker. Ist er nur Manager, organisiert er die Niederlagen anderer. Ist er Dramaturg, rationalisiert er sie, das heißt, er lügt sich besser über die Niederlagen hinweg.

Zur Mode hat der Intendant ein borniertes Verhältnis: Er macht jede mit. Aber er tut's so, als sei es keine Mode. So charmiert er das gerade Gängige als ein Exklusives, markiert den Maßschneider, wo er längst von der Stange bezieht. Beziehen heißt dabei, daß er zuläßt, nicht wehrt: der passive Allmächtige.

Wenn ihm Regisseure Müll verkaufen, weil Regisseure anderswo Müll produzieren, kauft er Müll. Mit Neonröhren oder Schlagersingen in Klassikerinszenierungen ist es ähnlich, so gut wie mit Textzertrümmerungen, zuckenden, tanzenden Körpern, Fallschirmspringerstiefeln unter Tütüs oder Pappnasen. Er hat mit nichts von alledem zu tun, gibt aber zu allem seinen Segen. Er ist nur dazu da, um im Theater zu verschwinden wie das Wasser in den Farben. So verläuft er sich im Theater.

Er gehört einer aussterbenden Spezies an. Es gibt
mehr Plätze für Intendanten, als sich Platzhalter finden
lassen. So hat sich der Interimsintendant als relativ
neuer Typus herausbilden können. Er übernimmt ein
Haus so lange, bis ein wirklicher Intendant gefunden
ist. Manche Interimsintendanten haben nacheinander
drei, vier Häuser betreut: Allmächtige, die für ihre
Ohnmacht keine Verantwortung übernehmen müssen — Interimsdinosaurier, die ihr Aussterben durch
Hinauszögern locker genießen.

Der Rest ist Nachwuchs. Und den gibt es nicht.

So hat der Intendant trotz allem das Gefühl, etwas
ganz Einzigartiges, Kostbares, Besonderes zu sein. Er
gehört im Durchschnitt einer Generation an, die im
Jahrzehnt zwischen 1970 und 1980 zur Macht gelangt
ist, sich damals gegen die alte Garde mit Neuem durch-
setzte, aber auf diesem Neuen sitzengeblieben ist. Es
gibt nicht nur niemand Höheren über ihm. Es gibt
auch niemand Neueren als ihn. Das macht ihn satt,
stolz und müde. Er möchte den Krempel eigentlich
hinschmeißen. Aber er muß durchhalten. Ohne ihn
gibt es kein Theater, denkt er.

Hinter dem Spiegel, in den der Intendant schaut,
guckt, öfters, als ihm lieb ist, der Kulturdezernent
hervor, dessen *subalter ego* er genetisch ist, die künstlerische Seite der Medaille, deren andere Seite die Ver-
waltungscharge, der Ökonomiechef, der alte Heeres-
intendant bildet. Im Kulturdezernenten erblickt der
Intendant seine ihm vorausgebildete Degeneration,
den eigentlichen Machthaber, der seine Macht nur dann
offiziell ausübt, wenn er seinen kleinen, allmächtigen
Bruder, den künstlerischen Machthaber, bestellt oder
entläßt. »Wir sind aufgeklärte Despoten«, erkannte
der Intendant Heinz Hilpert. Heinrich Laube sprach

von »gemäßigten Despoten«. Hans Schweikart nannte den idealen Intendanten einen Kentaur mit Dichterstirn und vier derben Pferdefüßen — den Stallmeister ließ er unerwähnt.

Leopold Jeßner forderte: »Dem Theaterleiter von heute müssen die Ellenbogen ebenso energiegeladen sein wie dem politischen Führer. Denn es gibt eine Außenpolitik des Theaters, die durchdachte Schachzüge und entschlossene Schlagfertigkeit erfordert.« Das war 1925. Fünf Jahre später kapitulierte Jeßner vor der Kulturinnenpolitik, gegen die keine Theateraußenpolitik half. Aus den Hoftheatern wurden nach 1919 Staats- und Stadttheater. »Aber«, so klagt Jeßner 1929 in seiner Schrift *Das behördliche Theater,* je mehr sich die politischen Verhältnisse in den einzelnen Ländern des Reichs stabilisiert und je mehr sich mit dieser Stabilisierung die Parteien in den Stadt- und Landesvertretungen mit den Fragen der Kultur beschäftigt hätten, desto mehr »wurde dieses neugeschaffene Theater ein Kampfobjekt der Parteien und damit der Parlamente, wurde der Angriffspunkt der jeweils Oppositionellen und somit hineingerissen in einen verwirrenden Kampf. Denn es hat sich ja oft genug gezeigt, daß ein politisch Linksstehender in Kunstangelegenheiten konservativ und umgekehrt: ein politisch Rechtsstehender in Kunstdingen radikal empfindet.«

Das Pferd im Kentauren spürt Peitsche, Zuckerbrot und Sporen. Verwirrend für ihn, woher die Schläge prasseln: richtungslos. Denn die alte Hofcharge, die Perücke mit Guillotine, ist zersplittert in Fraktionen und Parteiungen, die oft ein und dieselbe Partei spalten. Und manchmal weiß auch der Kulturdezernent nicht mehr, wo ihm der Kopf steht.

43

Wenn der Intendant Chuzpe hat, kann er versuchen, mit irgendeinem Huf auszuschlagen, aus seinem Direktorenzimmer heraus Opposition zu inszenieren, Anarchie, Widerstand, die sich nicht auf der Bühne zeigen, allein im theateraußenpolitischen Mundwerk des Chefs begründet liegen. Wenn er in den Spiegel schaut, hinter den sich der Kulturdezernent längst ängstlich verkrochen hat, sieht sich der Intendant dann in der Maske des *enfant terrible.* Er genießt sich im Zerrbild, das er als Feindbild, rasch und gut gemalt, für andere abgibt. Er hängt Aufforderungen zur Zahnspende für Terroristen ans Schwarze Brett, das auch noch ein Weißes Brett ist, und freut sich wie Claus Peymann 1977, zweihundert Jahre nach Bondini, in Stuttgart an den Prügeln, die über ihn hereinbrechen wie auf ein Opferlamm, das blutend, aber aufrecht die Arena verläßt. Märtyrerhaft gestärkt sucht es sich ein neues Opfer-Spiel-Terrain, wenn die Täter mitspielen.

»2. Oktober 85. Übermorgen eröffnen wir die Spielzeit. Eine ganze Woche von albernen, ärgerlichen Auseinandersetzungen in den Zeitungen zwischen der Kulturbehörde und dem Theater. Die Kulturbehörde hat falsche Zahlen veröffentlicht über das Defizit von Rudolph in der letzten Spielzeit und versucht, uns einen Teil von dem Defizit anzuhängen.« — So spielt der Intendant das Empörungsstück *Vor uns die Sintflut.* Dann: »Wir haben daraufhin das echte Defizit veröffentlicht ... daraufhin ist Krach. An sich finde ich das sehr lustig, berührt mich überhaupt nicht, im Gegenteil, es macht mich etwas an. Es ist schade, aber die Schuchhardt [die Kultursenatorin, Anm. d. Verf.] wird den Job nicht halten können. Aber um sie zu halten und zu stützen, müssen wir das politische Spiel mit ihr spielen, und das ist dem Verhalten eines

Theaters diametral entgegengesetzt.« In Peter Zadeks Tagebuch zu seiner Hamburger Intendanz zeigt sich der Theaterchef als Noah, der die taktische Arche bastelt, in der er den Politiker als kurioses, zu behütendes Exemplar seiner Gattung rettet. Es hat weder ihm noch dem Noah, noch der Arche genützt. 1989: »Vier Jahre dieses Schauspielhaus zu leiten ist für mich lange genug. Es gibt eine ungeheure Kluft zwischen dem Servicebetrieb, als den viele Hamburger das Theater sehen wollen, und meiner Sicht von Theater als dem Ausdruck verschiedenster Meinungen und Haltungen, als Suche nach Wahrheiten im Leben zusammen mit vielen Genüßlichkeiten. . . . In Hamburg läßt es sich eben doch leichter Banker sein als Künstler. Aber wer will es denn immer leicht haben?« Peter Zadek wollte es dann so leicht haben, daß er das letzte Jahr seiner Intendanz fast gar nicht mehr anwesend war, aber abkassierte.

Er hat einen so unmöglichen, für ihn selbst manchmal nur irreal faßbaren Beruf, daß der Intendant der Meinung sein muß, er sei eigentlich unbezahlbar. Er findet sich oftmals so schwer in seine Widersprüche zwischen Macht und Ohnmacht, daß er sich gerne abfinden läßt, falls er verliert gegen die Strukturen, gegen die Politik, gegen die Kritik, gegen die Kunst, gegen die eigene Verdrossenheit. Der scheiternde Intendant ist sich seiner selbst so wenig gewiß wie der erfolgreiche Intendant. Nur, der Scheiternde weiß, wem er die Schuld geben kann: den Verhältnissen. Und Verhältnisse sind am Theater immer in Geld ausdrückbar. Von dem, was sich deutsche scheiternde Intendanten in den achtziger Jahren an Abfindungen haben ausbezahlen lassen, hätte man manches Theater eine schöne Weile unterhalten können.

Die Geldgier des Intendanten ist eines seiner Potenzmerkmale. Je mehr er verlangen kann, je höher er seine Forderungen schraubt, je mehr er herausholt, desto mehr traut man ihm zu. In einem Land und in Zeiten, in denen Zuwächse alles sind, bilden Zuwächse an Ausgaben ein Prestige-Potential. Der Marktwert des Intendanten erhöht sich in dem Maße, wie er den Markt verdirbt dadurch, daß er höhere Gagen zahlt; es drei Wochen vor der Generalprobe zuläßt, daß eine für den Bühnenbildner angeschaffte Teakholzgalerie aufgrund einer Laune des Bühnenbildners weggeschmissen und durch eine Ebenholzgalerie, versehen mit echten Goldlitzen, ersetzt wird; es duldet, daß eine kostspielige Neon-Installation, die nur drei Sekunden lang leuchtet, das Theater zu langen Umbaupausen zwingt; für die Erzeugung von blauem oder rotem Licht, was jeder anständige Beleuchtungsmeister hinkriegen müßte, aus Paris einen Lichtdesigner einfliegen läßt; oder für die Fechtszenen einen Londoner Konditionstrainer engagiert; oder für zwanzig Sekunden Bühnen-Schlägerei einen New Yorker Bodybuilder verpflichtet.

Der Intendant benimmt sich wie Wotan im wackeligen Walhallischen Paradies: Ohne die goldenen Äpfel Freias welkt er. Und wie der kleine Häwelmann bläst er sich ins Hemd, rast durch Nacht und Wind und schreit: »Mehr! Mehr! Mehr!« Nimmt man ihm keine Mark weg, sondern gibt ihm nur keine Mark mehr, als er schon hat, betrachtet er das als einen Anschlag auf seine Existenz, die er mit dem Theater als solchem in eins setzt. Er rechnet mit steigenden Geldern, oder er rechnet nicht.

Er ist von Beruf Verschwender. Am liebsten aber verschwendet er sich. Je mehr seine Gattung auszusterben droht, desto rascher vermehrt sie sich noch gerade so eben. Es ist wie mit den sterbenden Tannen, die unendlich viele Angsttriebe erzeugen, an jedem Ast Dutzende. Kaum noch ein Theater, das mit einem Intendanten auskommt, vier, fünf sind vielerorts bereits die Regel. Was früher ein Betriebsdirektor oder ein Chefdramaturg oder ein Verwaltungsdirektor führte, erheischt offenbar jetzt die Leitung durch je einen Intendanten.

Die Bühnen werden ob ihrer Apparate und ihres unübersichtlichen Personalwesens unregierbar, also verteilt man die Unregierbarkeit auf mehr Schultern — das führt dazu, daß der Apparat noch größer wird, die Kosten steigen, die Abfindungen dann sowieso, die mangelhaften Kompetenzen und verantwortungslosen Verantwortlichkeiten aber wie in einer gigantischen »Reise nach Jerusalem« an dem kleben bleiben, der am langsamsten zu Stuhle kommt. Kollektive in der Theaterleitung bedeuten eine Vermehrung der Verletzungen, Intrigen, Heimtücken. Heimlicher Chef ist der Schwarze Peter, den man sich zuschiebt.

An immer weniger Tagen im Jahr geht der Vorhang an deutschen Theatern überhaupt noch hoch, die Schließtage nehmen zu. Aber immer mehr Leute machen immer weniger Theater. Kein Intendant auch, der sich nicht mindestens durch zwei, drei persönliche oder unpersönliche Referenten in künstlerischen oder nichtkünstlerischen Dingen vertreten läßt. Derjenige, der die Dinge in der Hand hat, ist kaum noch auszumachen, aber auch derjenige nicht, der die Dinge überhaupt in der Hand haben will. Gerade Häuser, an deren Spitze ein Generalintendant steht, sind Beispiele von Wasserköpfigkeit: Der Kopf schwabbelt irgendwo weit oben, hat mit dem Körper nichts mehr zu tun, Arme, Beine, Rumpf werden von ganz verschiedenen Hirnen gesteuert, wenn's denn Hirne sind.

Gedacht ist der Generalintendant eigentlich ideal als der Vertreter oder der Herrscher eines bestimmenden künstlerischen Willens und Wollens, dem sich ganz unterschiedliche Sparten wie Oper, Schauspiel, Ballett unterordnen. Diese werden zwar von Spartenchefs geleitet, aber im Großkonzeptionellen hätte der Generalintendant das Sagen. Er würde auch Prioritäten setzen, die Kapazitäten der Werkstätten, des Zankapfels zwischen den Sparten, koordinieren — soweit dazu Machtworte vonnöten wären. So wenigstens sähe die Praxis des Generalintendanten, unideal, aber zweckmäßig, aus. Aber selbst das ist unerreichbar geworden.

Ein Generalintendant brauchte keine Intendanten unter sich zu haben: Er garantierte einen Zusammenhang im Zusammenhangslosen, eine Einheit im Auseinanderstrebenden, die er sich von keinem Kontra-Garanten auf niederer Ebene stören lassen müßte. Der Schauspielchef aber stört den Opernchef, die Ballettchefin stört den Opernchef, der Opernchef und die Ballettchefin stören den Schauspielchef. Alle drei aber lassen sich vom Generalintendanten kaum stören, der seine Existenzberechtigung dadurch nachweist, daß er einfach da ist.

Es gibt Staatstheater, in denen der Generalintendant die Spartenchefs auswählen, also Unter-Intendanten ernennen kann, es gibt andere, in denen ihm wenig mehr bleibt, als Vorschläge an den zuständigen Minister weiterzureichen, der dann die letzte Wahl hat.

Der Generalintendant hat nur eine Chance, in der Öffentlichkeit wahrgenommen zu werden, wenn er entweder Dinge tut, die mit seinem Haus nichts zu tun haben, wenn er also nebenher dirigiert oder Kongresse eröffnet, im Bühnenverein sich engagiert, Spenden sammelt, Sponsoren hofiert, als Gesellschaftslöwe auftritt, oder Festspiele ins Leben ruft oder schon ins Leben gerufene Festspiele leitet. Seinem Theater, an dem Leute selbstherrlich arbeiten, die er zwar engagiert, denen er aber kaum etwas zu sagen hat, ist er verbunden wie der Aufsichtsratsvorsitzende der Firma: in machtlos gschaftelhuberischer Distanz.

»Mein Lieber«, so schmalzt er ins Telefon, wenn er endlich den jüngeren Regisseur aus Basel am Telefon hat, »wir benötigen hier in Stuttgart einen neuen Schauspielchef. Hätten Sie nicht Lust, den Job zu machen? Natürlich als Schauspielintendant, Sie verstehen. Nur eine Schwierigkeit, ich möchte mal sehen, wie Sie so inszenieren, habe viel Gutes von Ihnen gehört, aber ein eigenes Bild sollte ich mir schon machen. Wann ist in Basel die nächste Aufführung einer Ihrer Inszenierungen?« — »Mein Lieber«, höhnt der jüngere Regisseur aus Basel zurück, »ein eigenes Bild können Sie sich auch ohne Reisespesen machen. Gehen Sie aus Ihrem Büro zweihundert Meter weiter in Ihr Schauspielhaus, dort habe ich vor vier Wochen als Regie-Gast eine Premiere herausgebracht.« Diese absolut wahre kleine Geschichte hätte nicht nur in Stuttgart passieren können. Sie ist typisch für den Zustand und die Zuständigkeiten des Generalintendantenwesens, das nur noch einen riesigen Kostenfaktor, keinen Kunstfaktor mehr darstellt.

Nicht nur der Generalintendant kennt sein eigenes Haus nicht. Der Intendant als solcher kann nur überleben, wenn er es gar nicht richtig kennen will. Eine *Dementia partialis* ist ihm unbedingt segensreich, eine lächelnde Verblödung, die alle Bitternis hinter sich oder mit Mengen guten Essens und Alkohol beruhigt hat. Er ist wie ein Ballon, der sich tagtäglich selbst aufpumpen muß. Sein Luftvorrat besteht im Satz, den er, wie gesagt, nie vergißt: *Le théâtre, c'est moi!* Sähe er sein Theater genau, müßte er verzweifeln.

Der Intendant, der genau sieht, was für ein Theater er macht, den es quält, Tag für Tag unter seinen eigenen Ansprüchen bleiben zu müssen, ist ein Wunder. Er liegt morgens noch im Bett, während draußen bereits der Chauffeur mit dem Dienstwagen wartet, vergräbt den Kopf in den Kissen und bittet seine Frau mit matter Stimme: »Ach, Liebchen, schreib mir eine Entschuldigung!« Er ist wie der Lehrer, der vor der Schule genausoviel Angst hat wie die Schüler. Ihn peinigt das Theater, weil er es zu gut durchschaut. Er kennt die Tricks der Schauspieler, die bei ihm um Rollen feilschen, schämt sich, daß er ihnen Zugeständnisse machen soll, die er nicht einlösen kann, daß er ihnen schmeicheln muß, wo er sie verachten möchte, wo ihm ihr Lügengewerbe, ihr ständiges, nervgesteigertes Falsch-, Schön und Hysterischtun auf den Geist geht. Er hat die Bluffs der Dramaturgen bis zum Überdruß satt, die bei ihm auf dem Sofa sitzen und ins Konzeptionelle hinein schwadronieren, Luftpapierschlösser im Dutzend billiger bauen, sich in alles einmischen, aber für nichts geradestehen.

Sein Ideal ist das Maulhalten. Schweigend würde er gerne erleben und zuschauen, wie sich alles von selber fügt oder untergeht. Wenn er im Theater noch jemanden findet, der gerne schweigt, zieht er sich mit ihm für ein, zwei ruhige Stunden ins Direktionszimmer zurück. Und sagen sich kein einziges Wort. Dann ist dieser Intendant glücklich. Aber er ist mit Helmut Henrichs, dem großen, ruhigen Münchner Residenztheaterchef der frühen siebziger Jahre, ausgestorben. Er war der Sichverzehrer.

Sein Gegentyp, der Sichverschwender, hält Schweigen für Silber. Er würde sich auch eher von der Intendanzsekretärin eine Entschuldigung schreiben lassen, daß er nicht nach Hause kommen kann. Wenn ein Schauspieler ihn anlügt, überlügt er ihn ums Doppelte. Noch den Novizen im Ensemble macht er schamlose Komplimente. Nicht nur vor Fernsehkameras oder in Pressekonferenzen, auch im inneren Zirkel redet er sein Theater schön. Er verschwendet sich in einer Daueremphase, die noch den offensichtlichen Schwachsinn zu adeln meint. Setzt er ein nettes Aids-Stück, ein hübsches Gebrauchsdrama, auf den Spielplan, dann redet er davon, er und sein Haus schlügen damit »der Gesellschaft mitten ins Gesicht«. Finanziert er mit seinem Etat eine kostspielige Revue, in der teure Schauspieler billige Chansons singen, dann preist er das als »Schärfe«, »Gegenwart«, »Anti-Mief«. Er wirft sich dauernd für sein Theater in die Verlogenheitsbresche. Er hat für alles nicht nur keine Entschuldigung, sondern eine rechtfertigende Übertreibung. Er ist der Stammeshäuptling, der auch dann noch mit dem goldenen Speer fuchtelt, wenn im Kral schon lange nichts mehr glänzt. Dieser Intendant ist mit Ivan Nagel in Stuttgart zwar auf- und untergegangen, lebt aber in diversen kleineren Karos immer noch anderswo fort. Sein Wesentliches ist, daß er trotzdem noch etwas von Theaterkunst versteht, sich über deren Mängel aber hinwegtäuscht.

Der Managerintendant dagegen versteht alles vom Betrieb, nichts von der Kunst, darum täuscht er sich auch nicht über sie. Er versucht sich so mit ihr zu arrangieren, daß er halbwegs Glück hat. Ein Glück,

das ihm andere bereiten müssen: Künstler. Also organisiert er Künstler.

Wie alle Manager in anderen Sparten auch, zum
Beispiel in der Computerindustrie oder der Sauerkraut-
verarbeitung, Branchen, in die der Managerintendant
eigentlich sofort und ohne Reibungsverluste einsteigen
könnte, ist er auf den Markt angewiesen. Er verwaltet
ein Angebot, für das er Nachfrage schafft. Er ist nie so
verzweifelt wie der Regisseursintendant, nie so hilflos
wie der Dramaturgenintendant, nie so verlogen wie
der Von-allem-ein-bißchen-Intendant, der auch einmal
Kritiker gewesen sein kann. Wenn er verzweifelt, verlogen, hilflos ist, dann auf eine kalkulierte Weise. Er
kann gut rechnen. Also verschwendet er kühler. Das
einzige, worüber er sich im Theater täuscht, ist, daß er
es für einen Job hält. Er ist der Stammeshäuptling, der
auch dann noch nicht glänzte, wenn im Kral schon
alles von Gold funkeln würde.

Der traurigste, schönste, größte, katastrophalste
Intendant ist der Regisseursintendant. Er, auf den im
Haus alles ankommt, muß immer ein wenig beweisen,
daß das auf der Bühne auch so ist. Er steht unter der
Last, einen Stil zu schaffen. Ihm wächst der Apparat
genauso über den Kopf wie den anderen. Er kann für
den Schwachsinn, den er bei anderen verantworten
muß, nichts, außer daß ihm oft nichts weiter übrig-
bleibt, als ihn einfach zuzulassen, damit der Laden
läuft. Aber er leidet ständig unter der Chance, auch
selbst Schwachsinn zu produzieren, mit dem dann das
ganze Haus und mit ihm auch alle anderen Produzenten,
die an ihm arbeiten, identifiziert werden: So schultert
er in einer einzigen Inszenierung einen ganzen hetero-
genen Haufen. Ihm sitzen alle im Nacken, zischeln,
züngeln. Seine Rückenschmerzen sind enorm, seine

Kopfschmerzen legendär. Er ist der Stammeshäuptling, der tief im Morast des Krals vergraben ist. Im besten Fall schaut sein Haupt noch heraus. Immerhin.

»Intendant am Schauspielhaus — das ist ein Job, den man eigentlich nur mit fünfundzwanzig physisch überleben kann«, hat Peter Zadek, einer der größten Regisseure und ganz sicher der miserabelste aller Intendanten, gesagt. Kein Intendant ist heute fünfundzwanzig, wenn sie vierzig sind, gelten sie als jung. Eine zähe Rasse: dem Untergang geweiht, den sie eventuell aus Dummheit überlebt.

Der Publikumskopf. Abonnent.

In jedem von uns steckt ein Abonnent.
Fritz Kortner zu Curt Bois

Theaterleute hassen ihn. Theaterleute brauchen ihn. Niemanden umschmeicheln sie so sehr wie ihn. Er ist die Grundlage ihres Systems, die Garantie ihrer Existenz. Er ist der Sargnagel ihrer Kunst. Als der große Regisseur Fritz Kortner auf der Probe zum *Eingebildeten Kranken* dem großen Komiker Curt Bois, der den Argan spielte, eine Szene verbot, in dem dieser den eingebildeten Kranken besonders lustig, besonders verständlich angehen wollte, fiel ein vernichtender Satz. Bois griff zu einem Hörrohr, einem Alltagsrequisit des schwerhörigen Argan, und begann es vor seinem Unterleib auf und ab zu bewegen. Kortner verwehrte ihm die Verdeutlichung der geheimen Alltagswünsche des geilen Argan, über die er selbst herzlich lachen mußte, mit dem Satz: »In jedem von uns steckt ein Abonnent!«

Der Satz enthält so viel Bedauerndes wie Warnendes, er seufzt und stoppt den Wunsch, mit leichterem Fuß über die Rampe zu gelangen, dorthin, wo der geschworene Feind der Theatermacher, das Publikum, immer nur genießen will. Die Abonnenten machen ein starkes Drittel, vielerorts sogar die Hälfte des Publikums aus; an manchen Abenden füllen sie den Saal allein.

Am Abonnenten hat das Theater seine Ruhe und Sicherheit. Am Abonnenten vollziehen sich seine

Skandale. Er garantiert alles, was recht ist am Theater. Er verkörpert, was falsch ist. Er hat vorbestellt und vorher bezahlt. Also weiß das Theater, was es eingenommen hat, bevor es liefert. Zwanzig bis fünfzehn Prozent des Theateretats, Tendenz fallend, zu zehn Prozent neigend, muß das Theater selbst einspielen — der Rest ist Subvention.

Der Abonnent hat für durchschnittlich einmal im Monat einen festen Platz gebucht, wofür das Theater ihm Vorstellungen aus dem Reigen der Premieren und des laufenden Repertoires anbietet. Der Abonnent erhält eine Ermäßigung von bis zu dreißig Prozent auf den üblichen Kassenpreis in der Platzkategorie, die er gewählt hat. Dafür begibt er sich unter einen doppelten Zwang. Er entrichtet zu Beginn der Saison den Preis für die ganze Saison; er hat die ganze Fahrt gebucht; würde er aussteigen, verlöre er Geld.

Und er kauft die Katze im Sack. Er akzeptiert als Gegenwert für sein Geld eine Leistung, die er noch gar nicht kennt. Er bietet dem Theater Sicherheit. Der Abschluß der Abonnementszahlen zu Beginn einer Saison bildet einen wesentlichen Posten in den Haushaltskalkulationen einer Bühne. Je mehr Abonnements gekauft werden, desto ruhiger kann ein Verwaltungsdirektor schlafen, desto sicherer ein Intendant gegenüber Stadtvätern und Rechtsträgern auftreten.

Abonnenten sind wie sensible Elefanten. Sie vergessen nie etwas, aber sie brauchen lange, bis sie einen einmal aufgesuchten Platz nicht mehr wiedersehen möchten. Es sind Gewohnheitswesen, deren Neigung die Pflicht ist. Der Theatergänger, der sich zum Besuch einer Aufführung entschließt, tut dies im Normalfall aus Lust und Interesse. Der Abonnent, der die Normalität des Theaterbetriebs erst ermöglicht, benimmt sich eigentlich unnormal: Er geht zum Theater wie zu einem Gerichtstermin, einer standesamtlichen Affäre, einem Geschäftsessen. Ob er will, ist nicht die Frage, er muß wollen. Daß er lange im voraus dafür Geld bezahlt hat, befördert die verständliche, im Menschen angelegte Neigung, dafür nun auch etwas bekommen zu wollen: Er ist zum Theaterbesuch schon aus Egoismus entschlossen. Der Flaneur könnte, in Mantel, Pullover und Schal, die Aktentasche oder die Einkaufstüte unterm Arm, sich kurz verführt ins Foyer begeben, an der Kasse nachfragen, ob noch Karten zu haben wären, neugierig nach drinnen schlendern, dem Theaterabend entgegengehen wie einem Abenteuer, aus einer Laune geboren.

Der Abonnent sieht den Theaterabend den ganzen Tag vor sich, hat ihn die Tage zuvor schon im Gemüt.

Er zieht sich um. Er liest den Schauspielführer. Er organisiert den Babysitter. Er sagt andere Termine ab. Er wird aber in Büro, Amt und Fabrik trotzdem bis zuletzt ausharren und sich der Arbeit widmen, die ihn müde macht. Trotz Müdigkeit wird er ins Theater gehen. Stolz oder ergeben wird er ihr trotzen. Und wenn er ihr nachgibt, wird er es im Bewußtsein tun, daß der Theaterschlaf der beste Schlaf ist. Bleibt er wach, tut er das auf Rechnung einer einzigen Anstrengung, die sich in die Worte fassen läßt: Ich will!

Der Abonnent, der im Durchschnitt fünfzig Jahre alt ist, über ein gesichertes Einkommen, ein Eigenheim, zwei Kinder, zwei Autos und eine normale Karriere verfügt, die ihm den eigenen Wert oder mindestens dessen Abglanz bewußt hat werden lassen, ist der große Wollende im Theater. Sein Wollen, das ins nicht ausrechenbare Kunstgemenge eine einfache Mengenlehre einbringt: Geldmenge, die in Kunst-

menge aufgewogen werden möchte; sein »Kunst her
für mein Geld!«; sein wohlfundierter Anspruch: Das
reizt das Theater — oder macht es reizlos.

Der Flaneur kommt und geht. Der Abonnent
bleibt. Er möchte, da er für alles bezahlt hat, von allem
etwas. Dreißig Prozent Klassiker: Antike, Shakespeare,
deutsche Klassik, deren Grenzen dehnbar sind. Dreißig Prozent neunzehntes Jahrhundert, bürgerlich sen-
sibler Realismus: Ibsen, Hauptmann, Tschechow,
Strindberg usw. Dreißig Prozent Moderne: von
Brecht bis Strauß, inklusive Uraufführungen aus der
Postmoderne. Die Bühne hat einen Handelspartner
im Parkett, der auf Einhaltung der Verabredungen
dringt.

Der Abonnent zwingt das Theater zum Unterhalt
eines riesigen Betriebs, in dem viel nebeneinanderher-
laufen muß und in dem die einen oft nicht wissen, was
die anderen gerade tun. Dafür, daß es Abonnenten
befriedigt, bekommt das Theater seine Subvention.
Dafür zersplittert es sich in heute Werkstattplanung
für *Hamlet,* morgen Beleuchtungsprobe für *Susn,*
übermorgen Premiere von *Hanneles Himmelfahrt.* Das
Theater hat seinen Ausstoß an Inszenierungen dem
Abonnement anzupassen. Dessen organisiertes Verlangen nach der Regelmäßigkeit von Novitäten hat
Einfluß auf die Probenzeiten. Im Regelfall des Stadt-
theaterbetriebs entscheidet weniger die endlich gefundene glückliche Geste, der richtige Ton, die schlagende
Szene darüber, ob man das jetzt zeigen kann, sondern
der Premierentermin zeigt schonungslos, was bis dahin
gediehen ist. Dann wird der Vorhang davor weggezo-
gen. Das Abonnementsystem will es so.

Aber auch wenn der Vorhang Mißglücktes, Unfer-
tiges, Halbgares oder gar Dummes freigibt — der

Abonnent bleibt trotzdem davor sitzen. Das System, in das er sich eingekauft hat, bindet ihn ans Theater, auch wenn es der Flaneur oder sogenannte freie Besucher achselzuckend oder türenschlagend zur Pause verlassen haben sollte — oder erst gar nicht hingegangen wäre. Auf den Abonnenten kann sich das Theater verlassen.

Er ist der wahre Nachfahr des Adels und des Hofes, die in feudalen Zeiten die Logen vorneweg belegten: So blieb das Theater unter Aufsicht. In bürgerlicheren Zeiten ist die Aufsicht an den Abonnenten nicht übergegangen. Er übt sie nicht aus. Er erwartet, daß sich das Theater selbst beaufsichtigt. Diese Aufsicht peinigt das Theater. Andererseits bietet sie ihm schöne Entschuldigungen: Dies oder auch jenes könne man dem Abonnenten nicht zumuten; deshalb habe dieser oder jener Autor, dieses oder jenes Stück keine Chance. Der Abonnent ist eine Zumutung fürs Theater. Diese Zumutung auszureizen oder zu überspannen ist ein beliebtes Spiel innerhalb des Theaterspiels.

Der Abonnent gehört eigentlich zum Personal einer großen Stadt. In der Großstadt bildet er zusammen mit anderen Abonnenten die republikanische Schar, die dem Theater Treue schwört — auf Zeit, aber immerhin. Im Gewirr des städtischen Betriebs, dessen Lichter am Abend anzeigen, daß überall etwas los ist, im Floaten des allfälligen Amüsements, das schwappt und schwillt, bilden die Abonnenten die Laternenträger, die wissen, wo ihr Platz ist. Sie setzen dem Theater Positionslichter auf, und seien sie noch so schlicht. Auf jeden Fall weiß dann jeder in der Stadt: Hier ist etwas Festes, hier muß man hin, weil andere hier die Stellung halten. Es gibt berühmte Abonnements. Das Thalia-Abonnement in Hamburg zum

Beispiel oder das Abonnement der Münchner Kammerspiele, begehrte, oft heiß ersehnte Plätze, manche in Familientradition ererbt, manche, wie in den Münchner Kammerspielen, auf Jahre und Generationen hinaus belegt.

Im Abonnement zeigt sich der Bürgerstolz als Bindungsneigung. Man schließt einen Vertrag auf Zeit mit einer Institution, die der bürgerlichen Sphäre alles verdankt, ihr aber nur unter Vorbehalt und manchmal nur unter Schmerzen angehört. Im Abonnement umarmt die Bürgerwelt das Theater, auch wenn es manchmal in der Umarmung zu ersticken droht. Im Abonnement auch manifestieren sich die Träume, die der Bürger vom Theater träumt: ins Phantasiereich hinüberschäumende Tauschgeschäfte, in denen gute Kunst für gutes Geld zur Disposition steht.

Der Abonnent hat sein mild-karikierendes Abbild im Drucker Aslaksen aus Ibsens *Volksfeind:* Er macht alles mit, ist allem aufgeschlossen, der Revolte wie der Restauration, der Empörung wie dem Jubel, versteht aber keinen Spaß, wenn es an die Ehre der Ökonomie geht, und verlangt von allem und allen vor allem immer eines: »Mäßigung!« Der Abonnent ist die Verkörperung des wohltemperierten Theaters. Wenn es zu heiß wird, flüchtet er. Viele Theater haben ihn zu mehr Hitzeresistenz erzogen oder erziehen wollen. Manche Theater sind, ohne daß der Abonnent dies ausdrücklich befördert hätte, so flau geworden, als dächten sie an nichts anderes als an Abonnenten — obwohl sie nicht einmal an ihn denken, sondern einfach gar nichts denken.

Man kann über den Abonnenten lachen, ihn für dumm verkaufen, ihn hassen, ihm alles in die Schuhe schieben. Er ist der Durchschnitt im Parkett. Der

Durchschnitt der Bühne liegt oft tiefer. Der Abonnent ist nicht für die großen Glücksfälle des Theaters und auch nicht für die schrecklichen Katastrophen geschaffen, weder für Hits noch für Flops. Er hat nicht das Zeug zum Abenteurer, er hat Sitzfleisch. Sitzfleisch kann sensibel genug sein, regiert von einem wachen Kopf, der vernünftige Dinge und unvernünftige, schöne und abgründige, blutige und zarte mitmenschlich-urban verhandelt sehen möchte. Das heißt, daß er Schauspieler erwartet, die er kennt, daß er zunächst mehr danach schaut, mit wem eine Figur besetzt ist, als nach der Figur selbst. Dem Abonnenten und dem System, das ihn erfordert und das er mit ernähren hilft, würde eigentlich ein gutes, festes Ensemble am besten dienen. Vielleicht ist deswegen das Münchner-Kammerspiele-Abonnement so beliebt, weil hier ein Ensemble seit langen Jahren virtuos und blind aufeinander eingespielt ist, so daß es spielen kann, was es will: Auf irgendeine Art ist es immer gut.

Wenn ein Theater gute Rollen gut besetzen kann, was die wenigsten Theater heute können, würde es den durchschnittlich großstädtischen Charakter des Hauses schon bewiesen haben. Es würde die Kommunikationsfähigkeit des festen Publikums befriedigen, die sich auf Gesichter mehr als auf Bedeutungen stützt: Visagentheater, dem aber nicht der Fehler unterlaufen dürfte, auf die Starmaskerade allein zu setzen. Im Rumor der Büros, der Angestelltentagen, der Cafés und Schlafzimmer wuchern über den durchgehechelten Schauspielerköpfen die Figurenumrisse als Gesprächsstoff mit.

Im gigantischen Theaterresonanzboden Wien, einer großstädtisch überspannten Provinzbuschtrommel, funktioniert jedwedes Reden über Theater allein in der

Personalemphase und -degoutiertheit. Jede Rolle, jedes Rollen-Gesicht wird zum Körperwagnis, dessen Gelingen oder Mißlingen sofort politisch oder theaterpolitisch quittiert wird. Der Abonnent, überlebensgroß, sitzt in Wien an den Schaltstellen, an denen Stimmung gemacht und gepolt wird. In Wien auch besteht das Treue-Verhältnis des Abonnenten zum Theater in einer permanenten Versuchung zum zeitigen Verrat: der Intrige, in die auch ganz normale Abonnenten verwickelt sind. »Das werd' ich dem Herrn Minister melden gehn!« Und der Minister meldet es dem Burgtheaterdirektor. In Wien gibt es den Typus des wahnsinnigen Abonnenten, der eine halbe Nacht damit hinbringen kann, sich beim Portier des Burgtheaters über eine Aufführung zu beschweren, bis dieser den stellvertretenden Direktor ruft, der im Konversationszimmer dem Aufgebrachten die Aufführung erklärt, worauf dieser noch aufgebrachter ist.

Der ideale Abonnent bringt ins Theater mit, womit das Theater rechnen muß: Kenntnisse. Er kennt den Text, der gespielt wird, hat eine Vorstellung vom Autor, feste Begriffe von den Figuren des Stücks, von den Ideen, die ihnen zugehören. Der ideale Abonnent sieht, vor allem wenn er in ein klassisches Stück geht, einen Rahmen vor sich. Die Sprengkraft von Klassikerinszenierungen Ende der sechziger, Anfang der siebziger Jahre rührte daher, daß von den Theaterleuten bewußt die Abonnentenrahmen geknackt wurden. Gegen die Konvention des Gewußten, Gelernten, in festen Begriffen Verankerten setzten die Zadek, Neuenfels, Stein, Hübner, Minks und Palitzsch das Verletzende. Aus Tasso, dem edlen, unverstandenen Leider und Dulder, wurde Tasso, der karrieregeile Emotionalclown. Aus dem edlen Neger Othello wurde der wüste Nigger, aus Königen wurden Schlächter, aus Vätern Diktatoren.

Immer wenn der ideale Abonnent sich zornig aus seinem Sessel im Parkett erhob und türenschlagend den Zuschauerraum verließ, beschlich die Theatermacher das Gefühl, sich endlich von ihrem eigentlichen Tyrannen befreit zu haben. Gleichzeitig aber wurden sie insgeheim auch das Gefühl nicht los, ein bißchen einsamer geworden zu sein. Der Kampf mit dem Publikum begann.

Eine Schlacht, in der vielerorts Ersatztruppen aus jugendlichen Flaneurstellungen herangeführt werden konnten, das freie, nichtabonnierte Publikum aus Universität und Gymnasium, das zu ermäßigten Preisen im Parkett Platz nahm. Auch dieses Publikum brachte Bildung mit. Aber es war die Bildung, die sich an der Umbildung der alten Bildung gebildet hatte. Der kritische Affekt gegen jede klassische Figur, das grundsätzliche methodische Mißtrauen gegen jede Vorstellung, die nur irgend nach Konvention roch, waren ihr zur neuen Konvention geworden. In den Kampf gegen die Uniformität des Bildungsbürgertums zog sie in den Uniformen des Anti-Bildungsbürgertums. Das neue Publikum brachte als Rahmen den zerbrochenen Rahmen schon mit. Die Umdeutungen auf der Bühne, das Wider-den-Strich-Bürsten wurde von ihm erwartet. So rannten die Bühnen offene Gesinnungen ein. Der ideale Abonnent aber war inzwischen zur Oper abgewandert. Dort konnte er sich trotz allem, was ihm mit der Zeit auch Opernregisseure an Rahmensprengung und Konventionsverletzungen zumuteten, an etwas Gesichertes halten, das nur in sportlich-hochleistungsartig zu beziffernden Werten vom einen zum anderen Abend differierte: das Musikalische.

Töne, Tempi, strahlende Stimmen, Dynamik, Orchesterfarben, Übergänge, Phrasierungen, heute »durchgehalten«, morgen »durchhängend«, übermorgen »ohne Höhepunkte«, am Sonntag dafür »mit Drive« — das blieb, auch wenn Tristan im Raumschiff verschwand.

Der ideale Abonnent versank im großen, schönen Rauschen und brachte von nun ins Musiktheater etwas mit: die Vergleiche mit Schallplatteneinspielungen. Und die größeren Häuser taten ihm den Gefallen, die Sänger, die er von der Schallplatte her kannte, wenigstens für die eine oder andere Premiere zu engagieren. Sie hatten mit der Aufführung, der Inszenierung, den szenischen Zeichen nichts zu tun, lieferten nur ihr hochkarätiges musikalisches Material zu Höchstpreisen ab und verschwanden wieder. Das bestärkte den Musiktheaterabonnenten, der früher einmal ein idealer Schauspielabonnent war, darin, die Oper vorwiegend als Spitzensportstätte zu betrachten.

Ein paar versprengte Verbliebene machten freilich im Schauspiel weiter. Sie störten hie und da erfrischend das Gesinnungseinerlei von Bühne und Parkett und gaben allein durch ihre Zwischenrufe den Theaterleuten und dem anderen Publikum das Gefühl, auf der richtigen Seite zu stehen: Der Feind stand im Abo. Ein berühmter Abonnent in einer süddeutschen Stadt brachte es sogar fertig, von einem aufgebrachten Schauspieler unterm Gejohle der Saalparteien einmal um den Zuschauerraum herumgejagt zu werden.

Es kam dann aber die Zeit, als auch die Flaneure und die Freien, die neugierigen Theaterspaziergänger zu Festen wurden. Aus den ans rahmensprengende Theater Gewohnten wurden allmählich gewöhnliche Abonnenten. Sie hatten die schönste Explosion hinter sich: den Knall der Konventionsvernichtung. Jetzt

wurden sie zu Zeugen von lauter Nachzündungen, die
sie als Folgeerscheinungen goutierten: die wechselnden
Kostümierungen und Bebilderungen der wechselnden
Rahmenbrocken, die ihnen nun vorgelegt wurden —
Tasso an der Schreibmaschine, Richard III. als F.A.Z.-
Leser, Nathan am Klavier, Hamlet in Turnschuhen,
Gretchen nackt, Gretchen im Wassergraben, Könige
im weißen Kaufhaus-Anzug.

Der alte ideale Abonnent erregte sich, wenn er das
Wort »Scheiße« oder »Ficken« auf der Bühne vernahm.
Obszönitäten, Blasphemien, nackte Hintern, Gewalt
und Horror sah er nicht durch den Text, den er kannte,
gedeckt und meldete, wenn er ein besonders idealer
Abonnent war, die Angelegenheit dem zuständigen
CDU-Stadtverordneten, der die »Scheiße« vor den Gemeinderat brachte. Der neue Abonnent hat alle Erre-
gungen hinter sich und vor allem keinen Text im
Kopf — und wenn er ihn ihm Kopf hätte, würde er
nicht daran glauben, daß es so etwas wie den Text
überhaupt gäbe. Deshalb auch stört es ihn nicht, wenn
er auf der Bühne nicht das Handwerk wahrnimmt, das
ein Text erforderte: deutliches Sprechen. Ihm genügen
Andeutungen. Da er das Stück sowieso nicht kennt
oder nicht mehr kennen will, ist es ihm auch gleichgültig geworden, ob ihm das Theater überhaupt noch
das Stück präsentiert oder nur Stücke aus dem Stück.
Er bringt den Videoclip im Kopf mit ins Theater, den
raschen Fernseh-Spot, die Nachricht, die nicht länger
als neunzig Sekunden dauern darf. Er ist damit befaßt,
für einen Reiz nicht eine Ursache, sondern nur wieder
den nächstliegenden Reiz verantwortlich zu machen.

Cordelia, die Tochter König Lears, wird auf einem
Sofa von ein paar Samurai vergewaltigt. Samurai kommen aus Japan und sind treue Ritter. Sie gehören zu

Kent, der aus England kommt, aber dem König Lear
treu ist. Weil Kent närrisch und partout zu Lear und
zu dessen verstoßener Tochter Cordelia hält, vergewaltigt er diese mit seiner Treue, was nun durch die
treuen Samurai bewerkstelligt wird, eben weil diese
treu sind. Dazu spielt ein Mädchen in Strumpfhosen
Akkordeon, zwei, drei Eimer Blut werden ausgegos-
sen.

Diese Szene aus einer *Lear*-Inszenierung Anfang der
neunziger Jahre hat nichts mehr mit den Gedanken zu
schaffen, die der Text einem Leser machen könnte.
Liebe, Treue, Wahnsinn, Verlassenheit können hier
nicht mehr diskutiert werden: Der Diskurs wird ab-
sichtlich verweigert. Was stattfindet, scheint die
große Tante Tautologie inszeniert zu haben. Alles
bezeichnet nur noch sich selbst, so daß es auch nichts
ausmacht, wenn anschließend ein DDR-Rentner auftritt und auf die Ausbeutung der ehemaligen DDR
durch die böse BRD hinweist, wobei der Rentner den
Part von Edmund, dem Bösewicht im *Lear*, spielt.

Der neue Abonnent gibt sich dem, was sich von
selbst versteht, auch wenn es unverständlich ist, reinen
Herzens hin. Das geht ganz gut, weil sein Herz leer-
gefegt ist von Zu- und Abneigungen. Der alte Abonnent liebte wenigstens die Konvention. Die Flaneure
und Freien liebten das Überraschende. Der neue
Abonnent ist freundlich. Er gehört ökonomisch zu
den Erfolgreichen oder erfolgreich Gewordenen. Er
ist genauso aufgestiegen, wie der alte Abonnent einst
aufstieg. Er ist abends genauso müde. Das Theater
kann genauso auf ihn bauen, wie es auf den alten
Abonnenten bauen konnte, bis es ihn verjagte. Ihn
unterscheidet von diesem nur eines: Er hat keine Erwartungen mehr. Theater ist für ihn das, was die

Theaterleute machen, nicht das, was er sich unter Theater vorstellt.

Wenn er im Theater sitzt, scheint er Filzpantoffeln zu tragen, die Insignien einer Privatheit, die er auch der Öffentlichkeit zu schulden glaubt. Er bringt ins Theater die Fähigkeit mit, sich einzufühlen und sich einzulassen. Er ist demütig. Er gehorcht den Reizen, die man ihm vorsetzt. Und die Bühnen geizen damit nicht.

Trotzdem hassen sie den Abonnenten, der ihnen nun wirklich nichts mehr tut, ausgenommen vielleicht in ein paar kleinen Orten wie Ulm, wo jeder neue Intendant nach kurzer Zeit stolz erzählt, der Stadtrat habe bei ihm wegen einer »Scheiße« auf der Bühne empört angefragt. Anderswo aber zeichnen die Abonnenten fleißig ihre »Mieten« und »Anrechte«, was die Theater in die bequeme Lage versetzt, mit einem festen Posten im Einspielsoll zu rechnen, sich gleichzeitig aber zu entschuldigen: Man habe leider wieder einmal bei dieser oder jener Produktion aufs Abonnement Rücksicht nehmen müssen. Aber auch Produktionen, bei denen darauf keine Rücksicht genommen wurde, für die monatelang, statt nur wochenlang geprobt wurde und die man immer wieder verschob, sehen oft haarklein so aus wie ihre abonnementtauglichen Schwestern.

Der Abonnent ist dazu da, es dem Theater durch sein Dasein bequem zu machen. Das Theater, das immer gerne so unbequem wäre, schämt sich für den Abonnenten seiner Bequemlichkeit. Ihr Verhältnis zueinander ist das einer neurotischen Ehe, bei der ein Partner sitzen bleibt, der andere Partner immer so tut, als wolle er sich erheben, dabei aber auf des anderen Schoß fällt. So sind sie zueinander verdammt.

Das Schmalzbrot. Bühne und Buffet.

So schlecht war mir noch nie.
Curt Bois

Wann wird gegessen? Es gibt einfachere Fragen im
Theater. Es sind ja Leiber, sprechende, singende, sich
krümmende, dicke, schlanke, elegante, plumpe, die das
Theater machen. Und es sind Leiber, geputzte, ge-
schminkte, Gerüche ausdünstende, die müde oder
nervös, ergeben oder gespannt das Theater konsumie-
ren. Die Leiber auf der Bühne und die Leiber im
Parkett verschweigen sich aber gegenseitig die Bedürfnisse des Leibes. Essen und Trinken auf der Bühne
bleiben meist pantomimisch. Wenn es sich gar nicht
vermeiden läßt, wird es nebenbei und mit flutschenden
neutralen Stoffen wie Joghurt oder weichem Hühn-
chenfleisch, Tee oder Apfelsaft erledigt. Es stört die
Schauspieler.

Trinken ist im Zuschauerraum nicht erlaubt. Gegessen werden höchstens Bonbons. Nur Brecht, der
mannhafte Raucher schwarzer Zigarren, verlangte
nicht nur vom Theater die Besserung der Gesell-
schaftsmenschen, er wünschte sich auch von diesen
Gebesserten dann, sie sollten im Theater zum Dank
für ihre Besserung rauchen dürfen. Aber Rauchen ist
nach wie vor verboten, wenigstens im Zuschauerraum.
Auf der Bühne dagegen hat sich die Zigarette ungemein durchgesetzt, obwohl dort niemand gebessert
wurde.

Essen aber muß auch der schlechte Mensch. Die Aufführungen freilich beginnen meist so früh, daß ein Besuch im Restaurant vorher zu einer pressanten Schlingerei wird. Und sie enden, je länger, je mehr, so spät, daß man froh sein muß, wenn man in einer Kneipe noch nicht die Stühle auf den Tischen und eine Kleinigkeit zu trinken findet. Das Theater, das in seinen Werbeprospekten gerne mit den »sinnlichen Erfahrungen und Genüssen« für sich die Trommel rührt, mutet der Sinnlichkeit seines Publikums alles zu: Sitzen auf unbequemen, engen Sesseln, auf Treppenstufen, ja selbst auf dem blanken Boden, Herumstehen in Turnhallen, Wandern durch Schlachthöfe, Sichducken in Gewölben. Kreuz, Beinen und Steiß wurde und wird märtyrerhaft zu Duldendes auferlegt. Hunger und Durst aber sind schlimmer.

Die sechstägigen Dionysien im Griechenland des fünften vorchristlichen Jahrhunderts enthielten drei bis vier Tage Theater, an jedem Tag drei Tragödien und die dazugehörende Satyr-Komödie, alle von einem Autor, dem jeweils ein Tag gewidmet war. Wer in der Arena von Verona an einem glühendheißen Sommertag auf den Beginn der Abendvorstellung wartet, findet sich am Nachmittag ein, bringt Brot, Wein, Wurst, Käse mit, ißt und feiert vorher stundenlang. Wenn der Abend etwas Kühle und *Aida* verspricht, ist der Zuschauer satt, betrunken und von Wohlgefühlen durchströmt im matten Abglanz dionysischer Urgefühle, die bei den attischen Vorfahren hie und da auch zu rauschhafter Revolte führten, wenn Zuschauer die Bühne stürmten und den regieführenden und schauspielenden Dichter verprügelten. Das tut man nicht mit leerem Magen. Leere Magen machen Menschen zunächst einmal innerlich.

Das deutsche Theater setzt deshalb zu Recht auf den Hunger seiner Zuschauer. Es verweist sie auf die Notration, die es am Buffet bereithält, für die es allerdings Preise verlangt, die eigentlich voraussetzen, daß der Konsument in einem Glücksrausch befangen sein müsse, wenn er, in die Pause eilend, für ein Glas abgestandenen pfälzischen Sekt acht Mark oder für eine kleine dürre Schnitte zwölf Mark bezahlt. Als gälte ihm Geldeswert, der ihm im Alltagsleben alles gilt, in diesem Moment gar nichts.

Ein junger Franzose, der im Alter von einundzwanzig Jahren 1881 zum Vorleser der deutschen Kaiserin Augusta avancierte, Jules Laforgues, ein Dichter, der die Deutschen und ihre Unsitte, bereits zu Mittag Unmengen von Speisen zu sich zu nehmen, verabscheute, sah damals voll asketischem Entsetzen auf die kalten Happen, die von den deutschen Theatern offeriert wurden:

»Jedes Café, jede Kneipe kann Ihnen auf der Stelle kalte Gerichte servieren. Die Theater (außer den beiden königlichen), die Konzert-Cafés haben immer ein Buffet: Man kann dort nicht nur Erfrischungen zu sich nehmen, sondern auch säuberlich aufgereihte Kaviarschnitten, Räucherzunge, Hummerstückchen in einer dicken Mayonnaise, Schweizer Käse auf einem halben Brötchen, Schinken. Am Eingang zur National-Galerie macht ein Schild darauf aufmerksam, daß rechter Hand ein Buffet ist. Das gleiche Schild hängt in einem Saal im ersten Stock neben der Menzelschen Schmiede. Berlins Erstes Orchester, die Philharmonie, spielt vor einem Bier trinkenden Saal. An manchen Tagen steht, so sichtbar wie möglich, ›Heute Rebhuhnfrikassee‹ auf einem breiten Schild an der Wand. N.B. Sobald die heiße Jahreszeit beginnt, empfiehlt Ihnen

der Kellner, statt der Suppe kalte Suppe zu nehmen: die Biersuppe. Antworten Sie: ›Nein, nein, niemals!‹«
Laforgues wurde nicht alt. Im Alter von siebenundzwanzig Jahren starb er in Paris, ein Vertreter des *vers libre,* Anreger der Moderne. Er hatte sich in Deutschland wohl den Magen verdorben. Es müssen fette Zeiten gewesen sein in deutschen Kulturtempeln in den achtziger Jahren des vorigen Jahrhunderts, geräucherte und gehummerte Zeiten. Bier selbst in der Philharmonie; dazu Rebhuhnfrikassee; Biersuppe angedroht: Man ging zur Kunst, um sich dort vollzustopfen. Von den neunziger Jahren an, als die Kunst vollends zur Kunst wurde, als sie nach Wahrheit und Natur gierte und Tschechow einen ganzen dritten Akt damit hinbringen ließ, daß niemand Tee bekommt, obwohl alle fürchterlichen Durst haben, muß die Epoche angefangen haben, als im Bauch des Theaters, im Foyer, das Knurren der Magen oft das Räsonnieren der Köpfe übertönte.

Man muß heute Glück haben, wenn man im Foyer eine halbwegs belebende Tasse Kaffee auftreiben will. Üblich sind matschige, bleiche, weiche Weißbrötchen, deren Lachs- oder Schinkenauflage eine vorwitzige, aber trockene halbe Traubenfrucht ziert. Beefsteakscheiben sind ungenießbar; die Eierbrötchen schmecken nach Chemie, die Tatarschnitten nach Eiern; der Sprudel ist lauwarm, die Schokolade alt, der Orangensaft zuckrig, der Wein sauer.

Das scharrende Warten in einer endlos scheinenden Schlange von Leuten, die auch alle nur darauf harren, schlecht bedient zu werden, beschert, wenn er endlich drankommt, dem Geduldigen das Gefühl, es jetzt geschafft zu haben. Man ist zu allem bereit, selbst zu einem Glas Pfälzer Sekt.

Die Herren und Damen hinterm Buffettresen sind
wohllebige feudale Herrscher übers frugale Land, aus
dem sie noch das Letzte herausholen. Die Buffetbe-
satzung übersteht Krisen und Tendenzen, Mitbestim-
mungen und Moden. Sie empfängt von den Zuschauern das zeitliche Kostgeld für eine ewige Aufgabe:
Kulinarisches zu verhindern.

Th. W. Adorno, der gute alte Schwärmer, sah in
seiner *Naturgeschichte des Theaters,* die er 1931 für die
Programmhefte des Darmstädter Theaters verfaßte,
im Buffet den Widerschein eines dialektischen Tau-
sches zwischen den Körpern und den Gestalten der
Zuschauer: »Im Foyer gibt es Buffets: links und rechts
in den Ecken. Aber die Dame, die du begleitest, wird
sich weigern, dort etwas zu nehmen.« Es ist typisch
für die Frankfurter Schule und die Kritische Theorie,
daß sie dieses Sichweigern nicht dem Buffet anlastet,
sondern objektiv dem Dame-Subjekt aufhalst. Adorno
weiter: »Meint sie, es geschehe, weil im Theater zu
essen unschicklich sei oder provinziell, so irrt sie;
wie köstlich raschelt nicht die Schokolade im dunklen
Parkett, von den Kollationen in der Loge zu schweigen.«

Dabei raschelt in den Logen auch nur das Schoko-
ladenpapier, wenn es hochkommt. Kollationen sind
eine sehr unkritische Träumerei übers Logeninnere.
Aber Adorno braucht die Phantasie-Schlemmerei drinnen, damit er dem Draußen phänomenologisch auf die
Schliche komme: »In der intelligiblen Welt des Foyers
seid ihr Schatten. Euren Leib habt ihr im Zuschauerraum zurückgelassen; darum zieht es stets im Foyer zu
euren Plätzen euch zurück.« Durch das nachgestellte
»euch« drängt Adorno die durchs Foyer Schweifenden
zu ihren Eigentlichkeitsleibern im Zuschauerraum

73

förmlich reflexiv zurück. Im Foyer warnt er vor dem Anti-Abendmahl auf Marmortischchen: »Wolltet ihr hier essen, ihr färbtet euch mit Blut; euer Leib folgte begierig euch nach, als sterbliche Geschöpfe lebtet ihr auf, unterbrochen wäre der sakrale Kreislauf, und ihr bliebet stehen vorm Buffet, um mit eurer Schwere ins Bodenlose abzustürzen.« Das will natürlich niemand. Also stürzt man sich lieber ins Ungenügende. So können die Leiber, wenn auch hungrig, sich wiederfinden. Der Vorhang geht nach der Pause wieder auf, und alle sehnen das Ende herbei, damit sie mit leerem Magen ins Bett oder zum Kühlschrank gehen können.

Sie werden das Gefühl heimtragen, daß Theater nicht satt macht, aber auch, daß das Leben mit dem Auf und Ab von Hunger und Sättigung, Verlangen und Befriedigung etwas anderes ist als die Schau-Kunst, die alles sofort zu befriedigen verspricht, aber dabei immer nur so tut, als ob sie es täte. Der schöne Schein, der die größten Morde, blutigsten Taten, gigantischen Gelage, wahnsinnigen Kopulationen, verrücktesten Liebeleien so verhüllt, daß er sie vorzeigen kann, als wären sie wirklich — dieser herrliche Betrug verträgt gar keine kulinarischen Entsprechungen.

Nicht weil man den Leib im Zuschauerraum zurückließe, wird man in der Pause nichts essen wollen. Man wird das Ausbleiben einer leiblichen Sättigung um so weniger vermissen, je mehr man den Betrug drinnen auf der Bühne geschluckt hat. Je kulinarischer das Theater, desto satter die Zuschauer.

»An den langen Tischen der Zeit / zechen die Krüge Gottes. / Sie trinken die Augen der Sehenden leer und die Augen der Blinden, / die Herzen der waltenden Schatten, / die hohle Wange des Abends. / Sie sind die gewaltigsten Zecher: / sie führen das Leere zum

Mund wie das Volle / und schäumen nicht über wie
du oder ich.«

Paul Celans Gedicht »Die Krüge« inszeniert demütig-
emphatisch die Fortsetzung des Dionysischen im Alltäglichen. Es ist auch ein Betriebsgedicht für das
Theater von Tag zu Tag. Es wirft ein milchig-religiö-
ses Licht auf die Diätetik der Kunst, die vom Opfer
des »Dein Leib sei mein Leib!« ihren Ausgang nahm,
den Leib später aber nur noch symbolisch genommen
hat.

»Es kommt darauf an, daß man die sakrale Atmosphäre spürt, welche Essen in ein Ritual für die Psyche
verwandelt. Solche Speisen und solche Mahlzeiten
können dann als Hinweise auf Hades, den ›Gastfreund-
lichen‹, den unsichtbaren Gastgeber am Bankett des
Lebens, verstanden werden. Diese rituellen Kommu-
nionen können dann einer müheloseren Verbundenheit
mit den eigenen Toten den Weg bereiten. Diese Toten
werden gewöhnlich als familiäre Einflüsse aus der Vor-
geschichte wahrgenommen, als das ungelebte Leben,
die unerfüllten Erwartungen der Ahnen, welche man
mit sich trägt, ohne es zu wissen. Indem wir uns mit
diesen zu Tische setzen, nähren wir sie nun und fangen
an, von ihnen genährt zu werden.« Die Tischszene,
die James Hillman in *The Dream and the Underworld*
(1979) arrangiert, ist nichts weiter als der zeichenhaft-
kulinarische Umriß dessen, was man Theater nennt.

Eine Gemeinschaft der Lebenden mit den lebendig
Toten. Es ist das Hin und Her der Erwartungen, die
man hegt, wenn man im Zuschauerraum sitzt, und die
man reizt, wenn oben auf der Bühne Schauspieler
Figuren verkörpern. Es ist die Kommunion der Gie-
rigen, die das, was sie im Leben nie erreichen, auf diejenigen projizieren, die als Künstliche dort droben im

Kunst-Leben alles dürfen. Man kommuniziert mit den Mächtigen, die im leeren Kunst-Reich nichts sind ohne die Wünsche und Begierden derer, die ihre Macht erst spüren, wenn sie zu einem Hamlet, einem Faust, zu den drei Schwestern sagen können: Jetzt haben wir euch! Sie haben sie aber nur in ihrer Vorstellung. Sie schlucken, was jene ihnen vorsetzen. Wenn es glücklich zugeht, werden sie von jenen gebannt und aufgefressen — mit Haut und Haar.

Das Buffet, das zum Beispiel Ariane Mnouchkine, die große, fast einzige Glücksmomentebescheererin des europäischen Theaters heute, ihren Zuschauern anbietet, wenn sie diese einlädt zu einer Reise durchs Greuelland der Atriden, basiert auf einer »Atriden-Suppe«, aus »Hyperboräischen Süßigkeiten«, »Achäer-Rindfleisch« und »Thraker-Suppe«. Die Mnouchkine schafft im Foyer des *Théâtre du Soleil* im Wald von Vincennes mit simplen Blätterteigfüllungen, Kräutersuppen, Griespuddings den Schein eines passenden Mahls. Aber es gehört in seiner netten Harmlosigkeit mehr zu den Ahnen französischer Küchen-Provinz als zu den Vorfahren, die durch Mord und Totschlag tanzen. Das Buffet, das den Fressern gehört, hat mit dem, was zu fressen ist, nichts zu schaffen.

Aber: »Je lebhafter das zu Fressende widersteht, desto lebhafter wird die Flamme des Genußmoments sein. Notzucht ist der stärkste Genuß«, träumt Novalis und weiß noch nichts vom perversen Genuß des deutschen Stadttheaters, das den Zuschauer notzüchtigt, der als Fressender zu widerstehen trachtet, während er insgeheim auf den Selbstmord des Theaters wartet, denn: »Der Selbstmord ist weit entfernt, Verneinung des Willens zum Leben zu sein. Denn die Verneinung hat ihr Wesen nicht darin, daß man die

76

Leiden, sondern daß man die Genüsse des Lebens verabscheut. (. . .) Vom gewöhnlichen Selbstmord gänzlich verschieden ist der freiwillig gewählte Hungertod,
wo selbst der zur Erhaltung der Vegetation des Leibes
durch die Aufnahme von Nahrung, nötige Wille fort-
fällt.« (Schopenhauer, *Die Welt als Wille und Vorstellung* I,2, § 69.)

Die Verneinung des Genußwillens von seiten des
germanischen Stadttheaters ist der stärkste Feind der
Sättigung des genußwilligen Zuschauers, aber auch
dessen paradoxer Freund. Denn sie verführt den Un-
befriedigten zur Notzucht mit sich selbst: Er wird
sein Unbefriedigtsein zur Tugend erklären und, da
Verneinung von Genußwillen meist in Form von
Langeweile vorkommt, sich jetzt fanatisch langweilen
und gerade Genuß an dem zu verspüren glauben, was
ihm als ungenießbar vorgesetzt wird. So wird er vom
Theater gefressen, indem er sich selber frißt. Gerade
ihn würde jedwede Form von Buffetlabsal völlig aus
der Bahn werfen.

In Zeiten, in denen vom Theater behauptet wird, es
sei wichtig, es wirke direkt in die Gesellschaft hinein,
es sei politisch, in Zeiten, in denen es die Genießer
schwer, Schwermütige es leicht haben, bleibt die Küche
besonders kalt. In den sechziger, frühen siebziger
Jahren war das Theater ein Relevanz-Ort: Man genoß
dort, daß es nichts zu genießen gab, daß alles, noch der
graueste Lappen auf der Bühne, der wasserziehendste
Unterrock, der spuckendste Schauspieler Bedeutungen
hätten, die kein noch so gutes Menü in irgendeinem
Restaurant erreichen könnte.

In den achtziger, frühen neunziger Jahren hat sich
das umgekehrt. Was in den sechziger, siebziger Jahren
die Theater waren, sind heute die Restaurants. Man

traut der getrüffelten Wachtelbrust, umschäumt vom
Sud aus reduziertem Bordeaux auf gebutterten Schalot-
ten, eine Bedeutung zu, die keine Inszenierung übertreffen kann. Restaurants, Bistros werden zur Szene.
Dort hat die Gesellschaft heute ihr Foyer von Sehen
und Gesehenwerden. Keine zurückgelassenen Leiber,
keine Trennung: Regie führt dort das, was gerade
gefallen muß. Die genaue Temperatur des Weins, die
stimmige Süße des Desserts, das beruhigende, die Nerven wohl erregende Gefühl, am richtigen Ort sich das
Richtige einzuverleiben — dieses Spiel einer gnadenlos
kostbaren Gourmandise, die alle Sinne befriedigt, hat
vor der Kunst, die eine Befriedigung der Sinne nur
vorspielt, einen uneinholbaren Vorsprung gewonnen.

Insofern ist die Erinnerung an das Schmalzbrot
wichtig. Irgendwann, als die Theater nicht mehr daran
glaubten, sie hätten die Gesellschaft zu belehren,
aber davon träumten, sie könnten der Gesellschaft
Dinge bieten, von denen diese sich nie würde träumen
lassen, irgendwann also zu den Zeiten eines anarchi-
schen Theaters, wie es zum Beispiel Claus Peymann in
Stuttgart schön versuchte, lag plötzlich das Schmalzbrot auf der Theke. Ein Schwarzbrot, frisch gebak-
ken. Es hatte eine dicke Auflage von ausgelassenem
Schweine-, wahlweise Gänsefett mit eingeschlossenen
Grieben. Das Schmalzbrot war der Gesellschaft draußen als Genuß und Nahrung längst abhanden gekommen.

Das Theater nährte seine Besucher zu passablem
Preis mit einer Speise, die ihnen so weit entrückt vorkommen mußte wie ein Käthchen von Heilbronn,
das unterm Holunderbusch von einer Liebe wach-
schlafträumte, die auf einmal so sensationell schien wie
ein lang entbehrter Genuß. Deshalb auch stieg Käth-

chen bei Peymann aufs Hochseil, das verstiegenste
Luder seit langem. Theater und Leben, Käthchen und
Schmalzbrot waren nicht eins, nur der Genuß blieb
sich gleich. Das Buffet und die Bühne traten in Wech-
selwirkung, der schöne Schein und die witzige Nahrung im Zusammenspiel. Das Foyer war die Fortsetzung des Kulinarischen mit anderen Mitteln.

In manchen Häusern gibt es jetzt dem Foyer ange-
baute Bistros oder extra Ecken, in denen Krebssuppe
mit Laugenbrezeln serviert wird. Man richtet Theater-
Cafés ein, in denen zur Geisterstunde bleiche Schauspieler Chansons singen oder Couplets zum besten
geben oder Tucholsky lesen oder Schwitters vortragen.
Man schenkt irgendeine *Appellation controlée* aus, *mise
en bouteille* in irgendeinem Phantasie-Château, man
reicht die *Baguette* mit Schinken, die *Spaghetti bolognese,*
die Knoblauchpfanne, den *Cappuccino.* Man gibt sich
Mühe und kocht den *Coq au vin.* Aber drinnen sitzt
Käthchen breitärschig auf dem Ritterschoß und macht
so deutliche Kopulationsbewegungen, daß vor lauter
Ja-so-ist-die-Liebe!-Kopfnicken im Zuschauerraum der
Genuß sofort erstirbt.

Das Bistro, ein Fremdkörper, hilft dem Theater
nicht auf. Es bringt es nicht auf die Sprünge derjenigen, die ihre Relevanz von Kochmützen repräsentiert
sehen. Das Theaterrestaurant täuscht sich und das
Theater nur darüber hinweg, daß im Theaterrestaurant
allenfalls Schlafmützen Platz nehmen. Entweder sie
verschlafen das Theater — oder sie verschlafen ein
besseres Restaurant. Aber sie fänden dort nicht einmal
ein ordentliches Schmalzbrot.

Der Machtkopf. Regisseur.

Wir Regisseure sind ja polyvalente Huren.
Peter Stein

Er ist jung. So wie wir ihn kennen, gibt es ihn erst seit ungefähr einhundertdreißig Jahren. Um 1860 betritt er die Szene. In der Evolutionsgeschichte des Theaters, die ein paar tausend Jahre umfaßt, ist der Regisseur *dernier cru,* neueste Art und letzte Abart. In den zwanzig Jahren von 1970 bis nach 1990 ist er mutiert, hat eine Häutung durchgemacht: Jeans, Lederjacke und T-Shirt verwandelten sich in einen schwarzen Leinen- oder Seidenanzug und in ein schwarzes Hemd, das offen zu tragen ist; ein paar Irrläufer tragen weiße Hemden.

Weil er als Gattung so jung ist, achtet der Regisseur streng auf sein Alter. Am Ende des zwanzigsten Jahrhunderts läßt sich sagen, daß der Regisseur eigentlich nur zwei Alter hat. Entweder er ist um die Fünfzig, geht auf die Sechzig zu. Dann trägt er das unsichtbare, aber immer noch strahlende Nahkampf-Innovationsabzeichen von 1968 auf der Brust, das ihm verliehen wurde, als er dreißig war und die damals sechzigjährigen Theaterväter verjagte und allerlei Umsturz versuchte, Traditionen zerbrach, Verkrustungen sprengte, alles, was man halt 1968 so tat.

Oder er ist um die Dreißig, geht auf die Vierzig zu, kann aber keine Väter verjagen, weil niemand ihm Vater sein will. Denn die Fünfzig- bis Sechzigjährigen haben sich mit ihrem 68er-Orden das Recht aufs ewige Dreißigsein erworben. Auch sind keine Traditionen mehr zu brechen, nicht einmal die Tradition des Traditionsbruches, weil alles, das Heile und das Zerbrochene, herumliegt wie im Selbstbedienungsladen. Zugreifen oder nicht ist keine Frage.

Schaut man dem Regisseur zu, wie er mit dem Rükken zum großen Theaterautomaten steht, ist der Dreißiger vom Fünfziger nicht zu unterscheiden. Ob er eine Dreißiger- oder Fünfzigermünze einwirft, dem Automaten ist es gleich. Er spuckt immer ungefähr dasselbe aus. Der Regisseur aber seufzt egal sein Zauberwort: »Generation!« — als falscher Fünfziger so gut wie als verkehrter Dreißiger. Die Zeit wird ihm immer mehr zum Problem. Sie läuft ihm davon. Dabei ist er der Herr über die Zeit, der Gott der Abläufe, der Allmächtige im Flüchtigen:

»Die Rechtfertigung des Dichters kann jederzeit angetreten werden; sein Werk bleibt da, und kann uns immer wieder vor die Augen gelegt werden. Aber die Kunst des Schauspielers ist in ihren Werken transitorisch. Sein Gutes und Schlimmes rauschet gleich schnell vorbei; und nicht selten ist die heutige Laune des Zuschauers mehr Ursache, als er selbst, warum das eine oder das andere einen lebhafteren Eindruck auf jenen gemacht hat.

Eine schöne Figur, eine bezaubernde Miene, ein sprechendes Auge, ein reizender Tritt, ein lieblicher Ton, eine melodische Stimme: sind Dinge, die sich nicht wohl mit Worten ausdrücken lassen. Doch sind es auch weder die einzigen noch größten Vollkommenheiten des Schauspielers. Schätzbare Gaben der Natur, zu seinem Berufe sehr nötig, aber noch lange nicht seinen Beruf erfüllend! Er muß überall mit dem Dichter denken; er muß da, wo dem Dichter etwas Menschliches widerfahren ist, für ihn denken.«

Diese berühmte Definition der notwendigen Flüchtigkeit, des Transitorischen, Verwehenden und Vergehenden des Theaters aus der »Ankündigung« der *Hamburgischen Dramaturgie* Lessings im Jahr 1767 rechnet nur mit dem Dichter und dem Schauspieler. Den Regisseur kennt sie noch nicht. Zu Zeiten Lessings war der Prinzipal, der Chef der Wandertruppe, der Organisator und technische Direktor des theatralischen Ablaufs, der fast wie von selber funktionierte. Die Schauspieler spielten weniger Rollen, sie verkörperten feste Rollenfächer, deren gestisches und affektives Repertoire auf Konvention beruhte und die Auftritte und den szenischen Verlauf vorinszenierte: »Erste Liebhaberin«, »Zärtliche Rolle«, »Zweite Liebhaberin«, »Jugendlicher Held«, »Raisonneur«, »Bas-comique-Rolle«, »Intriguant«, »Bonvivant«, »Père noble«, »Erster Held« und so fort. Die Rollenfächer stammten für die Komödie aus dem Reservoire der Commedia dell'arte, für die Tragödie aus der französischen Klassik.

Im Rollenfach vermengten sich das Typisierungsverlangen des Schauspielers und die Figurenkonventionen des Dichters, der sich auch in höchster Poesie auf den Kanon stützt. Jeder Kampf um eine Theaterreform im achtzehnten und frühen neunzehnten Jahrhundert war ein Kampf gegen die Rollenfächer. Goldoni, der den Typen der Commedia dell'arte in den fünfziger, sechziger Jahren des achtzehnten Jahrhunderts immerhin die Masken herunterriß und ihnen zu menschlichen Charakteren verhalf, verlor den Kampf gegen Gozzi, der die Commedia mit größerem Brimborium und tolleren technischen Effekten als je zuvor wieder installierte. Goethe, der die »anständige Gebärde«, den »malerischen Ausdruck« in strenger Kanonisierung dem betriebsverschlampten Kanon der Rollenfächer entgegensetzen wollte, scheiterte in Weimar um 1800 damit nicht. Aber er resignierte. Er konnte in seinem Hoftheater-Ghetto, in dem sein Machtwort unumschränkt galt, das durchsetzen, was rings im Land nicht gang und gäbe werden wollte. Joseph Schreyvogel, der das Wiener Burgtheater von 1814 bis 1832 leitete, Karl Leberecht Immermann, der dem Düsseldorfer Stadttheater von 1835 bis 1837 vorstand, Heinrich Laube, der Burg-Direktor von 1849 bis 1867 war: sie alle kämpften dafür, daß der Schauspieler »mit dem Dichter denke«. Sie waren als Wort-Regisseure des Dichters Delegierte auf der Bühne, dem sie ein Welttheater-Repertoire zu erobern trachteten. Das bedeutete: Weg von einem Aktualtheater, das nur Gegenwartsautoren spielte, die frisch produzierten und lieferten, hin zum Literaturtheater, das seine Ansprüche mit den Dichtern der Vergangenheit befriedigte. Doch den Kampf gegen die Rollenfächer verloren auch sie: Die Schauspieler inszenierten sich weiterhin wie von selbst. Ihr Transitorisches, ihre bezaubernden Mienen, sprechenden Augen, reizenden Tritte und lieblichen Töne funktionierten individuell im Rahmen kollektiv akzeptierter Klischees. Die Theaterwelt hielt und stand still, obwohl die Zeit des Theaters die verwehende Zeit war.

Als der Regisseur auftrat, fing die Welt an, dem Theater davonzulaufen. Und zugleich kam das Theater in Bewegung dadurch, daß es jetzt einen hatte, der die verwehende Zeit ein bißchen anhielt, der das absolut Vergängliche der Theaterkunst ein wenig unvergänglicher machte. Der Regisseur machte sich sofort zum

Dichter, zum eigentlichen Autor des Theaters. Lessings Definition muß auf zwei Positionen geändert werden: Die Rechtfertigung des Dichters verkommt nun zur Rechtfertigung des Regisseurs, dem die Werke des Dichters nur mehr ein Material sind, aus dem er, genauso wie mit dem Material, das ihm Schauspieler, Licht, Farben, Kulissen, Bewegung sind, ein neues, eigenes Kunstwerk baut. Ein Kunstwerk, das nicht notwendig sofort verschwindet, das sich zumindest eine Zeitlang erzählen läßt, das auf andere Kunstwerke seiner Art einwirken, Tendenzen schaffen, Muster bilden oder Muster nachahmen kann.

Die Schauspieler müssen nun nicht mehr mit dem Dichter denken; sie denken dem vordenkenden Regisseursdichter nach. Er formt sie, er arrangiert. dressiert sie. Sie spielen weniger; in erster Linie spielt er mit ihnen. Der Kampf gegen die Rollenfächer ist zu Ende, der Kampf gegen die Schauspieler beginnt:

»Morjen! Dumm, vergnügt, ahnungslos. Andere fröstelnd, mißvergnügt, verschlafen. Feinde. Alles Feinde. Da rotten sich schon einige Unzufriedene hinter einer durchlöcherten Wand zusammen. Sie tuscheln und blättern verächtlich in ihren Rollen. Natürlich wollten sie just die anderen Rollen spielen, müßten es selbstverständlich, wenn es mit rechten Dingen zuginge. Ja, unbegreiflich diese Besetzung! Alle sind klüger, alle würden es besser machen als der da vorne, am Pult. Die Tragik des Schauspielerloses steigt aus der Versenkung auf. Er darf sich nicht wie andere Künstler seine Aufgaben selbst wählen, nicht spielen, wozu er Lust hat, nicht schaffen, wenn er in Stimmung ist. Alles wird ihm kommandiert von dem da vorne (...)

In allen Ecken zischelt es, flüstert es, und der da vorn hört alles, ach, er kennt ja das alles. Das alte Lied. Er schluckt und schluckt. Aus allen Himmeln ist er gefallen und sitzt tief im Staube. Er würgt an seinem Ekel.«

So wehleidet Max Reinhardt in seinem Essay *Von der modernen Schauspielkunst und der Arbeit des Regisseurs mit dem Schauspieler* aus dem Jahr 1915: der Theaterkunstschaffende als der herabgestiegene Gott, sitzend im Staube — seinen Feinden gegenüber, deren leere, dumme Köpfe renitent auf die Füllung warten, die er für sie bereithält.

Er nennt sie »lebendiges Material« und hat die Definition des Theaterreformers Edward Gordon Craig im Ohr, der in der *Kunst des Theaters* 1905 einen Theaterbesucher und einen Regisseur den Dialog über das Wesentliche führen läßt:

Theaterbesucher. Dann stellen Sie den Regisseur also über den Schauspieler?

Regisseur. Ja, die Beziehung zwischen Regisseur und Schauspieler ist genau dieselbe wie zwischen Dirigent und Orchester oder zwischen Verleger und Drucker.

Theaterbesucher. Und Sie meinen, der Regisseur ist ein Handwerker, also kein Künstler?

Regisseur. Wenn er die Stücke des Dramatikers mit Hilfe seiner Schauspieler, Bühnenbildner und seiner anderen Arbeiter inszeniert, dann ist er ein Handwerker, ein Meister seines Handwerks vielleicht. Wenn er aber den Gebrauch der Bewegungen, Worte, Linien, Farben und des Rhythmus beherrscht, kann er zum Künstler werden. Dann werden wir nicht länger die Hilfe des Dramatikers brauchen, denn dann wird unsere Kunst selbständig sein.«

Für Craig, dessen Theorien dem Regietheater den Weg ebnen halfen, war der Schauspieler eine »Übermarionette«. Ihm ist der Regisseur der Übermensch.

»Der Schauspieler sieht ihn als Lehrer, als Freund, als Dummkopf, als Feind, als Sadist oder alles auf einmal«, so schätzt Peter Zadek sein Gegenüber ein. Und er will ihn, sei es als Freund, sei es als Feind, mit Haut und Haar. Er giert nach einer Erotik des Ausgeliefertseins, deren Bedingungen ganz vom Feeling, vom Sensorium des Regisseurs abhängig sind: »Wenn ich anfange, ein großes Stück zu besetzen, denke ich oft nicht zuerst an Rollen, sondern an die Gruppe von Schauspielern, die ich mir für dieses Stück denke und wünsche. Allerdings ist der erotische Mittelpunkt die wesentliche erste Entscheidung, und wenn diese Entscheidung nicht sofort, mit Auswahl des Stoffes, stattgefunden hat, betrachte ich den Stoff anschließend mit viel Mißtrauen. Der *Lear* und der *Othello* haben beide stattgefunden, weil meine Projektion auf die zentrale Figur vollkommen mit meinem derzeitigen Empfinden für Wildgruber übereinstimmt. *Kleiner Mann, was nun* ging von Hannelore Hoger als Lämmchen aus (und es war sehr typisch für die brutale Realität der Fantasie, daß ich nach einer ganz kurzen Probenzeit ihren Partner austauschte, weil seine Erotik mit Hannelore nicht stimmte, und auch nicht mit meiner).« Der Regisseur: Herr über Liebe und Leben, der Menschenbastler, übriggeblieben vom sechsten Schöpfungstag, der mit Bauklötzchen hantiert, die Köpfe, Herzen, Unterleiber haben, aber ihm trotzdem gut in der Hand liegen, seiner Haut schmeicheln müssen.

Er hat sich das Theater zum Himmel gemacht, über dem er bestimmt: Es werde Licht. Sein Kopf ist das eigentliche Firmament. Der Intendant, der Verwal-

tungsdirektor, der Kantinenkoch, der Schauspieler, der
Dramaturg, der Bühnenbildner, der Beleuchter, der
Rüstmeister, der Schneider, Schuster, Maschinen-
meister: sie alle sind Betrieb. Er allein führt den Betrieb zur Kunst. Sie alle sind erwachsen. Er allein ist
das große, strenge Kind, dessen göttlichem Spiel sie
alle zulaufen und zufallen. Ein Regisseur, der nicht
größenwahnsinnig ist, ist keiner.

Sein Wahn, seine Tugend, sein Glück stecken im
Zwang, immer bei Null zu beginnen. Er ist wie ein
Ingenieur, der jeden Tag das Rad neu erfindet. Er
erfindet sich in jeder Inszenierung das Theater neu.
Dazu muß er erst irgend etwas Altes beiseite schaffen,
weginszenieren.

Er hängt am Kreuz der Novität. Sein Antrieb liegt
im Selbstbefehl: Mach es anders! Sein Pendant ist der
Couturier. Der Kindheitstraum des Couturiers bestand
nicht aus Papier und Zeichenstift, sondern aus Stoffen, Tüll, Seide, Brokat in bauschigen Bahnen, worin
er sich einmummelte, hineinphantasierte, aus taktilen
Sensationen Formen werden ließ, mehr geahnt als ge-
wußt.

Für den Regisseur, fand Max Reinhardt, der große
Phantasieverwerter, sei dieses Sicheinmummeln das
Hinabsteigen in »tiefe Schächte ..., dort, wo die
Mütter hausen, an den geheimnisvollen Ort, wo alles
Lebende entsteht und wo auch der Dichter sein Werk
empfangen hat, denn nur dort ist es mit allen Wurzeln
auszugraben.« Der Regisseur liebt deshalb auch die
leere, dunkle Bühne, seinen Kreißsaal. Der Intendant
eines großen deutschen Opernhauses hat sich für die
Tatsache, daß er immer weniger Premieren heraus-
bringe, für die er immer länger proben lasse, wofür er
das Haus auch an bestimmten Tagen ganz schließen

müsse, unter anderem mit dem Hinweis entschuldigt, daß sich immer mehr Regisseure erst einmal tagelang »in den Bühnenraum einfach nur einfühlen, mit ihm allein sein« wollen.

Danach haben die Regisseure oft das Gefühl, daß sie im leeren Raum mit sich allein bleiben: Sie haben ihn sich im Lauf der Zeit sozusagen leergefüllt — vom Schnürboden baumeln eine genügende Zahl von Gestalten, die sie erfunden, von Bildern, die sie erdichtet, von Masken und Fratzen und Zeitzeugen, die sie erdacht haben; manche in doppelter, dreifacher Ausfertigung. Die Produkte ihrer Phantasie wiederholen sich, grinsen sie als Abbild vom Abziehbild von oben herab an. Der Regisseur steht und starrt, und insgeheim erstarrt er: Sein Kopf ist so leer wie die leere Bühne bereits voll ist.

Er hat nichts Neues mehr zu phantasieren. Er ist als Dichter und Über-Autor am Ende angelangt. Er, der die jeweils neue Zeit ins Theater hineinspiegelte mittels Brenngläsern und Kristallen, Prismen und Scherben, fühlt sich am Ende aller Zeit. Er, der Fürst im Reich, in dem das herrschte, was hinter den Erscheinungen als Bedeutung hervortrat und sie in einem dauernden »Da-steckt-noch-mehr-dahinter!« überwölbte in diesem Empire des Darüberhinaus, wo die Zeichen zu parieren hatten und die Zeigefinger wuchsen, dieser König weiß immer weniger, wie sein Reich noch beschaffen sein könnte.

Sein Urahn war ein leibhaftiger Herzog: Georg II. von Meiningen, der 1866 das Meininger Hoftheater dadurch radikal erneuerte und zum Vorbild für halb Europa machte, daß er das Allerneueste im Allerältesten fand. Bis in kleinste Kostümdetails und größte Architekturstile wurde in bis dahin nicht gekannter

Perfektion das rekonstruiert und nach rückwärts ge-
dichtet, was das jeweilige Stück an historischen Zeichen
und Anweisungen zu verlangen schien: exaktes Forum
Romanum für *Julius Cäsar,* exakter Dreißigjähriger
Krieg für *Wallenstein.* Die Statisterie, das Volk, fand
größte Beachtung; auf dessen Bewegung und Choreo-
graphie wurde peinliche Sorgfalt verwandt. Auch
kleinste Rollen wurden mit ersten Schauspielern besetzt. So war die absolute Herrschaft der Rollenfächer
gebrochen. Requisiten wurden aufgrund historischer
Studien hergestellt. Der Regisseur, Fürst des Landes
und Herr der Bühne in Personalunion, wählte bewußt
die alten und älteren Dichter, Shakespeare, Calderón,
Schiller, die er ins Korsett einer theatralischen Histo-
rienmalerei preßte, die er aber gerade dadurch in erregenden Einklang mit der damaligen Gegenwart
brachte.

Denn die sechziger Jahre des neunzehnten Jahrhunderts versetzten die Welt in zwei Bewegungen:
die eine stürmisch vorwärts; die andere pfeilgerade,
aber prunkvoll rückwärts. Die Repräsentationsbauten
wie die bürgerlichen Häuser der Epoche, die Villen,
Opern, Banken, Museen und Ständeparlamente protz-
ten mit Neogotik, Neobarock, Neorokoko, Neorenais-
sance. Man umbaute sich im Stil vergangener Zeiten,
den man ehrfürchtig zitierte. Man grub sich aus, um
sich wiederzufinden. Die Ekstasen der Archäologie,
der Identität im Vergangenen, bestimmten das öffentliche Leben und ließen das persönliche Leben am
Ende nicht unberührt: Die Psychoanalyse wurde zur
Regie-Kunst im Historismus der Ich-Bühne. Sie gräbt
nach den Maskierungen der Vergangenheit.

Gleichzeitig aber, im Sturz nach vorn, verwandelte
sich Deutschland, wie es A. R. L. Gurland in der

Propyläen-Weltgeschichte beschrieb, in beschleunigtem Tempo aus »einem handwerklichen Kleinbetrieb ... zu einem mächtigen industriellen Großkonzern«. 1850 hatten die Eisenbahnen in Deutschland eine Streckenlänge von 6044 Kilometern, 1870 waren es 19575 Kilometer. Die Roheisengewinnung, die sich von 1837 bis 1842 in der Nähe von 100000 Tonnen jährlich eingependelt hatte und bis 1847 schleichend sich auf 230000 Tonnen erhöhte, stieg bis 1860 auf eine halbe Million Tonnen und bis 1876 auf 1,8 Millionen Tonnen. Die Bevölkerung des gesamten späteren Reichsgebietes betrug 1815 weniger als 25 Millionen Menschen; 1870 waren es vierzig Millionen. Technik, Industrie, Bevölkerung waren in einem gewaltig gespannten Sprung nach vorn begriffen: Die Geschichte hatte sie ergriffen im Strudel sozialen und industriellen Wandels, der von heute auf morgen ganz neue Schichten entstehen ließ, das Heer der Industriearbeiter schuf und einen neuen Menschen hervorbrachte, den Fanatiker der Ordnung, den revolutionären Kleinbürger, den edlen Proletarier.

Gurland: »Er war wißbegierig und wissenshungrig, glaubte an Fortschritt und daran, daß Wissen Macht sei, und wollte sich nichts vormachen lassen. In diesem Sinne war er revolutionär. Vernunft, Technik und Organisation waren ihm Lebenselement. Er wollte Vernünftiges, nicht Unmögliches; (...) Er zweifelte nicht daran, daß alles hinweggeräumt werden mußte, was eine vernünftige Entwicklung hemmte: Überreste der ständischen Privilegien, Zunftwesen, Kleinstaaterei, die politische Herrschaft eines Staatsapparates, der noch feudale Interessen vertrat und sich von wirtschaftlicher Vernunft nicht leiten ließ. — Er wütete gegen den ›Klassenstaat‹, aber er meinte den Staat der

Junker und Bürokraten, in dem sein ›Klassenfeind‹, der Kapitalist, noch nicht regieren durfte. Er brandmarkte mit Inbrunst die ›Klassenherrschaft der Bourgeoisie‹, aber er wußte, daß die Bourgeoisie vor den Mächten der Vergangenheit kapituliert und auf ihre Herrschaft verzichtet hatte.«

Dieser neue Mensch, der verspätete deutsche Revolutionär, der auf Ordnung im Fortschritt baute und zähneknirschend die politischen Mächte hinzunehmen gelernt hatte, die mit dem technischen und wirtschaftlichen Fortschritt nicht Schritt hielten, denen gegenüber er es aber besser wußte, auch wenn er es nie würde durchsetzen können, dieser Zukunftstyp ist der außertheatralische Zwillingskeimling des Regisseurs. Bildungshungrig, aufholungsbedürftig, nach Ersatz dürstend, wird er in Zukunft nicht nur von der Bühne Mehrwert fordern, die ideelle Kompensation dessen, was ihm die Wirklichkeit verweigert. »Sagt mir was!« und: »Das kann doch nicht alles gewesen sein!« Er hat eine Sehnsucht nach dem Darüberhinaus und eine unausrottbare Neigung nach dem starken Mann, der ihn führt und ihm die Zeichen der Zeit deutet.

Würde das Theater der sechziger Jahre des neunzehnten Jahrhunderts nicht den herrischen Regisseur geschaffen haben, der zeichensüchtige Kleinbürger, der in jedem Bürger steckt, hätte spätestens im zwanzigsten Jahrhundert energisch nach ihm verlangt, wenn er ihn nicht auf anderen als auf theatralischen Bühnen viel wirkungsvoller, monströser und brutaler vorgefunden hätte.

Seit den Meiningern kennt das Theater den Triumph des Willens. Und dieser beweist sich am liebsten an den alten Stücken, an den Klassikern, dort, wo in Form von Tradition, Konvention und Überliefertem ein Gegen-Wille auszumachen ist. Ihn zu brechen, im Bruch die Entdeckung, die Novität zu präsentieren ist höchste Lust des Regisseurs.

»Wenn früher die Fabel des klassischen Werkes in all ihren sinnlichen und psychologischen Tönungen übermittelt wurde, wenn die schwelgerischen Momente der Darbietung zur Hauptszene wurden, wenn die romantischen Effekte der Illusionsbeschwörung richtunggebend waren — so heißt es nun, das Werk von der herrschenden Idee aus anzupacken und von hier aus die Führung des Ganzen vorzunehmen. (...) Diese Idee, meine Damen und Herren, auf die der dramaturgische Regisseur den starken Akzent legt, kann selbstverständlich niemals eine willkürlich gewählte oder eine gewaltsam hineinkonstruierte sein. Die Idee, die der Inszenierung des einzelnen klassischen Werkes zugrunde gelegt wird, wird immer mit den Strömungen des Zeitgeistes zusammenhängen.«

Diese Rede an ein skeptisches Publikum hielt Leopold Jeßner, ein gewaltiger dramaturgischer Regisseur, 1929; hier gab Jeßner die Defensive zu, in die der Regisseur, der Inbegriff des theatralischen Aggressors, von Anfang an auch geraten war:

»Immer wieder, meine Damen und Herren, wurde der Regisseur als der Selbstherrliche, gegen den Sinn der Dichtung für sich nur Wirkende hingestellt, der ungeachtet des darzustellenden Werkes lediglich sein Brillantfeuerwerk spielen ließ. Und diese Meinung ist nicht etwa die der zünftigen Kritik, sondern eines großen Teiles des Publikums.«

Bereits 1896 schrieb Maximilian Harden: »Befremdlich aber wäre es doch, wenn der erstarkte Sinn für edle Bühnendichtung nur den Dramen zugute gekommen wäre, die den Regie-Virtuosen zu Paradezwecken

dienen.« Und zwei Jahre nach Jeßners Regie-Vertei-
digungsrede rief Alfred Kerr am 9. Januar 1931 im
Berliner Tageblatt: »Und die Losung an den wilden
Spielvormund heißt, ab morgen: Halt!«; Kerr zieht
energisch eine »Regisseursgrenze«, die er mit der
»Militärgrenze« der Österreicher in Analogie setzt, und
zieht über die »Spielvögte«, die »Szenentreiber« und
ihre »Schreckensherrschaft« her: denn deren »Möglichkeiten fangen an fürchterlich zu werden.«

Die furchtbarste Möglichkeit des Regisseurs ist die
Konzeption. Die Herrschaft der herrschenden Idee.
Dazu ein Zeitgeist, der die herrschende Idee fordert.
Ist diese Melange erreicht, dann reagieren alle Ingre-
dienzien — und das Theater explodiert im Reagenzglas
des besserwisserischen Alchimisten. So haben große
Regie-Abende, vor allem die deutschen, immer von
beidem etwas: vom Urknall und von der Schulstube.

Der Konzeptionsregisseur erklärt in einem Hui! die
ganze Welt; je skrupulöser, je vorsichtiger dieses Hui!,
desto genialer der Regisseur. Einer der genialsten, das
heißt bei Konzeptionsregisseuren klügsten, war Peter
Stein. Während er in den frühen siebziger Jahren an
der Berliner Schaubühne seine Inszenierungen entwarf,
dozierte, wie Andres Müry es erlebt hat, »im Schu-
lungsraum hinter der Kantine ... der Dramaturg
Dieter Sturm zusammen mit Wolfgang Schwiedrzik
von der KPD-Aufbauorganisation — mein Gott, wie
sich das heute, 1992, anhört! — über die ›ursprüng-
liche Akkumulation‹ und den ›Arbeitstag‹«. Die
Schauspieler, unter ihnen Größen wie Edith Clever,
Bruno Ganz, Jutta Lampe, exerzierten, bevor sie sich
ihren Rollen näherten, die Probe als Studium der
Gesellschaftstheorie. Die Inszenierung dann war auch
der Kommentar zur Theorie, das Exempel zur Probe,

wobei das Geniale Steins darin lag, daß er die grund-
legende Methode der Theorie, das dialektische Verfahren, auf die szenischen Folgerungen, die aus ihr zu
ziehen waren, selbst anwendete.

So wurde sein Bremer *Tasso* von 1969 nicht nur zu
einer Etüde über die Ausbeutung des Geistes durch
die Macht; in einer Zeit, in der sich die Intellektuellen
als die Avantgarde gebärdeten, die sie nur auf dem
Papier waren, konnten sie in Steins Tasso-Figur auch
die Lächerlichkeit jeder intellektuellen Anstrengung
studieren, die meint, die Praxis müsse dem folgen, was
auf dem Papier entworfen wurde. In der Tasso-Gestalt
wurde zugleich auch die Goethe-Gestalt kritisiert, die
den Herrschenden den »Emotionalclown« machte: Das
Stück wurde gespielt und im selben Moment abgekan-
zelt; mit der Kritik am Klassiker als Autorität ging die
Kritik an Autoritäten überhaupt Hand in Hand. So
erfüllte die Aufführung des alten Stückes eine neue
Funktion, dies um so mehr, als in Bremen, der Vorstufe der Steinschen Schaubühnen-Unternehmung,
versucht wurde, eine Art von Mitbestimmung, von
innerbetrieblicher Demokratisierung am Theater durch-
zusetzen.

Aber je mehr das Ensemble diskutierte, desto stärker
war es am Ende auf den angewiesen, der es dirigierte.
Die Despotie des Regisseurs Stein war abgesichert
durch das gemeinsame Bestreben der Regieführenden
und der Geführten, szenische Aufklärung zu schaffen
über gesellschaftliche Verhältnisse. Keine aufgeklärte
Despotie, aber eine Aufklärer-Despotie.

Im *Homburg* von 1972 wurde gegen alle kollektiven
Tendenzen dem träumenden Individuum sein Recht
zurückgegeben, über das Stein sich noch ein Jahr
zuvor in Ibsens *Peer Gynt* kritisch-historisch herge-

macht hatte. Der Versuch, mit jeder Inszenierung die Welt zu erklären, führte 1976 dazu, in *Shakespeare's Memory* Shakespeares Welt zu erklären: ein szenischer Kursus in Religion, Politik, Philosophie, Wissenschaft der Shakespeare-Zeit. Bevor Stein sich anschickte, ein Stück von Shakespeare zu inszenieren, steckte er sich, sein Theater und Shakespeare in ein historisches Seminar: Er inszenierte, wie Georg Hensel das hübsch verhöhnt hat, »ein Programmheft zu einer Shakespeare-Inszenierung«.

Es war der Gipfelpunkt des wissenschaftlich-kritischen Theaters, dessen Konzeption im wesentlichen darin bestand, das Historische der alten Stücke als Chance zu betonen, darin das Änderbare zu erkennen: Was vergangen ist, kann heute, muß heute zu etwas anderem führen als damals; die genaue Kenntnis der vergangenen Umstände führe zum Punkt, wo die Lehre für heute zu ziehen wäre. So wurde dieser Gipfelpunkt des Schul-Theaters auch zu dessen Überschlag: Das Theater der Schaubühne blieb auf seinem Wissen sitzen. Es fiel ihm dazu nichts mehr ein. Der Regisseur stellt seinen Kopf aus, alle seine Herrschaftsgedanken, alle seine Überlegungen, das Arsenal und Register aller seiner Materialien: Regie-Theater pur. Zu einem Stück muß es nicht mehr unbedingt führen.

Wenige Jahre später sagte Peter Stein den berühmten Satz: »Ich bin am Boden angekommen.« Er trennte sich von der Schaubühne, bei der er nur noch gastweise einkehrte. Seither ist er auf der Suche nach den Dichtern. Manchmal findet er wunderbar zu ihnen. Am schönsten, wenn er mit italienischen Schauspielern ganz blutigen Shakespeare spielt, *Titus Andronicus* zum Beispiel: Die römischen Rhetorikspieler lassen Shakespeare klingen. Und Stein wird ganz leicht. Seiner

Konzeptionszeit hat er abgeschworen wie ein bekehrter Sünder, der heute als Mönch wandelt.

Die zweite furchtbare Möglichkeit des Regisseurs ist seine Freiheit. Er ist nicht nur der Fürst der Szene, er ist auch deren erster Anarch. Seine Herrschaft kann auch in Herrschaftslosigkeit sich austoben oder erschöpfen, wenn er die Schauspieler und deren Erotik wochen-, ja monatelang auf sich wirken läßt, ohne Vorstellungen und Gedanken sich dem Theater nähert, einfach mit wildem Klötzchen- und Puppenspielcharme die Sache angeht, möglichst wenig Kunst, dafür möglichst viel Leben auf der Bühne will, aber Leben, wie es das wirkliche Leben noch nie geboten hat: einen Othello als dicken, nackten Neger, dessen schwarze Haut abfärbt wie Schuhcreme; einen Baumeister Solness, dessen Angst- und Sexualphantasien sich sofort erfüllen, wenn er sie nur zu denken wagt; einen Provinzcasanova Iwanow, dessen einzige Angst darin liegt, normal zu leben; einen Shylock, der jede antisemitische Phantasie spielend überbietet, oder einen Shylock, der jedem philosemitischen Wohlwollen kühl ins Gesicht spuckt; eine keusche Isabella, die ihre Keuschheit höher hält als ein Menschenleben; oder eine Isabella, deren Verführbarkeit sie dazu bringt, menschlich von den Unmenschlichen zu denken; Lustmörder, die lieb, Liebhaber, die Lustmörder sind; KZ-Mörder, die leichtsinnig-genial, KZ-Juden, die schwermütig-mörderisch sich gerieren.

Der anarchistische Regisseur, dessen genialster Vertreter Peter Zadek ist, verläßt sich wie der Konzeptionsregisseur, sein Antipode, auch fast ausschließlich auf die alten Stücke. An ihnen prüft er die Kraft seiner Spiellust. Er sucht bewußt nach den Grenzen des guten Geschmacks. Die Grenzen des Spaßes sind ihm nie weit genug. Er möchte das Theater zu einem Ort machen, an dem sich alle so glücklich fühlen, wie er sich fühlt, wenn er vom Sich-glücklich-Fühlen träumt. Weil er diesen Zustand nur ganz selten erreicht, wird er leicht depressiv. Immer nur spielen müssen, immer nur alles neu erfinden ist eine schwere Arbeit. Shakespeare ist ihm keine Memorierstunde wert: Shakespeare ist für ihn die größte Revue.

Und Revuen nimmt er so ernst wie Stücke von Shakespeare. Der Konzeptionsregisseur hat die Scheinwerfer weit über die Köpfe der Schauspieler hängen lassen: Sie beleuchten ihm ein Arrangement, das er gefunden hat. Der Anarchieregisseur liebt nichts so sehr wie die Augen der Schauspieler, die man nur richtig erkennen kann, wenn die Scheinwerfer tiefer hängen. Er wartet auf das Flackern in den Augen der Schauspieler, ihr Unsicherwerden. Dann packt er zu und hilft ihnen weiter. Das Konzeptionstheater schwitzt vor Anstrengung. Das Anarchietheater schwitzt vor Lust. Aber auch der Anarch sieht im leeren Bühnenhaus lauter Nummern vor sich, die ihm alle schon einmal unterlaufen sind. Auch er ist am Boden angekommen, aber auf lustigere Weise.

Beide, der Konzeptionist und der Anarch, haben riesige Apparate in Bewegung gehalten, mit gigantischen Materialien geklotzt, die Theater, an denen sie arbeiteten, auf Monate hin lahmgelegt, allen Einsatz aller Kräfte nur für sich gefordert. Beide haben das Theater, jeder auf seine Weise, matt gesetzt, in die Erschöpfung inszeniert. Von beiden aber wird auch wieder eine Belebung des Theaters erwartet: vom einen, weil er die schöne, fremde Würde großer Texte wiederzuentdecken sich vornimmt; vom anderen, weil er von Menschen mehr zu erwarten scheint als von

Spaßbündeln. Zwischen den beiden bewegen sich die Triebtäter, die wie Neuenfels Psychosen, oder die Gewalttäter, die wie Heyme Apokalypsen, oder die Salonpsychiater, die wie Giesing die Boulevardschmerzen, oder die alten Kinder, die wie Peymann die Sehnsucht nach der verlorenen Spielecke inszenieren — und manchmal entdecken diese da schönstes Vergessenes. Jeder hat seine Manier, seine Tricks, seine Perfektion. Mancher hat außer dem Theater noch den Betrieb, wenn er als Regisseur auch Intendant ist: Dann herrscht er doppelt.

Sie alle greifen immer noch lieber nach den alten als nach den neuen Stücken: Im Vergangenen beweisen sie sich als Gegenwärtige. Aber immer weniger wissen sie, was sie darin noch an Beweismitteln finden sollen. Sie alle haben mit ihren Tricks und Techniken, ihren Phantasien und Präpotenzen die Zeit für kurze Zeit im Theater anzuhalten versucht, indem sie wider Verwehen und Verschwinden rasch eine Tendenz, eine These, ein Versatzstück setzten — dies aber in immer kürzeren Abständen. Egal, welcher Richtung sie angehörten, im jeweiligen Zeitstil hatten sie oft ihr Gemeinsames: in den Pappnasen der Clowns, die sie ihren Schauspielern im »Theater des Zirkus« verpaßten; oder in den rutschenden Strümpfen, wasserziehenden Unterröcken und Verzweiflungsgesten, mit denen sie das »Theater der Eiszeit« ausstaffierten; oder mit dem traumverlorenen Starren, dem Aneinandervorbeirasen der Schauspieler, der Einsamkeit in Glashäusern und Zimmerhöhlen, mit der sie das »Theater der Innerlichkeit« umgaben. Sie sind in Straßenbahndepots, in Turnhallen, in Schlachthöfe gezogen, haben im Zoo gespielt, sind in eisiger Nacht durch Sportstadien gezogen, haben alte Bahnhöfe belebt. Ihr

Faust war Großkapitalist und Kleinordinarius; ihr Hamlet ein psychoanalytisches Neurosenbündel und ein Riesenbaby im schwarzen Strampelanzug; ihre Könige haben sie lächerlich gemacht und ihre Bettler zu Königen erklärt; sie haben ihre Ensembles Wände hochklettern und in Wasserbecken fallen, haben die Schneemaschine über ihnen nicht ruhen und sie unter den Schwaden der Nebelmaschine beklommen atmen lassen, sie haben Schauspieler entkleidet und entblößt, sie zum Schreien und zum Flüstern getrieben, zum Sichwälzen und zum Stampfen, zur Trance und zur Kobolzerei.

Sie haben Regie-Gagen zwischen sechzig- und hundertdreißigtausend Mark, drei Assistenten und fünf Referenten, die darauf achten, daß die Pläne der Proben mit den Plänen der Fluggesellschaften in Einklang sind. Denn sowohl der Regisseur als auch die meisten seiner Schauspieler sind heute hier, morgen da. Die Hauptdarstellerin probt heute die Celimène im *Menschenfeind* zu Berlin, hat am Abend als Ranjewskaja im *Kirschgarten* zu München eine Aufführung zu bestreiten und hat morgen früh eine Leseprobe zu *Stella* in Wien, während ihr *Stella*-Regisseur übermorgen mit ihrem *Kirschgarten*-Partner in Hamburg *Michael Kramer* probt, wobei der zweite Regieassistent nachmittags die Maschine nach Hannover erreichen muß, wo er als Produktionsdramaturg einer Freien Gruppe seine Miete verdient.

Kaum einer in diesem Betrieb hat das Gefühl, er gehöre noch irgendwo richtig dazu, fast alle spüren das Theater als zerfliegend, zerrinnend, auslaufend. Sie haben das Empfinden, alles gehabt, alles erlebt zu haben. Als bleibe ihnen nun nichts mehr.

Es gibt Ausnahmen wie Klaus Michael Grüber und Luc Bondy, die wie in geschlossenen Systemen, Raum-Zeit-Kapseln, überleben. Grüber als leiser, geduldiger, trancehafter Entdecker hochkonzentrierter Textwunder und Wundertexte. Bondy als zarter Zelebrator der Seelenwunschmusik, der Begehrenswünsche und Herzenskatastrophen komplizierter Bürgermenschen: Solitäre. Eine Ausnahme auch Andrea Breth, die den Schrecken in den Träumen der Menschen nachgeht; und fast alle ihre Figuren sind hellwache Träumer.

Aber das Bild, das die Regisseure insgesamt bieten, ist das von leergeschriebenen Autoren. Angefangen beim Meininger Herzog, über Stanislawski in Rußland, Craig in England, Jouvet in Frankreich, bis zu Jeßner, Reinhardt, Kortner, Gründgens, Brecht, Piscator, Fehling hat in Deutschland der Regisseur seine Welt entworfen: Reinhardt als Illusionist, Kortner als Kritiker, Gründgens als Glasharfenspieler, Brecht als Gläubiger, Piscator als Dogmatiker, Fehling als rasender Richter und atheistischer Gottsucher, Stanislawski als Psychotrainer, Craig als megalomaner Puppenspieler, Jouvet als Zauberer. Jeder von ihnen hatte am Ende seiner Zeit wohl das Gefühl, das jeder hat, wenn seine Zeit zu Ende geht: daß nach ihm nichts mehr komme. Aber es war immer noch etwas da, was danach kam. Der Generationenwechsel funktionierte.

Keiner der Regisseure, die heute arbeiten, kann sich bis jetzt damit beruhigen, daß es nach ihm weitergehe. Der Generationenwechsel scheint gestört. Die jungen Regisseure, die Dreißiger, haben sich entweder darin eingerichtet, mehr oder weniger brav oder genial die Muster und Vorgaben der Fünfziger nachzuspielen, sie moderat abzuwandeln in sporadischen Frische-Anfällen, oder sie ziehen aus der Abgespieltheit der Alten die allerletzte Konsequenz. Was die Alten leergedichtet und ausinszeniert hatten, das nehmen manche der Jungen, wie zum Beispiel Leander Haußmann, Jürgen

Kruse, Günther Gerstner und Frank Castorf, zum Anlaß für reines Spiel. Sie zerschlagen die alten Stücke, die nun nichts mehr zu sagen, nur noch Brokken zu liefern haben, und werfen mit den Trümmern mehr oder weniger mutwillig und witzig um sich. In einer Freiburger *Emilia*-Zertrümmerung wurde ausdrücklich ein grauer, grämlicher älterer Herr erschossen, der als »Die Interpretation« fremd und peinlich durch die Inszenierung, die keine mehr sein wollte, geisterte und sinnlose Sinn-Sätze über das Stück und den Autor Lessing von sich gab.

Frank Castorf, der wütendste unter den Zertrümmerern, kämpft gegen die alten Stücke wie gegen ein autoritäres Albdrücken, das ihm aus Zeiten der SED-DDR immer noch auf Hirn und Magen zu liegen scheint, obwohl er einer Traum-DDR immer noch nachtrauert. So zerreißt ihn der Albtraum aus Klassikern fast: Mit dem Singen von Schlagern, dem Einflechten alltagssprachlicher Jokes, dem Aus-der-Rolle-Fallen und der enervierenden Repetition nervtötender Sätze versucht er, den Alb zu bannen. Doch auch die Zertrümmerer bekommen Geld, Macht, Apparate, Assistenten, Referenten.

Sie retten sich vor dem immer Neuen, nach dem sie gierig zu sein hätten, ins Ritual, in dem das einmal Gefundene und Erreichte ewig wiederholt wird. Das Theater der wilden Trümmerjungen hat etwas von Liturgie. Die Frische wird zum Trick, die Rebellion zum Tick, die Machart zur Masche. Und die Masche findet Nachahmer: Eine kleine Theatertrümmerindustrie ist in Gang gekommen.

Wenn sie so weitermacht, bleibt von den Trümmern nur noch Staub in dünner Schicht auf dem Boden der großen leeren Bühne. Und Tausende von abgespielten

Gespenstern kichern hohl und traurig. Der Regisseur
ist mit ihnen fertig. Wer erlöst sie? Und: Wer erlöst
den Regisseur?

Der Geisterkopf. Schauspieler.

Die Schauspielkunst ist eine
hinterhältige Kunst, mein Kind.
Minetti in Bernhards »Minetti«

Seien Sie wahr! Hören Sie auf,
Komödie zu spielen. Fangen Sie lieber
gar nicht damit an.
Max Reinhardt

Er ist der Fleischmacher und der Goldfinger des
Theaters: Er macht aus dem fremden Wort sein
Fleisch und verwandelt »den privaten Mist ins öffentliche Gold« (George Tabori). Beides sind heilige Vorgänge, ist hochsensible und eitel-brutale Verwand-
lungsmystik: In jedem Schauspieler steckt auch etwas
vom Priester und vom ziegenbeinigen Zaubergott
Dionysos. »Ich hab es öfters rühmen hören,/ Ein
Komödiant könnt einen Pfarrer lehren.« — »Ja, wenn
der Pfarrer ein Komödiant ist;/ Wie das denn wohl zu
Zeiten kommen mag.« Goethes Dialog zwischen
Wagner und Faust wäre von den Füßen auf den Kopf
zu stellen: Ein Pfarrer könnt einen Komödianten lehren, weil der Komödiant ein Pfarrer ist.

Der kleine Larry Olivier schnupperte in der Kirche,
in der sein Vater Pfarrer war, »das Gefühl von einer
Show«, wie er später schrieb. Der große Mime war als
Kind ein hochbegabter Lügner und perfekter Pfarrer-
spieler, der seiner Umwelt gräßliche Dinge vorgau-
kelte und die Lüge zugleich mit Hilfe eines Kreuzes,

eines Kerzenstummels und einer Decke als liturgischem Gewand rituell heiligte.

Das Gewerbe des Schauspielers changiert zwischen Betrug und Gottesdienst, Hochstapelei und höherer Bedeutung. Die Frage ist, in welcher Gesellschaft er es ausübt.

»Schmeiß sie raus! Schmeiß sie alle raus!« schreit der deutsche Schauspieler von der Probe herab, mitten in den achtziger Jahren in einer deutschen Großstadt. Er will keine Gesellschaft. Die Bühne ist matt erhellt vom trüben Arbeitslicht. Im Zuschauerraum in Reihe vier Mitte sitzt der Regisseur und befiehlt den Regieassistenten, der Referentin, der Souffleuse, dem Bühnenbildner, der Bühnenbildassistentin und dem Dramaturgen samt Dramaturgiehospitantinnen, den Raum zu verlassen. Sie gehen.

Aber danach kreischt der Schauspieler nur noch lauter: »Schmeiß sie raus! Schmeiß sie alle raus!!« Der Regisseur: »Aber sie sind alle weg, nur ich bin noch da!« Der Schauspieler: »Nein, alle sind sie noch da!« Er probt den Mephistopheles, kommt ins Schwitzen und zählt panisch auf, wer ihn am Spielen hindere: die toten Rollen-Kollegen Gustaf Gründgens, Ernst Deutsch, Alexander Granach, Albert Bassermann, Emil Jannings, Friedrich Mitterwurzer, Albert Steinrück, Rudolf Schildkraut und viele andere mehr.

Der Schauspieler fürchtet schon die Gesellschaft der Lebenden. Aber er fürchtet nichts so sehr wie die Gesellschaft der Toten. Seine größte Angst ist, daß sie noch leben, seine zweitgrößte Befürchtung, daß, wenn sie schon tot sind, er von ihnen erben müßte. Daß unser Mephisto Mitte der achtziger Jahre überhaupt noch an die Toten dachte, zeugt entweder von einer übergroßen Empfindlichkeit oder davon, daß etwas schiefgelaufen ist. Denn spätestens 1968 sind die Toten vom Theater vertrieben worden — außer in Wien, wo sie heute noch im Burgtheater-Ensemble ein beleidigtes Dasein fristen, aus dem sie hie und da mit rollendem Rrrrr und gaumiger Emphase in ein Interview ausbrechen.

Es gab nichts mehr von den alten Schauspielern zu erben, vor allem nicht ihre Technik. Alles, was an ihr schön, wohlgeformt war, wurde zerbrochen zugunsten einer wahren Häßlichkeit. Alles, was an ihr hohl und nur-tönend war, wurde ersetzt durch die Hohlheit des Schreiens, bis hin zum jeweils letzten Schrei. Wenn sie trotzdem noch hie und da durch eine Gedächtnis- oder Wissensritze hereinspuken und den Lebenden über die Schulter schauen, jagen sie ihnen einen eisigen Schrekken ein: Da war doch noch was. Die Tradition lebt nicht auf dem Theater, sie gespenstert höchstens. Die Lebenden lernen nicht nur nicht von Toten, sie lernen auch nicht von lebenden Schauspielern. Sie lernen in Kursen. Sie kommen aus dem Abstrakten und verwandeln im Konkreten der Bühne meist immer nur sich in sich; mehr schaffen sie selten. Sie sind mit sich allein.

Sie stehen, auch wenn sie massenhaft auftreten, allein auf der Bühne: Ich-Material, auf das Reize, Bilder, Befehle eindringen und das sich dementsprechend dann nach allen Seiten mehr verformt als verwandelt. Niemand da, der es stützt oder schützt. Er ist das einzige lebende Element des Theaters, das aus Fleisch und Blut ist, aber er wird oft behandelt, als handele es sich bei ihm um ein Rohr, das man biegen und brechen muß. George Tabori, der alte, sanfte Zauberer unter den Regisseuren, der nur heimlich ein Tyrann ist, kam aus dem amerikanischen Exil, wo er

Drehbücher für Hitchcock schrieb, nach Deutschland.
Er hatte englische und amerikanische Schauspieler aus
der Nähe erlebt und staunte über die Unterwerfungs-
lust der deutschen Mimen. Im *F.A.Z.-Magazin* klagte
er in einem Interview: »Die Schauspieler tun alles, sie
machen Sachen, die kein englischer oder amerikani-
scher Schauspieler machen würde. Wenn man einem
amerikanischen Schauspieler sagt: ›Hier sollst du
weinen oder wütend sein‹, dann gibt er zurück: ›Jetzt
gleich? Du spinnst wohl!‹ Ich meine damit, drüben
ist es ein ganz anderes Theater. Dort sind die Schauspieler die Hauptsache, hier ist es der Regisseur. Hier
gibt es noch ganz stark die Tradition des Hoftheaters,
die Hierarchie vom Intendanten bis hinunter zum
Anfänger. Außerdem sind Ordnung und Disziplin
primäre Tugenden, im Gegensatz zu Freiheit und
Anarchie wie in England und Amerika.«

Tabori hat seine Schauspieler in Deutschland erst
einmal über Jahre hinweg sich entspannen, lockern
lassen. Manche von ihnen haben diese Lockerung
sehr diszipliniert betrieben.

Dafür, daß der deutsche Schauspieler sich darauf
hat trainieren lassen, von Regisseuren gebrochen und
gebogen zu werden, hält er sich als Leidender schadlos.
Er macht aus seinem Masochismus einen Anspruch.
Zunächst einen Anspruch an sich selbst. Er wird,
bevor noch der Regisseur an ihn herantritt, sofort
bei sich selber Regie führen, die Figur, die er spielen
soll, abfragen, welchen Sinn, welche Interpretation
er ihr unterlegen soll. Der Schauspieler greift gerne
zum passenden psychologischen Kästchen, in das
er die Figur und sein Spiel preßt. Er sucht nicht
nach dem Leben, das er darstellen soll, er greift nach
dem Papier, in das er das Leben einwickeln kann.

Daraus erwachsen automatisch Ansprüche ans Theater. Mit Drohungen, Erpressungen, Finten, Schmeicheleien macht er den Direktor darauf aufmerksam, daß ihm eine bestimmte Rolle zukomme; er hat auf sie hingearbeitet, sich auf sie hingepreßt, zu ihr hingelitten: Lear, Macbeth, Faust, Hamlet, Richard III. Er hat keine Vorstellung, wie Macbeth sündigt, wie Lear lebt, Richard mordet. Aber er weiß, daß er, einsam mit seinen Erfahrungen, die er in vielen tausend Kästchen-Expeditionen gesammelt hat, reif ist für die Rolle. Nun soll sie auf ihn niederfallen. Er wird sie tragen wie eine lange gewünschte Last.

Er hat Zeitungsausschnitte in der Tasche, die er zückt wie Beweise. Aus ihnen ist ersichtlich, daß er ein »wunderbarer Schauspieler« ist. Er, der Herr der Kästchen, ist süchtig nach Kästchen-Worten, Schubladen-Phrasen und Etiketten. Faule Kritiker sind seine Komplizen. Ein einziges »wunderbar« oder »genial« hilft ihm über Jahrzehnte am Stadttheater hinweg und berechtigt ihn, nach den Sternen zu greifen. Und in mancher Kritik wird dann auch stehen, er habe die Sternen-Rolle »geschultert«, oder es steht da, er sei unter ihr »zusammengebrochen«. Deutsche Schauspieler spielen viele verschiedene Rollen, aber in allen Rollen meist die eine: die Rolle des Atlas.

Man sieht auf den Bühnen oft an einem Abend ein Dutzend solcher Atlasse nebeneinander Rollen schultern. Und jeder stemmt für sich allein. Der Schauspieler ist nichts ohne andere Schauspieler. Aber er macht die Einsamkeit zu seinem Los. Das Ensemble ist sein Zufall.

Schon sein erster Auftritt in Urzeiten war ein Austritt ins Alleingelassene. Es muß wie auf einen inneren Befehl hin geschehen sein, den der Priester ihm sugge-

rierte: Rausgetreten! — Also trat er heraus aus der
Masse des Chores, stellte sich vor den Chor hin, der
vor ihm dräute wie eine Wand. Er hat dem Chor ge-
antwortet, ihm Fragen von und nach dem Gott gestellt,
Dionysos, dem Gott des Theaters. Er hat gegen die
Masse argumentiert, ihr etwas vorgemacht, abgesichert
durch den Gott. Ein göttlicher, strenger Beginn, ein
Akt festlicher Aufsässigkeit und Disziplin zugleich.
Rausgetreten! — ein Befehl und eine Lust. Es ist ein
Ausscheren und ein Sichausliefern.

Wenn der Vorhang aufgeht und er heraustritt aus
den Kulissen und der Nullgasse im ersten Licht der
Aufführung, hat er die Wand wieder vor sich, wie
sie die Schauspielerin Libgart Schwarz in einem Gespräch mit dem Theaterpublizisten Andres Müry beschrieben hat: »Riesige Wand, ein Gewicht! Und
wenn man da keine Kondition hat, es auszuhalten, da
zieht's einem die Füße weg. Das ist wirklich wie ein
Absterben, Umfallen, schwarz vor den Augen, nichts
wissen, nichts sehen, vollständig unter Wasser, wirklich grauenvoll.« Diese Wand ist das Publikum. Ihm
liefert der Schauspieler sich aus. Es geht jeden Abend
um das Leben, Auge um Auge, Kopf um Kopf. Das
Publikum: »Es ist scheu und schamlos. Wenn es ungestört ist. Gleichzeitig und im Wechsel und im
Widerspruch ist es so reich, wie Leben, Kampf und
Liebe sein kann. Belastung die Menge: Schwerfälligkeit Trägheit Bequemlichkeit Voreingenommenheit
Snobismus Unverständnis Sensationslust Mentalitäten.
Entlastung die Menge: Unbefangenheit Aufgeschlos-
senheit Erwartung Offenheit Begier Zündung Zu-
sammenschluß. Der Jubel am Ende. Der rhythmische
Applaus. Dagegen: allein. Gegen Scham hilft Shake-
speare. Tollkühn: ich blute, leide, jubiliere. Verführe,

listig, fröhlich — schamlos glücklich. Ein Dämon
schärft.« So sieht sich ein expressionistischer König
der Schauspieler, Bernhard Minetti, auf der Bühne
stehen, der dem Bockschor da unten unter seinen Menschenmasken »Fluidum, Aura — reine Gefühle, . . .
Blicke, Gesten, Laute jenseits unserer Gewalt« geben
möchte und sie ihm oft auch gibt, wenn ihm gelingt,
was er will: Nichts illustrieren, alles sein.

Doch unterhalb der Könige, die fast auf eigene
Rechnung hantieren, sieht man da oben auch Herzöge,
Grafen, Hausmeier, Beamte, Fußvolk und Bauern
agieren. Ihnen ist die Wand Publikum nur eine von
vielen Wänden, die ihnen entgegenstehen — Wände
über ihrem Kopf, in ihrem Inneren, die Wand Regie,
die Wand Bühnenbild, die Wand Routine, die Wand
Trübsinn.

Der große, reine Befehl: Raustreten! ist inzwischen
unentwirrbar zerlegt in Dutzende von kleinen Anweisungen, denen der Durchschnittsschauspieler aufs
Wort gehorcht: Jetzt anfangen, das Hemd auszuziehen,
jetzt die Hose, jetzt in Unterwäsche stampfen, dann
kriechen, dazu die Zähne blecken, die Faust ballen, auf
den Boden schlagen. Oder: ganz langsam eine Zigarette rauchen, den Hut ins Genick schieben und nebenher ganz leise und schnell, als gehe es ihn gar nichts an,
irgend etwas vom Leben, von Liebe und Wahnsinn
nuscheln, ein Gefühl an die Konversation verraten.
Oder: einen Eimer nehmen, den Kopf minutenlang
hineintauchen, beim Auftauchen mit aller Kraft »Was
ist denn?« brüllen, schreien, noch mehr schreien.
Oder: langsam, wie in unendlicher Trance einem
unendlich langsam wandernden Lichtfleck am Boden
folgen, die Finger der starr vom starr gehaltenen Arm
weggestreckten Hand spreizen und den Kopf pro

Minute zwei Grad nach rechts drehen, dazu die Lippen spitzen und ganz leise und monoton »Sein oder Nichtsein« sagen.

Eigentlich könnte es so sein: Im Schauspieler, der ihm da oben entgegentritt, tritt der Zuschauer da drunten sich selber gegenüber. Er sieht seine schönere, bessere, schlimmere, tollwütigere, bösartigere, wahnsinnigere, lieblichere, witzigere Möglichkeit. Der Schauspieler kommt aber heute fast nicht mehr dazu, dem Publikum gegenüberzutreten, weil er viel zu viel damit beschäftigt ist, in irgend etwas einzutreten: meist in ein Konzept, das ihn verwertet, in ein Arrangement, das ihn verschluckt, in eine Haltung, die ihn erledigt, in eine szenische Hausaufgabe, die ihn beschäftigt, in ein Bühnenbildzeichen, das ihn übertrumpft.

Als Kind wollte er unbedingt zum Theater, weil er sich vorstellte, das Theater wäre eine schönere Welt mit ganz anderen Menschen, als es die Menschen um ihn herum waren. Schnell sieht er, daß es genau die gleichen Menschen sind, daß sie nur ganz andere Sachen machen als die normalen Menschen — aber oft mit denselben Methoden wie da draußen im Leben: gemein, dumm, banal, ordentlich, fleißig.

In diese Welt des Mittelmaßes und des ganz normalen Wahnsinns bringt der Schauspieler das Außerordentliche, indem er das Mittelmaß und den normalen Wahnsinn einfach überspielt und jeden Abend so tut, als sei er selbst dieser wunderbare, schöne, geheimnisvolle Theatermensch, von dem er immer geträumt hat. Er merkt sehr schnell, daß das Theater ihm nichts gibt, was er sich nicht selber gibt. Er hat zur Verschönerung seiner Welt, die er Theater nennt, nur sein Ich. Das muß er ausbilden.

Die Ausbildung des Schauspielers, zu der Tausende
drängen, von denen aber nur ein Bruchteil in die offiziellen Ausbildungsstätten, die Konservatorien, Hoch-
schulen und Schauspielschulen aufgenommen wird, ist
ein Ego-Training. Der Schauspielschüler lernt, wie er
die vielen Ichs spielt. Er durchläuft die psychologische
Schule, die ihn lehrt, seine Rolle sich anzuverwandeln,
nicht selbst zu fühlen, sondern sich an die Gefühle
einer Figur zu »erinnern« und diese in sich zu suchen.
Oder er durchläuft die materialistische Schule, die ihn
lehrt, seine Rolle von sich fernzuhalten wie einen ge-
schmeidigen Stock, mit dem man kontrollierte Bewegungen ausführt. Oder er geht in die expressionistische
Schule, die man heute die Körper-Schule nennt. Diese
lehrt ihn, sich ganz leer zu machen, die Seele aus dem
Spiel und den Körper sich »methodisch aussprechen«
zu lassen, wobei »die verschiedenen Schichten seiner
Persönlichkeit bloßgelegt, die biologischen Instinkte
des Unterbewußtseins, durch Bewußtsein und Gehirn
gesteuert, zu dem Höhepunkt geführt werden, ... auf
dem sich alles zur Einheit fügt« in einer »vollkommenen Entblößung des eigenen Ichs«, einer Selbstauf-
gabe, die der »Überschreitung aller Grenzen« gleich-
kommt.

Die erste Methode nach Stanislawski ist die häufigste, die zweite Methode nach Brecht ist die ost-
deutscheste, die dritte Methode nach Grotowski/
Artaud ist die seltenste. Die erste ist fürs Repertoire,
die zweite fürs Archiv, die dritte für die Therapie. Alle
drei sind Abrichtungen. Alle drei sind wertlos, denn
es sind Abrichtungen für ein Schulen-Theater. Der
junge Schauspieler aber kommt in seinem ersten
Engagement sofort ins Regisseurstheater. Seine eigentliche Schule, die oft der Anfang seines Verdorben-

werdens ist, beginnt mit der Schule der Regisseure, durch die er geht. Sein Ego verschwindet in Stilen, seine Person in einer Familie. Regisseure haben wie andere Herrscher auch gerne die Untertanen um sich, an die sie sich gewöhnt haben. Diese nehmen sie überall hin mit oder holen sie, wenn sie sich hie und da verstreut haben sollten, mittels des Lufthansa-Kursbuches zu Inszenierungen zusammen.

Es gibt Schauspieler, die zum Beispiel ausgesprochene Heyme-, Zadek-, Neuenfels-, Peymann-Schauspieler sind. Kirsten Dene ist ohne Peymann nicht denkbar, und Peymann ohne die Dene nicht, Ulrich Wildgruber nicht ohne Zadek, Elisabeth Trissenaar nicht ohne Neuenfels, Margit Carstensen nicht ohne Heyme. Die komisch-glücklich verrückte Dene, die starr-hysterische Carstensen, die monoton-irrwischige Trissenaar, der kindskopfig-sensible Wunderclown Wildgruber: in jedem von ihnen spiegeln sich auch Glanz, Elend und Genie des Regisseurs, den sie empfangen haben und der sie empfangen hat. Je größer die Schauspieler und je größer der Regisseur, desto aufregender das peinsame Dauerspiel von Anziehung und Abstoßung auf schmalem Grat, von Dabeibleibenmüssen und Fliehenwollen, von Widerstand und Hingebung.

Selbst an kleineren Häusern und auf niedrigerem Niveau gibt es schauspielerlebenslange Bindungen von Regisseuren und Regiegeführten: Die Heiratsschwindler heiraten. Es ist wie in einer Ehe: die Hölle der Zweierbeziehung und die Seligkeit der Zweier-Sicherheit. Jeder weiß vom anderen, wie er reagieren, was er vorschlagen, was er unterlassen wird. Jede Geste beider Seiten ist absolut vorhersehbar: »Reich mir das Salz« geht einem »Da hast du den Honig« voraus wie der Segen dem Amen in der Kirche. Es wird Inszenierung um Inszenierung und Abend für Abend dann so sein, wie es immer gewesen ist: Ihr Theater ist ein langer, ruhiger Fluß. Und der Schauspieler schwimmt nie vom Ufer weg. Er macht nur das aus sich, was ihn an Land hält.

Was der Schauspieler jenseits eines solchen Flusses aus seinem Ich macht, wie er es frisiert, schnitzt, parfümiert, zuschneidet, ist schon alles. Er hat den alten Kinderglauben an das Glück: daß man das sein kann, was man nicht ist. Noch in seinen dürftigsten Bluffs, seinen Verlegenheiten und Routiniertheiten schimmert dieser Kindertraum durch: Es soll alles ganz anders sein, und ich allein zeige euch, wie. Das nennt man dann je nachdem Eitelkeit, Hysterie oder große Kunst, manchmal auch Virtuosität.

Schauspieler, die nicht das sein dürfen, was sie aus sich machen könnten, wirken wie Bestien, die man eingesperrt hat: Ihr flackernder Blick fleht unter der Maske hervor um Erlösung; ihre Bewegungen signalisieren noch im Korsett eines starren Konzepts, daß ihre Kraft, ihre Schönheit, ihre Bissigkeit und Geschmeidigkeit verschwendet wurden. Das in Wahrheit ist dann: ein Verfremdungseffekt.

Jeder Schauspieler gehört zum ältesten Lügengewerbe der Welt, einer Mischung aus Hochstapelei und Heiratsschwindelei. Sein Beruf besteht darin, das als wirklich vorzustellen, was in Wirklichkeit nicht ist, so zu tun, als verbinde er sich mit Menschen, denen er sich ganz hinzugeben verspricht, dabei sind es nur Figuren. Der Regisseur, der den Schauspielerwillen nur bricht, bis er ihm gefügig ist, mißbraucht die Schauspielerkunst. Man sollte das öde, graue Theater, in dem die Bühneneinfälle die Bühnenmenschen er-

schlagen, nicht Regietheater, man sollte es Schauspie-
lerverkrüppelungs-Theater nennen.

Die Schauspielerin Libgart Schwarz hat tief empfin-
dend geseufzt, daß der Regisseur dem Schauspieler
»Liebe geben« müsse, weil er dann vom Schauspieler
auch nichts als Liebe bekomme: als spiele jede Probe
unterm Balkon von Romeo und Julia. Aber es steckt
ein richtiger erotischer Kern in solch preziöser Frucht:
Der Regisseur, der den Schauspieler zum Äußersten
treibt, ihn dazu bringt, dem Theater und dem Regisseur alles zu geben, was in ihm steckt, und nicht das
zu illustrieren und nachzuspielen, was nur im Regisseur
steckt; der Regisseur, der die Schauspieler sich entdecken und sich von ihnen anregen läßt, ist immer
noch ein Dompteur, aber einer, der die Bestien liebt
und ihnen nur die Reifen vorhält, durch die sie am
besten springen, auch wenn sie sich das zuerst gar
nicht zuzutrauen scheinen. Das ist dann schon ein
großer Regisseur.

In den *Seltsamen Leiden eines Theaterdirektors* von
E.T.A. Hoffmann sind die Schauspieler die Pein des
Direktors, »denen jede Erkenntnis total fehlt und die
im eigenen Ich befangen sich nur in dem kleinen
Kreise drehen, den ihr blödes Auge zu übersehen vermag«. Man müsse diese so auf die Bühne zu stellen
versuchen, »daß durch diese Stellung eine Art Effekt
hervorgebracht wird. Es kommt darauf an, sich der
eignen Persönlichkeit dieser Schauspieler wie eines
blinden bewußtlos thätigen Organs zu bedienen. Aber
nichts geschieht leichter, als daß Schauspieler der Art —
Söhne Apollos, die des göttlichen Vaters Bogen tragen,
ohne ihn zu spannen — sich an das Schlechte gewöhnen
und zufrieden sind mit dem, was ihres Genius nicht
würdig. Und damit wird mehr und mehr ihre Kraft

gelähmt, und sie vermögen bald nicht die Fittiche zu
regen zum höhern Fluge! — Eben darin liegt die ge-
fährlichste Selbsttäuschung, daß sie eigne Figuren
bilden und in ein Werk hineintragen, von dem sie nicht
begeistert werden können, so aber, um mich eines
musikalischen Gleichnisses zu bedienen, ein selbst
erfundenes Solo abspielen, in das andere mit willkür-
lichen Accorden eingreifen, mag es nun klingen, wie
es will. Sie entwöhnen sich davon, den Strahlen des
wahrhaften Dichterwerks ihre eigne Brust zu erschlie-
ßen, daß darin des Dichters fantastische Gestalt sich
entzünde und in glühendem Leben emporflamme. Ja
noch mehr! — Immer im Sumpfe watend zweifelt der
müde, mißmütige Wandrer am Ende daran, daß es
noch Höhen giebt mit frischem grünenden Rasen, und
verliert Auge und Sinn dafür.«

Die anderen aber, die Auserlesenen, die darstellerischen Genies, schafften unabhängig von sich selbst
wie im Traum »fremde Personen, die sich gleich Dop-
peltgängern mit der treuesten Wahrheit, mit dem Auf-
fassen selbst der unbedeutendsten Züge darstellen . . .,
daß jede, auch die kleinste Bewegung von dem innern
Willen bedingt wird. Sprache, Gang, Haltung, Gebärde gehören nicht mehr dem individuellen Schauspieler, sondern der Person an, die, die Schöpfung des
Dichters, wahr und lebendig in ihm aufgegangen und
die nun so blendend herausstrahlt, daß sein Ich darüber
wie ein farblos nichtiges Ding verschwindet.«

E. T. A. Hoffmann und sein Theaterdirektor kannten
noch nicht den Regisseur, sie träumten von der Unmit-
telbarkeit des romantischen Schauspielers zum romantischen Dichter. Hoffmanns Theaterdirektor findet am
Ende den idealen Schauspieler, der perfekt agiert, keine
Bedürfnisse hat, noch das Unwahrscheinlichste und

Fremdeste makellos verkörpert und von keiner Ich-Ablenkung gestört wird: die Marionette, den romantischen Über-Schauspieler, den theatralischen Dichterliebling seit Kleist.

Mehr als achtzig Jahre nach Hoffmanns Erzählung vollendete Edward Gordon Craig die Absage an den lebensnahen Schauspieler. Der Regisseur, Theaterreformer und -theoretiker forderte 1908 energisch die Über-Marionette: »Schafft den Schauspieler ab, und ihr schafft die Mittel ab, durch die ein unechter Bühnen-Realismus entstanden und in Blüte gekommen ist. Und nicht länger wird es auf der Bühne lebendige Wesen geben, die uns verwirren, indem sie Kunst und Realität vermischen, nicht länger wirkliche Lebewesen, an denen die Schwachheit und das Zittern des Fleisches sichtbar sind. Der Schauspieler muß das Theater räumen, und seinen Platz wird die unbelebte Figur einnehmen.«

Craigs Vision phantasiert Kleists und Hoffmanns Hoffnungen zu Ende: »Sollen wir nicht hoffnungsvoll dem Tag entgegenschauen, der uns die Kunstfigur, das symbolische Geschöpf durch die Geschicklichkeit des Künstlers wiederbringt, auf daß wir erneut die ›edle Künstlichkeit‹ erreichen, von der der alte Schriftsteller spricht? Denn dann werden wir nicht länger unter dem verderblichen Einfluß jener emotionalen Bekenntnisse menschlicher Schwäche stehen, denen die Menschen allabendlich beiwohnen und die doch nur im Zuschauer wiederum die Schwächen hervorrufen, die auf der Bühne gezeigt werden.«

Zwischen feistem Dilettanten und strenger Marionette, zwischen plumpem Gebrauchtwerden und reinem Symbolschmachten, zwischen gemütlicher Wurzen und absoluter Grazie bewegt sich der deutsche Schauspieler: die Regisseure über sich, das Stadttheater unter sich, einen Jahresvertrag in der Tasche. Er weiß und kennt die ideologische Vorabentschuldigung seines Gewerbes: daß die Nachwelt dem Mimen keine Kränze flechte, daß dessen Kunst transitorisch sei, vergänglich und flüchtig. Aber er spielt gewöhnlich so und sieht so aus, daß er anderen Mimen zum Verwechseln ähnlich wird. So arbeiten sie alle gemeinsam an einem Bild, das bleibt und faßbar scheint.

Der »blöde Blick«, den noch Hoffmanns Direktor an ihnen ausmachte, hat sich heute zu einem verlorenen Blick getrübt. Was ihnen allen, von Flensburg bis Konstanz, von Tübingen bis Rostock, von Bremen bis Wien gemeinsam ist: Sie gehören nicht zusammen. Abgesehen vom psychischen Zwangszusammenhalt der Angehörigen bestimmter Regie-Familien, abgesehen auch von den Ausnahmen Münchner Kammerspiele und Berliner Schaubühne gibt es keine Ensembles mehr, keine Gruppen, die aufeinander eingespielt sind, keine Solisten, die aufeinander hören, keine Nerven, die, um zu vibrieren, der Nerven der anderen bedürften.

Der deutsche Schauspieler bleibt in der Regel allein — und stumpf. Er läuft und rennt viel, muß gut turnen können, darf sich vor blauen Flecken nicht fürchten, weil er oft mit dem ganzen Körper Bodenberührung hat. Er hat das genaue Sprechen verlernt, wenn er älter, und er hat es gar nicht erst richtig gelernt, wenn er noch jünger ist. Sein Tonfall neigt entweder zum alltäglichen plaudernden Konversationston von der Straße oder zum ekstatischen Schreien. Seine Stimme ist unmelodisch. Sein Gesicht betont nichtssagend. Ihm ist ein tiefer Zweifel an der Möglichkeit überhaupt, noch irgendwelche individuelle Konturen herzustellen, in langen Jahren eingeimpft worden.

Aus irgendeiner schönen, persönlichen, ganz eigenen
Pose oder Haltung in ein maskenhaftes Erstarren oder
in ein kollektives Zappeln zu verfallen fällt ihm besonders leicht. Er ist ein hochtrainierter Schauspieler; er
muß lange Stunden, oft bis zu vier und fünf, auf
der Bühne präsent sein, muß sich naß machen, mit
Schlamm, Dreck und Staub bewerfen lassen, muß rob-
ben, marschieren, eine Treppe herunterpurzeln können.
Wenn er ganz jung und kein Star ist, rast er vom einen
unbedingten Ausdruck in den nächsten. Zeigt er als
junger Schauspieler ein paar individuelle Züge, die man
vorher noch bei keinem anderen sah, wird er sofort
verheizt: Man läßt ihn, den man zum Star erklärt, seine
Individualität, die noch nichts als ein Versprechen
wäre, verbrennen, als sei sie ein Feuerwerk, das man so
lange wiederholen könne, bis nichts mehr zündet. Ist
er älter und kein Star, mogelt er sich zwischen soignier-
tem Die-Sau-Rauslassen und gepflegtem Beinahe-Rea-
lismus durch: Er steht für Regie-Schwankungen zur
Verfügung. Sein Handwerk hat sich verfestigt im Verwischen der Konturen, die heute diese, morgen jene
Bewegung aushalten müssen. Er ist ein hart arbeiten-
der Opportunist. Über sich hat er die Stars, die Großen, die Mühelosen.

»Nicht wahr, die Bühne, das Theater, das waren
schon tausend Taten, tausend mehr oder weniger
lebensentscheidende Handlungen. Und am Ende hat
sich nichts getan. Man hat telefoniert, geliebt und sich
verwechselt. Man ist gerannt und hat gewartet. Man
hat sich versteckt und sich aufgeplustert. Man hat
sein Herz verloren, bekam den Schädel gespalten
und hat mit verdrehter Zunge gesprochen. Man war
eifersüchtig, fromm und rebellisch. Man war der eitle
Verführer und der dumme August. Und am Ende?

Am Ende ist die Bühne gerade so leer wie am Anfang.«

Mit dieser behaglichen Philippika vernichtet Karl
Joseph, der große, berühmte Schauspieler, den Jung-
Mimen Max, den er abfällig einen »Synchronsprecher«
nennt. Karl Joseph steht auf der Bühne, die im Theaterstück *Besucher* von Botho Strauß aufgebaut ist. Max
will es schaffen, sich wenigstens »für zwei Sekunden
neben der Wahrscheinlichkeit aufzuhalten«, er will die
Rolle durchbrechen, den Leuten im Publikum etwas
Wunderbares, Unerhörtes, Grenzüberschreitendes zeigen. Karl Joseph (»Sie eingefallener Geburtstags-
kuchen!«) verläßt sich auf die Wunder und die Grenzen
des Realismus: »Mit Verstand und Feingefühl ange-
wendet, ist und bleibt er die einzig menschliche Methode der Schauspielkunst. Wenn dir damit etwas
richtig gelingt, ist es immer doppelt gelungen.«

Max möchte die Bühne leerspielen, die für ihn über-
voll ist mit Karl Josephs spielerisch hergestellten realistischen Gestalten. Karl Joseph sieht bei jedem Pro-
duktionsbeginn nichts als die leere Bühne vor sich, den
Tummelplatz seiner Füllkunst. Karl Joseph ist auch
über jeden Regisseur hinaus. Regisseure haben ihm
nichts mehr zu sagen. Wenn es hochkommt, kann er
Regisseure beschenken mit seinem Wissen, seiner Erfahrung. Aber die Generation, der Karl Joseph, die
Kunst-Figur des Botho Strauß, angehört, hat mit dem
Theater der damals jungen Regisseure Ende der sechziger Jahre gebrochen.

Die Alten, die aus der Vorkriegszeit kamen und das
brillant-hohl tönende Ufa- und Staatstheater der Nazis
noch mitbekamen, im Nachkrieg und den fünfziger
Jahren im nüchternen, aber dennoch hohl bleibenden
Stil-Theater der Zeitlosigkeitsregisseure als perfekte,

geistig aber ziemlich unterforderte Stimm-Körper reüs-
sierten, waren den jungen Regisseuren eine Last. Und
diese ihnen. Die Alten kannten Formen, die Jungen
zerschlugen Formen. Die Alten wußten Techniken,
Handwerk, die Jungen verachteten das Hergestellte,
träumten vom Prozeß, der alles neu schaffen sollte, vor
allem den neuen Schauspieler. So standen die Jungen irgendwann in den siebziger Jahren mit lauter
älter und grämlicher gewordenen Berufsbühnenjugend-
lichen herum, von denen nur die wenigsten den Sprung
ins Erwachsenwerden zu schaffen schienen.

Die Alten waren weg oder saßen beleidigt in ihren
Schmollecken. Nur ganz wenige, der große alte Bernhard Minetti und der gewaltig-zarte Peter Lühr, gingen
auf die Jungen zu, waren neugierig auf sie und machten
wiederum diese neugierig auf die Alten. Das Grund-
erlebnis der Jungen war die gesellschaftliche Entfremdung: das Erlebnis der Unmöglichkeit, mit seinen Umständen und Bedingungen im Einklang zu sein, dem,
was man machte, nicht zuzugehören. Es war ein sehr
genußreiches Erlebnis: auf Papier; durchlitten in den
Ektasen der Theorie, wie ja überhaupt die Gesellschaftstheorie auch den jungen Theaterleuten, so gut
wie ihren Altersgenossen auf den Universitäten, die
gesellschaftliche Erfahrung voll und ganz ersetzte. Ihr
Weltschmerz war ein Thesenschmerz.

Und dann kam der alte Minetti, verzog sein breites,
höhnisches Allerleiform-Maul, packte die Vokale in
ihrem bittersten Kern, kniff die Augen zusammen, daß
sie ins Fremdeste sprühten, und spielte mit einer diebi-
schen Lust und körperlichen Leichtestschwermut Figuren wie Bernhards *Minetti* oder Becketts Krapp oder
den Edgar im *Totentanz,* die allesamt sich, ihrer Umwelt, ihren Gedanken, ihren Gefühlen total entfremdet

waren, hinausgestoßen in eine Unwirtlichkeit des Seins, in der sie Minetti aber mit seiner präzisen Handwerklichkeit, dem alten, perfekten Vorkriegskönnen hinstellte und sozusagen mit eisiger Rührung heimisch machte.

Da hatten die Jungen, Peymann vor allem, das Glück, daß hier jemand mit fast nur einem Gesichtsausdruck, einer genialen Körperhaltung das auszudrücken verstand, wozu sie ganze Bühnenbildbatterien und Programmheft-Essays brauchten. Und außerdem gab er ihnen so nebenbei Ersatz für das, womit sie gebrochen hatten: handwerkliche Tradition, Fertigkeit, Können.

Peter Lühr ging den umgekehrten Weg, aber mit dem gleichen Effekt. Er schien, wenn er auftrat, immer wie aus eisiger Fremde zu kommen, unnahbar, ein zierlicher Lohengrin auf Step-Füßen, tänzelnd, manchmal wie schwebend — und brachte ins nett Gefühlige oder bloß plump Traurige oder Tranige von Klassiker-Inszenierungen einen Schärfe-Schimmer, der erfrischend frösteln machte.

Unvergessen, wie er Anfang der achtziger Jahre in den Münchner Kammerspielen Merlin war: in Korsage und Strapsen, unter Federbüscheln und im Blutregen. Tankred Dorsts *Merlin* handelt vom großen Kampf der Alten gegen die Jungen, der Jungen gegen die Alten. Er spielt in mythischer Zeit am Hof des König Artus. Aber er meint unsere Zeit und auch unser Theater. Peter Lühr mimte zart und zynisch und vollkommen unbetroffen in seiner klirrenden Trauer das Scheitern der Utopie in der Gestalt Merlins, die ein letztes Mal versucht hatte, Welt und Gesellschaft in Gemeinschaft der Jungen und der Alten voranzubringen. Am Ende verschwindet Merlin resigniert, aber singend in einem Busch, in den er sich verwandelt. Lühr war an Lebendigkeit, Witz und handwerklicher Präzision den Jüngeren auf der Bühne lässig überlegen. Aber er war mitten unter ihnen, er gehörte ihnen zu — aus großer Distanz.

Minetti, Lühr, die fabelhaft beherrschte Königin der Eisesnächte, Marianne Hoppe, die gastweise das eine oder andere Mal hereinschneite, sind die raren Ausnahmen gewesen in einer Theaterlandschaft, in der die Alten von heute auf morgen fehlten, verschwanden, bis jetzt nicht wieder nachgewachsen sind. Das deutsche Theater hat viel Jugend zwischen zwanzig und dreißig: jene nach allen Seiten rast- und ratlos durchstartenden Sensitivrocker in weicher Schale und mit hartdumpfem Kern. Bis auf die wenigen federnd-witzigen oder geheimnisvoll vibrierenden Kerne, die man bei einzelnen auch spürt.

Und das deutsche Theater hat viel zu viel Mittelalter. Die Horde der Vierzig- bis Fünfzigjährigen, jene Leitbildlosen, die auf der Tabula rasa groß wurden; jene in edler kregler Mattigkeit bei sich selbst Haltmachenden mit ihren hart gewordenen Schalen und porösen Kernen. Einige darunter, Gert Voss, Ignaz Kirchner, Kirsten Dene, Libgart Schwarz, Udo Samel, Jutta Lampe, Cornelia Froboess, Peter Simonischek, Peter Fitz, haben von den wenigen Alten ein kleines bißchen gelernt und müssen nun selbst wie alte Virtuose scheinen, die den Jungen vormacher, wie man mühelos Grenzen überschreitet oder durchbricht, ohne Boden unter den Füßen zu verlieren; wie man den Wahnsinn erreicht, ohne seiner Fassung beraubt zu werden; wie man sich fremd macht, ohne wurzellos zu sein. Fast sind sie zu alte Schauspieler für ihr Alter. Sie simulieren manchmal eine Generation, die sie noch gar nicht sein dürften.

Sie zaubern perfekt. Und vielleicht stimmt auch für unser *Fin de siècle,* was Max Reinhardt fürs frühe zwan-

zigste Jahrhundert konstatiert hat: daß es »noch nie«
(wer mit dem Theater zu tun hat, sage nie nie . . .) auf
ihre Art so viele gute, glänzende Schauspieler gab in
Deutschland. Aber wenn sie heraustreten vor die vielen
Wände und ihre Figuren spielen, Menschen bilden und
basteln, sind sie alle auf eine merkwürdige Weise allein.
Sie bilden miteinander kein großes Ensemble, in dem
man jedem mit jedem kombinieren, kurzschließen
könnte, daß die Funken übersprängen — was ein sprü-
hendes Bild ergäbe. Jeder taucht für sich in Moment-
aufnahmen auf. Blitzlichttheater.

*

Keuchend und watschelnd tritt er auf, der Koloß mit
den rollenden Augen, von dessen Schädel das Schwitzwasser spritzt, wenn er auf seinen Fersenballen einher-
schwebt, die Satzenden nach oben stemmt und überhaupt weniger hereinkommt als vielmehr immer
hereinbricht. Er hat die Furie eines Riesen und das
Herz eines Kindes; er balanciert die Figuren, die er
spielt, wie ein intelligenter Pantagruel mit Bauklötzen
hantiert: Er setzt sie auf Kante. Und wenn sie einstür-
zen, hat er nachgeholfen.

*

Kühl, berechnend, überlegt, schlendert er herein.
Heimtücke im Blick, die eine der Kehrseiten der Lie-
bessehnsucht ist. Er gibt die großen Ungeliebten, Ein-
samen und panzert sie mit der Leidenschaft, alle Panzer
zu durchbrechen. Seine Bühnen-Umwelt empfindet das
als herrischen Hohn, sein Publikum als tragische Ko-
mik. Die Zunge stößt er virtuos in die rechte Backen-

125

hälfte vor, als verstecke er dort eine gefährliche Waffe, mit der er ironisch näselnd kokettiert. Unterm Panzer zieht er sich selbst die Seelenhäute ab und schaut angewidert-amüsiert zu, wie's da drinnen aussieht.

*

Die Vokale kostet sie auf ihrer Zunge wie schweren, dunklen Wein. Ihre Augen scheinen Dinge zu sehen, die kein Mensch vor ihr je sah. Ihre Bewegungen rutschen graziös ins Trancehafte. Sie schreitet hellwach an der Grenze zum Wahnsinn entlang, macht mal einen Schritt hinüber, dann wieder einen Sprung herüber. Ihre Figuren kommen aus dem Reich, in dem sich Körper in Gespenster auflösen, blitzgescheit und komisch.

*

Mit hängenden Schultern, vorgerecktem Kopf, der wirkt, als sitze er zu schwer auf dem Körper, schleicht er sich um eine Figur herum, dringt von ihren Rändern her ins Zentrum und findet überall Wahnsinn, Düsternis, Aberwitz. Diese aber erträgt er mit einer geradezu penetranten Demut, nimmt sie auf sich, sammelt sie nachgerade an, als wolle er Profit daraus ziehen. Dann, mit einem Schlag, präsentiert er der Welt die giftige Rechnung in einer vernünftigen Regung und Bewegung. Er kippt das Elend in einem Hui! nach außen und zieht es, wenn es seine verheerende Wirkung getan hat, sofort wieder an sich, als sei es sein kostbarster Besitz.

*

Sie scheint ihre Figuren mit den Schultern, die sie kullern und kugeln lassen kann, vor sich herzuschieben. Läßt die Augen rollen, die Sprache in lauter stimmhafte ›S‹ sich ironisch aussingen, nudelt und schnauft über Abgründe hinweg. Sie kann, wenn das Herz spricht, zu einem Hohnklumpen einfrieren. Und sie kann, wenn Blut fließt und Mord grassiert, so sachlich-fröhlich sein wie bei einem Kaffeekränzchen — nur: daß man hinterm Klumpen das Herz auch spürt und hinterm Lächeln den Schrecken schmeckt.

*

Eine Abfolge von Highlights von erstklassigen Schauspielern, die um ihre Figuren ringen und meist glänzend mit ihnen fertig werden.

Der Schauspieler Gert Voss schildert, wie er sich verwandelt: »Am besten wäre, wenn es mir gelingen würde, irgendein fremdes Körperteil zu finden, das ich mir in meinen eigenen Körper einbauen könnte. Ich denk' mir dann aus, ob die Figur beim Reden zum Beispiel die Schultern verrückt oder immer einen Arm in den Jackenärmel einzieht, so daß die Hand in bestimmten Situationen verschwindet oder wieder herausfährt. Solch ein scheinbar unwichtiges Detail beeinflußt dann meinen ganzen körperlichen Ausdruck. Bei *Othello* war es vor allem die Erfindung dieser tiefen, kehligen Stimme. Das war am Anfang nur eine mechanische Anstrengung. Aber plötzlich bildete ich mir ein, daß über diese Tiefe der Stimme mein ganzer Körper anders wurde. Über diese Stimme fielen mir neue Bewegungen ein: der elastisch vibrierende Gang, bestimmte öffnende, wie zur Umarmung einladende Handbewegungen, weil ich dachte, daß dieser Mensch sich zunächst

gegenüber allen anderen besonders offen verhält. Das
alles verliert dann im Verlauf des Probenprozesses allmählich den Charakter des Technischen, des Äußer-
lichen — und ich komme irgendwann auch wieder
mehr als eigenes Wesen vor. Das ist die vielleicht
geglückte Verwandlung.«

Sie kämpfen miteinander auf der Probe bis zur Vernichtung. Sie warten, bis der Regisseur Zadek es
ihnen austreibt, ihr Spiel kommentieren zu wollen, bis
er ihnen, wie der Schauspieler Ignaz Kirchner das beschrieben hat, »die Haltegriffe aus der Hand schlägt.
Damit man sich nie zu früh und zu bequem an etwas
festhält. Damit es so empfindlich und offen, so geheimnisvoll wie möglich wird.« Sie warten eigentlich immer
auf den größten Dompteur, der die Raubkatze in ihnen
weckt, nicht peitscht. Sie finden es öde, wenn der Regisseur mit einer perfekten Konzeption auf die Probe
kommt und ihnen wie ein Dirigent Bewegung um Bewegung, Stimmschwankung um Stimmhebung dik-
tiert. Sie wollen Offenheit und Freiheit, um zum »wahren Ausdruck«, wie sie sagen, zu kommen. Das dauert
lange Probenzeiten. Inszenierungen mit ihnen werden
zu Großunternehmen, die ein Theater oft monatelang
lahmlegen.

Sämtliche deutschen Schauspieler, die ganz guten
und die ganz schlechten und die ganz durchschnittlichen, haben gelernt, mit ihrem Ausdrucksinstru-
mentarium, wie sie es gerne nennen, »eine Geschichte zu erzählen«. Sie sind, ob Kopfschauspieler
oder Bauchschauspieler, ob elegant oder plump,
mehr Epiker als Dramatiker. Je stärkere Zweifel sie
und ihre Regisseure befallen, ob man der Welt »da
draußen« überhaupt noch darstellerisch beikomme,
je mehr sie sich in Splitterrollen üben, desto drin-

gender ihr Bedürfnis, nicht einfach nur noch etwas zu sein, und sei es halt etwas Verlorenes, sondern etwas zu erzählen. Vielleicht deshalb der Eindruck, daß man auf deutschen Bühnen lauter szenische Blitzlicht-Romane erzählt bekommt. Jede Geste ein abgeschlossenes Kapitel. Sie alle haben das Diderotsche Paradoxon über den Schauspieler begriffen, daß der Schauspieler, der Gefühle spiele, selber nicht fühlen dürfe. Aber meist scheint es, als fühlten sie wie Romanciers mit ihren Figuren, die dann Kinder ihrer erzählerischen, nicht mehr so sehr ihrer darstellerischen Phantasie sind. Sie machen kunstvolles Figurenkino.

Deshalb spielen sie so ungern in neuen Stücken mit. Dort kennen sie noch niemanden, den sie erzählen können, sie müßten ihn erst einmal nur sein. Deshalb auch macht es ihnen keine Schwierigkeiten, sich eine klassische Rolle vom Regisseur zerschlagen und zerhauen zu lassen, sie mit Alltagstexten zu garnieren, weil sich dadurch sehr bequem erzählen läßt, wie zum Beispiel Prinz Hamlet einmal vom Kapitalismus heimgesucht wurde. Der Schauspieler erinnert sich nicht daran, daß Dramatiker wie Shakespeare und Molière Schauspieler waren. Aber im Verein mit dem Regisseur spielt er gerne Dramatiker-Ersatz: Der Regisseur ersetzt den Dramatiker durch Einfälle, der Schauspieler durch Erzählungen.

Es sind immer ungefähr ähnliche Geschichten. Überschrift: Liebe, Wahnsinn, Tod. Untertitel: Die Welt ist furchtbar. Motto: Fremd bin ich eingezogen, fremd zieh' ich wieder aus. Sie sind Erzählspielmaschinen. Manchmal ähneln sie ihren eigenen Übermarionetten, über deren Scharnieren und Gelenken nur die allerfeinsten Nervenbahnen und die zarteste Haut aufgemalt scheinen. Man sieht ihnen nicht ungern zu.

Man liebt sie um ihrer Variationen willen, die sie ihren Geschichten geben, staunt über eine neue Kapitel-Überschrift (»Liebe, Witz und Glück«). Aber man fühlt sich bei ihnen immer weniger zu Hause im Theater.

Man sehnt sich nach der wahren, ganz einfachen dramatischen Geste, die nichts mehr erzählt, aber einen Menschen auf einen Schlag ausdrückt, hinstellt und uns rührt, bewegt, umwirft. In Deutschland ist das nicht zu haben. Auf nach Paris!

Exkursion in den Wald. Das Welttheater tanzt.

Soyez heureux!
»Les Eumenides«

Für Ariane Mnouchkine

Verläßt man die Metro-Station »Château de Vincennes«
im Osten von Paris, ist man in der Fremde. Die Me-
tropole verläuft sich auf einer Vorort-Ausfallstraße.
Auf einem großen Platz zwischen Busbahnhof und
Schloß kampieren Afrikaner, hausen heimatlos in Hüt-
ten aus Holzbohlen und Plastikbahnen, sitzen um
Lagerfeuer; Flüchtlinge, die anscheinend Station gemacht haben in einem ewigen Provisorium.
Das Château, eine wuchtige Zitadelle aus dem vier-
zehnten Jahrhundert, umgeben von tiefen Gräben,
gekrönt von einem fünfundvierzig Meter hohen Turm,
neben dem eine zierliche gotische Kapelle sich schüch-
tern zeigt, weist seine Umgebung brüsk ab: eine Archi-
tektur der Uneinnehmbarkeit und proportionierter Gewalt. Der Marquis de Sade hatte hier zwangsweise
logiert; im Zweiten Weltkrieg wurden Résistance-
Kämpfer an einer Außenmauer von Deutschen füsiliert.
Um die Festung herum führen Straßen ins Weite, die
randlos scheinen und wirken, als würden sie mit dem
Horizont verschmelzen. Die Szene verliert sich im
Unbehausten.
Doch hinter dem Busbahnhof ist gleich der lichte
Wald von Vincennes. Er bietet Halt und Hort. Dort

131

haust Apollon, der junge, helle Gott, den Aischylos zu Orest, dem durch alle Fremdheiten Gehetzten, sagen läßt: »Hab keine Angst. Ich bleibe bei dir. Bis zuletzt./ Auch wenn ich fern bin und du mich nicht siehst:/ Sei ohne Furcht.« Aufrecht, hochmögend und zierlich bewacht Apollon als kleine Statue den Eingang zur alten, dreigiebeligen Cartoucherie von Vincennes, einer ehemaligen Pulverfabrik. Dort ist Ariane Mnouchkines *Théâtre du Soleil* seit 1970 zu Hause. Sie ist eine der zähesten, aber auch eine der genialsten Überlebenskünstlerinnen des Welttheaters.

»In der Regel passiert es uns alle drei oder vier Jahre, daß wir einhalten, Schulden abtragen und wieder von vorn beginnen müssen. Wir haben immer noch nur eine Subvention unter Vorbehalt.« So beschreibt die Dreiundfünfzigjährige ihr Theater. Es ist arm. Jedes durchschnittliche deutsche Stadttheater ist dagegen eine Krösus-Burg. Das *Théâtre du Soleil,* das Sonnentheater der Ariane Mnouchkine, besitzt keine Maschinerie, keine Züge, keinen Unterboden, minimale Technik. Alles, was darin gemacht wird, muß allein von und mit Schauspielern gemacht werden. Sie spielen abendelang in einem Bild, meist einem leeren Raum.

Sie können sich nicht in Bildern verstecken, dürfen sich nicht mit den Tricks der Technik behelfen. Sie müssen bar bezahlen: Es kommt auf ihre Gesichter, Gesten, Bewegungen ganz allein an. Schauspieler, die in die Truppe eintreten, verlassen sie verwandelt: Sie sind in sich selbst zurückgezaubert. Der Zauber hatte früher auch immer etwas von Dressur, Ariane Mnouchkine immer auch etwas, wie Urs Jenny schrieb, von einer »Kommandeuse, die jede Schlacht gewinnen will« und dabei auf Schwächeanfälle und Ausfälle der Truppe keine Rücksicht nahm.

Mit *1789* im Jahr 1970, *L'age d'or* im Jahr 1975, *Richard II., Was ihr wollt* und *Heinrich IV.* im Jahr 1983, mit der *L'Indiade,* einem Stück, in dem Gandhi, und einem Kambodscha-Stück, in dem Sihanouk der Held war, zwang sie ihre Schauspieler auf Touren zum Geschichtskosmos Frankreich, auf Exkursionen zum Kontinent Shakespeare, auf Recherchen in asiatischen Zeitgeschichtsarchiven. Theater, wie es nie zuvor unternommen wurde. Theater, dem man die Anstrengungen des Langstreckenlaufs auch anmerkte. Schauspieler blieben liegen. Die Kommandeuse hatte Verluste zu ertragen.

Jetzt aber steht sie unterm großen Holztor der Cartoucherie, auf das Apollon ein Auge hat, und reißt die Karten der Besucher ab. Eine glückliche, sanfte, gelöste grauhaarige Prinzipalin. Sie lädt zu einem Fest, dessen Meisterin und erste Genießerin, dessen penible und zarte Arrangeurin sie ist: das Theaterereignis dieser Zeit. Gefeiert wird *Les Atrides,* die Reise durchs Greuelland der Atriden, das Euripides in der *Iphigenie in Aulis* und Aischylos in der dreiteiligen *Orestie* (*Agamemnon, Choephoren, Eumeniden*) entstehen ließen. Es war die bisher blutigste, grausamste Reise des *Théâtre du Soleil.*

Die Reise begann mit dem Tochtermord, führte über Gattenschlachtung zum Muttermord, zu Ahnenfluch, Blutrache und Entsühnung. Sie dauerte fast drei Jahre. Es war die schönste Exkursion des Welttheaters seit Sehnsuchtzeiten: festlich, leicht, menschlich, rührend. Wer wissen will, was Theater heute immer noch vermag, muß zum Wald von Vincennes reisen. Wer mehr vom Theater will als Technik, Apparat und Konzeptverwertung, muß unter Apollons Augen nach Hause kommen — an den verwunschenen Ort im Wald, einer

Mischung aus Wallfahrtsstätte, Hexenhaus, Glücks-
werkstatt und Paradies.

Wenn es Abend wird, warten auf buckligem Pflaster
vor dem Tor deutsche Kritiker, italienische Jung-
Beaus, Schweizer Lehrerinnen, englische Lebemänner,
Pariser Bürger, französische Studenten. Tausend Glüh-
lampen zieren Giebel und Dach, von drinnen dringt
minimale Phil-Glass-Musik. Gleich wird es großen
Mord und Totschlag geben, Schändung und Blutrache, Wahnsinn und Fluch in der Familienhölle der
Atriden. Vorher aber noch das kleine familiäre Ritual
des Entrée: Drei helle Schläge hallen hinter der Holz-
tür. Ariane Mnouchkine öffnet die Pforte. Von jetzt
an ist man daheim.

Es ist das Heim, in dem die Dinge nicht dort sind,
wo man sie erwartet. Man geht über den Boden der
Cartoucherie nicht einfach in einen Theaterraum. Der
Boden ist aufgerissen, zeigt Gräben und Schächte. Man
besichtigt eine Ausgrabung: Aus der archäologisch
durchwühlten Erde wachsen rumpfhoch die steinernen
Statuen von barocken Frauen, die Vollbärte tragen und
Schlachtrösser neben sich am Zügel führen. Es sieht
aus, als hätte diese feminin-maskuline Armee Jahrtausende unter dem Boden geruht und als zöge sie stumm,
starr und gleichgültig unter den Zuschauern und
unterm Bühnenboden hinweg in eine geheimnisvolle
Ewigkeit. Der Chor im *Agamemnon* wird die gleichen
Bärte tragen.

Im *Agamemnon* von Aischylos hebt die große Fami-
lientragödie an: Klytaimnestra tötet ihren Mann Agamemnon, der siegreich vom Trojanischen Krieg nach
Mykene heimkehrt. Das Theater würde anderswo in
Europa üblicherweise sich mit dem Mord begnügen
und daran seine konzeptionellen Zeichen aufhängen:

Man würde auf »friedliche Frauen gegen kriegerische Männer« verweisen; oder, da Agamemnon Kassandra, sein weibliches trojanisches Beutestück, mitbringt, auf »beleidigte Frauen gegen promiskuitive Männer«; oder, da Klytaimnestra sich in Agamemnons Abwesenheit mit Aigisth, Agamemnons Vetter, getröstet hatte, auf »verlassene Frauen gegen schnöde Männer«. Auf jeden Fall aber würde es irgend etwas fein auf der Hand liegendes Feministisches bedeuten. Andere Theaterleute würden fragen: Was mache ich aus dem Mord?

Ariane Mnouchkine fragt: Was liegt unter dem Mord? Ihre Hauptaufgabe sei, sagt sie, *»écarter les idées reçues«* — das beiseite zu räumen, was seit je auf der Hand liegt. Sie gräbt aus, geht hinab, legt Schicht um Schicht frei. Aber nie wird es dunkel, nie akademisch. Je tiefer sie kommt, desto menschlicher, herzlicher wird ihr Theater. Anderswo verkommt das Theater auf dem blutigen Boulevard. Ariane Mnouchkine und ihre Truppe treiben statt dessen hell und herrlich das, was sie selber als *Bouleversement* bezeichnen: das Erschüttertwerden durch Umwälzung.

Die Umwälzung des Gattenmordes im *Agamemnon* von Aischylos, uraufgeführt 458 v. Chr., beginnt für Ariane Mnouchkine in der *Iphigenie in Aulis* von Euripides, die fünfzig Jahre später, 405 v. Chr., uraufgeführt wurde. In der *Iphigenie* opfert Agamemnon, der griechische Heerführer, seine Tochter Iphigenie der Göttin Artemis, damit die Flotte aus der Flaute kommt und nach Troja weiterziehen kann. Iphigenie wird unter dem Vorwand, man wolle sie mit Achill verloben, in Begleitung ihrer Mutter Klytaimnestra nach Aulis gelockt. Dann wird der Vater seine Tochter schlachten.

Das Schlachten ist ein Opfer-Fest: kein dumpfes, dunkles, blutdampfendes, wütendes — ein leuchtendes, toll-orgiastisches, schwebendes. Die Opfer überstrahlen die Täter. Schon der Ort ist nichts als Licht. Helle, weiß-gelb glühende Sonnensegel sind unterm Dach über die *Atriden*-Bühne gespannt, die nichts weiter ist als eine viereckige Kampfarena mit rundum laufenden, bröckelnden, gelb strahlenden Mauern, vor die an den Seiten je ein Verschlag gesetzt ist, hinter dem man sich verstecken, aus dem hervor man angreifen kann. In die Arena stürzen die Frauen von Chalkis, der Chor. Er ist gewöhnlich der starre, peinlich-feierliche Teil der Tragödie. Hier trägt der Chor gelbe, schwere asiatische Röcke und Pumphosen, priesterinnenhafte Diademe in den Haaren, die Augen dick schwarz umrandet. Es ist kein Chor aus der Nähe, keiner aus der Exotik, also aus der falsch-nahen Ferne.

Er ist ungemein schön und wirkt so befremdlich und ungeheuer wie das, wovon er zu singen und zu sagen hat. Der Chor gehört in kein Land, keine Tradition. Er gehört nur zu diesem Stück. Der Chor singt nicht. Er tanzt. Angeführt von der hinreißenden Catherine Schaub, der Chorführerin, scheint er kaum den Boden zu berühren, durch die Luft von Aulis nur immer zu fliegen, begeistert und verzaubert von den dort liegenden Schiffen, von den Soldaten, den schönen Männern, der Gewalt, dem Krieg.

Der Krieg wird nicht gefeiert. Es wird gezeigt, wie verführerisch er wirken kann: Die Ästhetik des Schrekkens wird getanzt. Diese Ästhetik ist in ihrem Charme, ihrer Verruchtheit, ihrem umwerfenden Zynismus, aber auch in ihrer Perfektion und perfiden Traulichkeit ganz menschlich ausgedrückt und geformt. Dadurch beschäftigt und bewegt sie den Zuschauer. Er ist gewohnt, schlau maskierte Zeichen zu entschlüsseln, sofort zu denken, daß das eine jenes andere bedeute, und dann innerlich mit dem Kopf zu nicken und die Interpretation sozusagen abzuhaken. Bei der Mnouchkine ist nichts zu entschlüsseln, weil nichts verborgen ist: Das Schlüssige ist schon das, was man sieht — und es läßt den Kopf nicht ruhen.

Ariane Mnouchkine ist manchmal über Jahre hinweg auf der Suche nach der richtigen Bewegung, dem richtigen Ausdruck für das richtige Wort. Und die Übersetzer, die ihr bei den *Atriden* halfen, die Philologen Jean Bollack und Pierre Judet de la Combe, haben ihre Arbeit am Text auch als ständigen Kampf um das »Überleben« eines Wortes über zweitausend Jahre hinweg bis heute verstanden. Sie sind die kongenialen Archäologen, die zusammen mit der Regisseurin nach dem »brennenden Punkt« einer Phrase oder eines Verses suchen.

Der »brennende Punkt« für die kleine Prinzessin Iphigenie in ihrer weißen Bluse, weißen Hose, ihren rabenschwarzen langen Haaren liegt im Wort *décision,* Entscheidung. In deutschen Euripides-Übersetzungen liest man da »wohl bedacht« oder »ruhig überlegend«: Die deutsche Iphigenie ist ein edles, ruhiges Opfer.

Die Iphigenie der Mnouchkine trifft ihre Wahl — Tanz, Vogel, du stirbst trotzdem! — mit ein paar frechen, tollen, selbständigen, in sich versunkenen, nur ihr, keiner Kriegs- oder Männerchoreographie gehörenden Schrittfolgen. Die Götter, die für die Flaute der griechischen Flotte und fürs Menschenopfer gestimmt hatten, sind abwesend. Anwesend sind Göttervertreter, schwarze, pharaohaft aufgemachte Männer, die wie starre Kegel unter ihren schweren roten Roben am Boden hocken, Agamemnon, Achill,

137

Menelaos. Wie blind schauen sie unter ihren tief-
schwarz geschminkten Augen auf die Frauen. Ihre
Herrschaft ist total.

Die im Boden der Cartoucherie ausgegrabene Heer-
schar der alten Herrscherinnen und Amazonengöttin-
nen scheint auf verlorenem Posten die Männer von
versunkener Ferne aus zu verspotten. Ihre selbstver-
ständliche Vertreterin in der Kampfarena der Bühne
ist Iphigenie. Vor ihrem Todestanz hatte sie, zwischen
die Knie ihres Vaters geschmiegt, seine Hand auf ihre
rechte Brust gezogen. Je liebenswürdiger, liebestoller
die kleine Tochter ihren Vater anspringt, ihn um-
schmeichelt, karessiert, desto größer der Abstand
zwischen ihrer Souveränität und seiner armseligen
Mord-Bürokratie.

Der Atriden-Mythos behandelt das Morden als eine
Art balkanischen Sippensport, Auge um Auge, Zahn
um Zahn: Atreus, der Stammvater, setzt seinem Bruder
Thyest dessen Kinder als Speisen vor; Agamemnon
tötet den ersten Mann und das Baby der Klytaimnestra,
bevor er sie heiratet; Ehefrauen töten Ehemänner,
Söhne ihre Mütter, Väter ihre Töchter. Das Blut der
Opfer kommt über die Nachfahren der Täter. Jeder
neue Mord setzt künftige Mörder ins Recht, wieder zu
morden. Es ist ein Karussell, dem keiner entkommt:
eine blutschwindlige Teufelskreisbewegung. Das
abendländische Drama an seinem Beginn macht diese
Bewegung mit und versucht zugleich, sie anzuhalten.
Das Morden soll Sinn erhalten: Die Götter kommen
ins Spiel; über die Pflugspuren durch den Blutacker
soll eine Instanz richten, die irgendwann sagt: Nun ist
es genug. Das wird in den *Eumeniden* dann auch geschehen: Der Götter-Wille setzt sich durch, der Rechtsstaat entsteht. Ihm hat sich alles unterzuordnen, jeder

Zorn, jedes Leiden, jeder Verlust. Bis dahin müssen sich die kleinen Menschen im großen Drama mit dem Götter-Mutwillen begnügen: Die Blutsaat wuchert. Ihr hat sich alles unterzuordnen, jede Liebe, jede Zuneigung, jede Nähe. Zwischen Blutsaat und Rechtsstaat haben die Menschen keine Wahl. Sie haben nur sich selbst.

Vor dem Altar der Göttin, auf dem sie geopfert werden soll, kriecht Iphigenie, verkörpert von Nirupama Nityanandan, elastisch-tänzelnd auf Knien. Iphigenie ist verloren. Aber keine ihrer Gesten und Bewegungen wird verschwinden. Während der Chor jubelnd über sie hinwegtanzt und die Männer froh mittanzen, sitzt Klytaimnestra, die große, dunkle, rotglühende Frau, zur Statue erstarrt auf dem Boden. Sie wird nichts vergessen.

Ihre Starrheit, ihr Schmerz ist der Preis fürs Fest der Kriegs- und Opferspiele. Es sind nicht »die Frauen«, die hier feministisch beklagt werden, es ist die eine große Frau, die wunderbare Juliana Carneiro da Cunha als Klytaimnestra, eine Dame als große Mutter, eine Lady, die gezwungen wird, im Blut zu waten, eine Edle, die ihren Adel in Schrecken und Rache zelebriert: Später wird sie mit perfekten Manieren ihren vom Krieg heimkehrenden Mann ins Haus bitten und ihn ebenso perfekt ermorden. Die Reise durchs Blut-und-Tod-Land der Atriden beginnt als ein großes Theater der Erinnerung. Von nun an werden die Toten mittanzen auf der Sonnenbühne.

Wenn im *Agamemnon* der große Feldherr müde, desinteressiert und blasiert von Troja heimkommt, wenn die alten Chor-Herren von Mykene, von Herzschwächeanfällen heimgesuchte, komische Bramarbaseure, ihm und seinem hohen roten Siegeswagen

Platz machen, dann kriecht Klytaimnestra mit denselben tänzelnd-elastischen Knien vor dem Wagen her,
mit der ihre Tochter Iphigenie das Schlacht-Urteil
quittiert hat. Bevor sie ihren Mann ins Haus geleitet,
um ihn dort in der Badewanne zu erschlagen, zieht sie,
zwischen seine Knie geschmiegt, seine Hand auf ihre
Brust. Und danach tanzt sie gegen den empört auf-
schnaufenden Alt-Herren-Chor höhnisch mit genau
denselben Bewegungen, mit denen Iphigenie in den
Tod gegangen war. Was also liegt im Mord? Im
Mord liegt eine Korrespondenz zu weiteren Morden:
Mord gebiert Mord.

Jeder Mord erinnert sich an einen vorhergehenden.
Und die Schauspieler erinnern sich mit. Nirupama
Nityanandan spielt im *Agamemnon* die Kassandra, die
Bettbeute des Troja-Eroberers, die Seherin, der kein
Mensch glaubt. Der Anführer der Chormänner, ein
wackelig-ironischer Lustgreis, will wissen, wie das
gewesen sei mit ihrer Sehergabe. Sie gesteht ihm, daß
Apollon diese ihr verliehen, daß sie sich mit ihm nicht
habe einlassen wollen, er ihr zur Strafe dafür den
Unglauben der Leute auferlegte. Der Alte wackelt
mit dem Zeigefinger: Na, na, Schwerenöterin! —
Kassandra aber sieht in diesem Moment den Mord an
Agamemnon drinnen im Haus und ihren eigenen Mord
voraus. In diesem Moment erinnert sie sich an den
Opfer-Mord an Iphigenie. Und panisch, aber stolz
steigt sie auf den Wagen, der unter den Zuschauer-
reihen hindurch die Täter und die Opfer hinausbeför-
dert.

In den *Choephoren* ist Nirupama Nityanandan die
Elektra, die Tochter der Klytaimnestra, die den Tod
am Vater zusammen mit ihrem Bruder Orest rächen
soll auf Geheiß der Götter und des Toten, der durch

seinen riesigen schwarzen Haarschopf auf dem Katafalk gespenstisch präsent ist. Wieder tänzelt Elektra auf Iphigeniens Knien elastisch vor dem Katafalk her. Und wieder zieht Klytaimnestra einen Mörder an ihre Brust, diesmal ihren Sohn Orest, der ein Rache-Gebot erfüllt, das ihm das Hirn zu sprengen droht. Wie tötet man seine Mutter? In Liebe.

Simon Abkarian kuschelt sich in äußerster Nähe zu seiner Mutter, bevor er zusticht, wie es die schwarzen, zur Rache anpeitschenden Totenvögel des Chores befahlen. Eltern töten ihre Kinder, Kinder ihre Eltern, Frauen ihre Männer. Kein gigantischer Hinweis mittels eines Bühnenbild-Versatzstücks, kein aufdringliches Kostüm-Zeichen, kein Regie-Zeigefinger vermöchte die Blut-und-Rache-Maschinerie der *Atriden* so schlagend zu verdeutlichen wie die paar kleinen Tanzschritte, die paar überlegten Bewegungen und Gesten. So gräbt das Menschen-Theater den Schrecken aus, während das Maschinen-Theater ihn nur immer bebildert.

Zur theatralischen Archäologie der Mnouchkine gehören auch die Trommelwirbel, die Zither-, Flöten-, Gamben-, Geigen-, Paukenklänge von Jean-Jacques Lemêtre. Er sitzt auf einer Estrade rechts der Bühne und rast ganz ruhig von einem Instrument zum anderen. Er entlockt ihnen eine nervige Trance-Musik, die den Schauspielern in die Beine fährt oder ihre Köpfe bewegt oder einfach auch wild-witzigen Effekt macht, wenn zum Beckenschlag ein wilder geheimnisvoller Kopf über der Mauer auftaucht oder der Bote, der auf Nachricht aus Troja wartet und deshalb Tag und Nacht nicht schlafen kann, sein Bett zu Sitar-Gezirpe auf- und ausrollt, oder wenn zu dunkel jubelndem Geigen-Unisono die Leichen auf ihren blutbefleckten Bettüchern hereingezogen werden. Die Tragödie tanzt, die Tragödie fliegt, die Tragödie singt.

Der Wahnsinn eines fortlaufenden Vernichtungsgeschehens, das Euripides und Aischylos entfalten, liegt nicht darin, daß es geschieht — der Wahnsinn liegt darin, daß irgendeiner aus der blutdurchtränkten Reihe recht haben und recht bekommen muß. Die Frauen? Die Männer? Ariane Mnouchkine zeigt die Frauen stark, aber macht die Männer nicht verächtlich. Die Reise durchs Atriden-Land macht nicht an Klischee-Stationen halt.

Stolz hatte Orest, der heimliche Besucher in Mykene, den seine Mutter verbannt hatte, dem Totenvogel-Chor der *Choephoren* sein Schwert, das Zeichen seiner Abstammung, präsentiert. Angstvoll wird er es später ergreifen, bevor er sich nach wahnsinnigen Anläufen, nach kühnen Mordphantasien und ängstlichen Schreckensvisionen zur Tat entschließt. Vom blutbespritzten Mordbett seiner Mutter flieht er panisch. Elektra rennt herbei und hilft dem Chor, es von der Bühne zu zerren. Aber Orest hat zugestochen, nicht Elektra. Man sieht nie die szenische These zu einer Figur, man erlebt ihr absolut verständliches menschliches Verhalten. Gefolgt wird der Logik des Herzens, nicht der Berechnung einer Theorie.

Orest kriecht vor den Erinnyen in den *Eumeniden,* gepeinigt und geschwächt. Die alten, grauen Frauen, die den Muttermörder jagen und mit ihrer Löwen-, Pavian- und Hundemeute hetzen, werden vom jungen Männergott Apollon ausgetrickst. Er setzt durch, daß Gattenmörderinnen wie Klytaimnestra durch Mord bestraft werden dürfen, obwohl sie keinen Blutsverwandten töteten, während Orests Tat in den Augen der Erinnyen besonders verwerflich dadurch war, daß er sein eigen Blut, seine Mutter, tötete. Apollon zieht einen Justizbilanz-Strich, läßt die Geschichte mit einem juristischen Verfahren spitzfindig erledigt sein; Orest wird freigesprochen — aber Simon Abkarian wankt ziemlich unfrei und geschlagen hinaus. Er ist gefangen und gefesselt in dem, was er von nun an nicht mehr Erinnyen, aber Gewissen nennen wird. Die Geburt des europäischen Rechtsstaats aus dem Muttermord gebiert ein neues Ungeheuer. Es bietet Stoff für alle weiteren Dramen.

Und die Göttin Athene, weiß, hell, vernünftig, gespielt von Juliana Carneiro da Cunha, die schon die Klytaimnestra war, erinnert sich an die Schmerzen dieser gepeinigten Frau und Mutter. Diese machen sie fähig, den alten, bösen, armen Rachefrauen zu helfen, in eine bessere, schönere Zeit hineinzutanzen, sich umbenennen zu lassen in die Eumeniden, die Segenbringenden.

Die wunderbare Schreckensreise im Wald von Vincennes endet mit einer kleinen, traulichen, familiären Szene: *»Soyez heureux!«* — Seid glücklich! hallt nach Blut, Tod und Mord der Jubelruf der Eumeniden durch die Cartoucherie. Wir sind glücklich. Und das Theater ist es auch.

Die Theaterferien. Ein Freilicht.

*Ganz sicher verspricht das
Programm der Freilichtspiele einen
lebendigen Sommer.*
Der Oberbürgermeister
der Stadt Schwäbisch Hall

Wenn es Sommer wird in Deutschland, schließen die
Theater. Die Vorhänge und die Kantinen zu. Keine
Fragen offen. Die Dramaturgen verkriechen sich in die
klimatisierten Staatsbibliotheken, wo sie von den Pro-
grammheften der kommenden Saison träumen. Die
Intendanten liegen auf den Terrassen ihrer Landsitze
in der Toscana und lecken die Wunden der letzten
Saison. Die Regisseure schauen in die Sonnenunter-
gänge an der Côte d'Azur und sind beleidigt, weil kein
Kritiker da ist, der ihnen bei dieser Inszenierung zuschaut. Die Schauspieler versteigen sich im Gebirge
und probieren ihren Lieblingsdialog: das Echo. Das
Theater scheint tot.

Aber es lebt weiter, an Orten, ganz kleinen Städten,
wo kein Theater, aber ein rühriger Verkehrsverein und
ein ehrgeiziger Bürgermeister ist, wo Felsen, Wald,
Treppen, Gemäuer, Ruinen nur darauf warten, zur
Bühne zu werden. Und dort tauchen die Theaterleute,
die eigentlich gar nicht mehr da sind, trotzdem auf wie
in einem massenhaften Gespensterreigen. Es spielen
sich unbeschreibliche Szenen ab, von denen sich das
Theater sonst nichts träumen läßt.

Die Szene ist in Ober-Wunsal-Hallreythburg, einer deutschen Festspielstadt. Eine große Treppe. Felsen. Bäume. Ein Regiepult. Es regnet, natürlich. DER SCHAUSPIELER JAN-PETER HÄNGER-DAUER steht auf der Treppe. Er trägt eine Regenkapuze und schreit zu den Felsen empor: »Sawein odrrr Nöchtsawein, dos ißt hür dü, äh, hmmm.« REGISSEUR JEAN-PHILIPP MÜLLER-ZOLL-STOCK *greift ein:* »Ja, gut, sehr gut, Tschiepie; bring dich ruhig mehr ein: Hamlet hadert mit den Felsen; stell dir vor, der eine Baum dort ist Ophelia. Ich find's toll, wie du den emotionalen Approach hochziehst, näh? Aber, ich glaube, es heißt ›Sein‹ und ›Nichtsein‹, nicht ›Sawein‹ und ›Nichtsawein‹.« (*Wendet sich zu Hans-Hagen Jens-Pesel, Regieassistent.*) »Könntest du mal nachschau'n, HH?«

HANS-HAGEN JENS-PESEL: »Wo?«

JEAN-PHILIPP MÜLLER-ZOLLSTOCK: »Im Shakespeare.«

HANS-HAGEN JENS-PESEL: »Hab' ich leider keinen dabei. Hab' ich in Hildesheim in der Pension Schöller liegenlassen.«

JEAN-PHILIPP MÜLLER-ZOLLSTOCK: »Ausgerechnet Hildesheim.«

JAN-PETER HÄNGER-DAUER: »Ich dachte, . . .«

JEAN-PHILIPP MÜLLER-ZOLLSTOCK: »Du bist nicht hier, um zu denken, Tschiepie-Baby, du bist hier, um zu spielen!«

JAN-PETER HÄNGER-DAUER (*beleidigt*): »Leck mich!«

JEAN-PHILIPP MÜLLER-ZOLLSTOCK: »Später, in Jagsthausen.«

JAN-PETER HÄNGER-DAUER (*höhnisch*): »Könnte dir so passen! — Kortner hat immer — «

JEAN-PHILIPP MÜLLER-ZOLLSTOCK (*beleidigt*):
»Wer ist Kortner?«

JAN-PETER HÄNGER-DAUER (*triumphal*): »Du
nicht!«

HANS-HAGEN JENS-PESEL (*grübelnd*): »Hieß das
nicht ›Schwein‹ oder ›Nichtschwein‹? Oder war da
mal was mit einem Pferd? Bei Heyme, erinnere ich
mich dunkel, Blut aus den Nüstern . . .«

JEAN-PHILIPP MÜLLER-ZOLLSTOCK (*böse*):
»Wer ist Heyme?«

JAN-PETER HÄNGER-DAUER (*bitter*): »Der ist
ungefähr so wie du!«

(*In dem Moment betritt der* INTENDANT *den Raum,
gefolgt vom* BÜRGERMEISTER *und dem* VERKEHRS-
DIREKTOR.)

JAN-PETER HÄNGER-DAUER: »Ich bin überall
naß!!«

INTENDANT: »Wir spielen ja auch kein trockenes
Stück, hahaha, *Hamlet* fetzt, *Hamlet* dringt ein!
Damals, als ich noch in Esslingen, dann in Würzburg,
dann in Celle . . . äh, lassen wir das, habe ich *Hamlet*
immer im Wassergraben enden lassen; (*stolz-beleidigt*)
Heiner Müller hat mich dann später in Ost-Berlin
kopiert.«

BÜRGERMEISTER: »Hochinteressant. Gucken Sie,
meine Felsen, meine Treppe, meine Bäume, das
schönste Thea — «

JAN-PETER HÄNGER-DAUER: »Also Kortner hat
mal gesagt: Ich friere unter meinem Niveau.«

BÜRGERMEISTER: »Kommt Kortner zur Premiere?«

JEAN-PHILIPP MÜLLER-ZOLLSTOCK (*endgültig*):
»Kortner ist tot!«

BÜRGERMEISTER: »Na, dann nicht.«

VERKEHRSDIREKTOR: »Wie geht's nun weiter?«
JEAN-PHILIPP MÜLLER-ZOLLSTOCK (*herrisch*):
»Nimm deinen Arsch in die Hände, Tschiepie, und
mach den Felsen an! Action!«
(*Der Intendant öffnet ein Bier, der Bürgermeister putzt
sich die Brille, der Verkehrsdirektor schreibt mit.*)
JAN-PETER HÄNGER-DAUER *brüllt:* »Sawein
oder Nöchtsawein . . .«
BÜRGERMEISTER *unterbricht:* »Wieso Sawein?
Verstehen Sie mich nicht falsch, wir trinken hier vor
allem Bier.«
INTENDANT *nickt zustimmend.*
VERKEHRSDIREKTOR *unter Bauchgrimmen:* »Und
unsere örtliche Brauerei sponsert die Garderobiere.
Ich bitte um ein klein wenig Rücksicht.«
INTENDANT *zuckt mit den Achseln, die Bierflasche am
Mund.*
JEAN-PHILIPP MÜLLER-ZOLLSTOCK *hebt erregt
die Faust:* »Ich lasse mir in die Freiheit der Gunst, äh,
Kunst nicht hineinquasseln, Herrgottnochmal, ist doch
wahr, oder? Also, Wein habe ich an dieser Stelle, ich
sag' dir das jetzt ganz frei, Tschiepie, nie gemocht . . .«
INTENDANT: »Ich sage nur Schäksbier!«, *bekommt
einen Lachanfall, haut sich auf die Schenkel, klatscht in die
Hände.*
JAN-PETER HÄNGER-DAUER *mißdeutet das und
verbeugt sich unaufhörlich selig lächelnd.*
BÜRGERMEISTER *unterbricht:* »Also Bier muß rein!«
VERKEHRSDIREKTOR *nickt.*
HANS-HAGEN JENS-PESEL: »Also, ich denke . . .«
JEAN-PHILIPP MÜLLER-ZOLLSTOCK: »Schon
wieder einer, der hier denkt! Ich werde noch wahn-
sinnig. Also Bier, warum nicht, Bier. Wie wär's mit
›Seinbier‹ oder ›Nichtseinbier‹?«

JAN-PETER HÄNGER-DAUER *reißt die Initiative an sich:* »Barbier oder Nichtbarbier, das ist hier die Frage!«

JEAN-PHILIPP MÜLLER-ZOLLSTOCK: »Und dazu Rossini aus dem Off, dadadadaaaada, dadidadiiiida!«

INTENDANT (*stolz*): »Regietheater, meine Herrn, herrliches Regietheater!«

BÜRGERMEISTER (*stolzer*): »Festival, meine Herrn, herrliches Festival!«

JEAN-PHILIPP MÜLLER-ZOLLSTOCK (*bescheiden*): »Genie, meine Herren, göttliches Genie!«

VERKEHRSDIREKTOR (*wissend*): »Bier, meine Herrn, einfach Bier!« (*Es donnert. Ein Blitz fährt hernieder, trifft die Bierflasche des Intendanten.*)

— Finis —

Der Papierkopf. Dramatiker.

Manchen soll man früh ergreifen
Und ihm die Kaldaunen schleifen,
Weil er, wenn er leben bleibt,
Doch vielleicht ein Drama schreibt.
Alfred Kerr

Dummheit ist die Voraussetzung
für Dichtung.
Heiner Müller

Den Autor gibt es eigentlich gar nicht. Das Theater vernichtet ihn im Plural. Alle an einer Aufführung Beteiligten heben in gewisser Weise »ur«, sie schaffen und schöpfen ein Kunstwerk. Alle sind Autoren, der Regisseur, die Schauspieler, der Bühnenbildner, der Lichtdesigner, der Fechtmeister, der Kostümbildner, der Requisiteur. Sie alle vereinigen sich im Bewußtsein und im gegenseitigen Einverständnis, daß das Theater eine zusammengesetzte Kunst sei, in die viele Künste einflössen.

Wenn sie in der Kantine zusammensitzen, nennen sie sich nach dem vierten Bier und der dritten Intrige »eine Familie«. Eine Familie lebt bekanntlich, wenn sie gesund bleiben will, immer auf Kosten eines Mitglieds, das sie für meschugge erklärt: Dieses ist dann ihr Knuff- und Spieltier, ihr Punchingball, ihr Schreckgespenst und ihre Ausrede. Da alle am Theater Beteiligten zur gesunden Familie der Autoren gehören, muß der Kranke »der Autor« sein.

Er schreibt Dramen. Die Schauspieler sprechen seine Texte, wenn sie sie sprechen können. Die Bühnenbildner erfinden Räume für sie, die Regisseure machen Szenen aus ihnen. Der Dramatiker aber ist nur am Lieferanteneingang des Theaters geduldet. Er schafft sogenanntes Material herbei, das man auch Textvorlage nennt.

Den Rest besorgen die anderen. Der Dramatiker ist von der Produktion ausgeschlossen. Er bleibt auf der Vorstufe des Theaters hocken, horcht durch die geschlossene Tür und vernimmt Stimmen, Schritte, Schreie, die seinen Text nun zu etwas machen, womit er nichts mehr zu tun hat. Dabei muß er froh sein, wenn die Theaterleute, zu denen er sowieso nicht gehört, überhaupt bejahen, daß es ihn, dort draußen, irgendwo, überhaupt gibt.

Für die Existenz-Einschätzung von lebenden Dramatikern gilt die zweigeteilte Regel: Die paar, die man spielt, sind fast schon nicht mehr lebend. Man behandelt sie, als seien sie Klassiker, denn nur an alten Stücken kann sich das Theater recht eigentlich beweisen. Die aber, die man nicht spielt, werden im Seufzer zum Verschwinden gebracht, der klagt, daß es keine neuen Autoren gebe. Die Klage hat Tradition.

»Tot sind die einen; die da leben, schlecht«, höhnt Dionysos, der Gott des Theaters, in den *Fröschen* des Aristophanes 405 v. Chr. Dionysos ist für die Suche nach wirklich guten Dramatikern auf den Trip in den Hades angewiesen, wo sich Aischylos und Euripides eine Schlammschlacht liefern, die genußreicher ist als alles Gegenwärtige von damals. In Goldonis Komödie *Der Impresario von Smyrna* von 1755 ist der dramatische Dichter, der für die Truppe arbeitet, die ein Türke nach Smyrna engagieren will, ein Opportunist und

fügsamer Trottel, der am liebsten alte Meister um-
schreibt. Lessing hat in seiner *Hamburgischen Dramaturgie* mehr als nur ein kritisches Achselzucken über
das Mittelmaß seiner zeitgenössischen Dramatikerkol-
legen untergebracht.

Die Deutschen seien an Lustspielen arm, klagt
Goethe in der *Dramatischen Preisaufgabe* von 1800, aber
»ob wir gleich an guten Tragödien vielleicht noch
ärmer sind, so kann unsere Bühne sich hier weit mehr
als dort durch das Ausland, ja selbst durch das Alter-
tum bereichern, und das Vortreffliche dieser Gattung
veraltet nie, da die Leidenschaften auf der unbeweg-
lichen Base der menschlichen Natur gegründet und
folglich weit beständiger sind als die Sitten, die jedes
Land und jeder Zeitmoment verändert.« Auch hier
Hoffnung auf den immergrünen Hades.

Gustav Freytag zieht im Vorwort seiner *Technik des
Dramas* von 1863, die er Wolf Graf von Baudissin,
dem großen Shakespeare-Übersetzer widmet, auch
quantitativ eine resignative Bilanz; wiewohl er ausdrücklich dem »jüngeren Dichter den Weg zu weisen«
sich vornimmt.

»Es werden alljährlich in Deutschland vielleicht
hundert Dramen ernsten Stils geschrieben, wohl neunzig davon verschwinden in Handschrift, ohne auf die
Bühne, selbst ohne zum Druck zu gelangen. Von den
zehn übrigen, welche eine Aufführung durchsetzen,
geben vielleicht nicht drei den Darstellern eine würdige
und lohnende Aufgabe, den Zuhörern die Empfindung
eines Kunstgenusses. Und unter den vielen Werken,
welche untergehen, bevor sie lebendig geworden sind,
sind allerdings zahlreiche Versuche Unfähiger, aber
auch manche Arbeit hochgebildeter und tüchtiger
Männer. Das ist doch eine ernste Sache. Hat sich die

Talentlosigkeit in Deutschland eingebürgert, und sind
wir sechzig Jahre nach Schiller noch so arm an drama-
tischem Leben?

Und sieht man solche Arbeiten näher an, so wird
man die Beobachtung machen, daß hier und da sich
allerdings achtungswerte Kraft regt, aber formlos,
zuchtlos, mit seltsamer Unbehilflichkeit im Heraus-
heben der Wirkungen, welche dem Drama eigentüm-
lich sind.«

Kerr spricht von den zwanziger Jahren, die wir uns
angewöhnt haben, die goldenen Jahre auch des Theaters und des Dramas zu nennen, von einer »Zeit des
Übergangs«, die er gegen den Vorwurf verteidigt, sie
zeitigte ein Drama des Niedergangs; Reinhardt und
Jeßner sprechen ungefähr zur gleichen Zeit vom »dürf-
tigen Rinnsal der dramatischen Produktion«. Max
Reinhardt 1926: »Es gab noch keine Zeit, die über so
viele gute und große Schauspieler verfügen konnte,
wie es heute der Fall ist. Aber wir haben nicht genug
Dichtungen, die für das Theater geschaffen wurden.«

Die Frage »Gibt es ein neues deutsches Drama?«
begleitet das jeweils neue deutsche Drama durch die
Jahrzehnte; sie wird in krisenhaftem Ton immer wieder gestellt und meist damit beantwortet, daß es im
vergangenen Jahrzehnt noch solche neuen, erregenden
Dramen gegeben habe, in diesem aber nicht. Mitten in
den siebziger Jahren sprang der Regisseur Claus Peymann mit einer Philippika dem neuen deutschen
Drama zur Seite:

»Es gibt das Drama der siebziger Jahre, wie es das
Drama der zwanziger Jahre gab. Das deutsche Drama
von heute ist mindestens genauso gut. Es gibt aber
auch die deutsche Theaterkritik, die das deutsche
Drama von heute jetzt nicht wahrnimmt und es wieder

erst in fünfzig Jahren wiederentdecken wird. Es gibt
viele Autoren von heute, die viele Stücke schreiben:
Handke, Bernhard, Strauß, Heiner Müller und Peter
Hacks, Walser und Dorst, Bauer und Mühl, Reins-
hagen, Kroetz ... und viele andere. Schreibt aber
einer ein Stück, so liest man im Feuilleton von ›Krise‹,
von ›dramatischer Ödlandschaft‹ oder vom ›Mangel
an neuen Stücken‹. ... Es gibt damit ein Krisengerede
der Theaterkritiker, das dem reaktionären Theatermacher zur Ausrede dient. Die ewige Litanei hat
Folgen: Es gibt kein deutsches Drama von heute,
also spielen wir keins (höchstens einmal im Jahr in der
Werkstatt, im TIK, im Studio, im Malsaal) — da keins
gespielt wird — gibt's kein deutsches Drama. ...

Es gibt das deutsche Drama von heute trotz der
Theaterkritik. Erinnern Sie sich ... *Der Ignorant und
der Wahnsinnige, Der Ritt über den Bodensee, Jagdgesell-
schaft, Bekannte Gesichter, gemischte Gefühle, Der Präsident, Die Macht der Gewohnheit, Eiszeit, Rheinpromenade,
Zement, Himmel und Erde, Die Unvernünftigen sterben
aus, Minetti, Luther und Münzer, Das Sauspiel, Das
Nest, Oberösterreich, Stallerhof, Die Berühmten, Gespenster, Chimborazo, Der Dauerklavierspieler, Kinderspiel,
Dolomitenstadt Lienz, Eisenwichser, Heimarbeit, Die
Schlacht, Die Hypochonder ... Sonntagskinder ...«*
Das war 1976, als Peymann seinen Ruf als provo-
kanter Klassiker-Regisseur erwarb. Seine Liste hätte
noch um Hunderte von Titeln angereichert werden
können, Titel, die Jahr um Jahr, Tag für Tag den
Theaterverlagen angeboten werden, in Fotokopie-
form irgendwo auf Dramaturgenschreibtischen, in
Regisseursschubladen, Intendanzaktenschränken ver-
stauben, Titel von Dramatikern, deren Namen nie
jemand erfahren wird — sind ja schon Namen wie

Mühl und Stücke wie *Rheinpromenade* oder Walsers *Sauspiel* oder Henkels *Eisenwichser* oder Horst Laubes *Dauerklavierspieler* zehn Jahre nach Peymanns Plädoyer von den Spielplänen verschwunden. Und der Rest der Liste ist mehr oder weniger matt-starke Erinnerung, ein bißchen Legende, ein bißchen vorhanden hie und da. Es gibt unendlich viel Neues. Aber es gibt kein Repertoire des Neuen.

Der Autor, wenn er nicht gleich am Grab des unbekannten Dramatikers seine welken Kränze begießt, tendiert, abgesehen von wenigen Ausnahmen, zur Eintagsfliege: Seine Hochzeit ist die Uraufführung; sie sichert ihm Aufmerksamkeit, Kritiken, manchmal den Skandal. Danach ein Besäufnis in der Kantine. Danach nichts mehr. Neue Autoren werden uraufgeführt, wenn sie Glück haben. Ihr Pech ist, daß sie meistens nicht nachgespielt werden.

Friedrich Dürrenmatt, von dessen gut zwei Dutzend Stücken gerade zwei (*Die Physiker, Besuch der alten Dame*) den Sprung ins ewige Repertoire geschafft haben, beschrieb 1966 das Betriebsdilemma des neuen Autors. Viele der Kritiker, gegen die Peymann sich 1976 wandte, meinten übrigens, 1966 sei die Zeit fürs neue Drama noch golden gewesen. Dürrenmatt weiß es anders:

»Ist das Stückeschreiben heute schwierig geworden, so auch das Spielen, das Einstudieren dieser Stücke, schon aus Zeitmangel kommt im besten Falle nur ein anständiger Versuch, ein erstes Abtasten, ein Vorstoß in einer bestimmten, vielleicht guten Richtung heraus. Ein Theaterstück ist allein vom Schreibtisch aus nicht mehr zu lösen, wenn es nicht in einer Konvention geschrieben ist, wenn es ein Experiment sein will: Das Glück Giraudoux' war Jouvet. Leider ist solches fast einmalig. Unsere Repertoiretheater vermögen solches immer weniger zu leisten, können es sich immer weniger leisten. Das Stück muß so schnell wie möglich heraus. Das Museum überwiegt. Das Theater, die Kultur leben von den Zinsen des gut angelegten Geistes, dem nichts mehr passieren kann und dem man nicht einmal mehr Tantiemen zu zahlen braucht. Mit dem Bewußtsein, einen Goethe, einen Schiller, einen Sophokles auf seiner Seite zu haben, nimmt man die modernen Stücke entgegen. Am liebsten nur zur Uraufführung. Heroisch erfüllt man seine Pflicht, um beim nächsten Shakespeare wieder aufzuatmen. . . . Platz den Klassikern. Die Welt der Museen wächst, birst vor Schätzen.

Noch sind die Kulturen der Höhlenbewohner nicht zur Gänze erforscht. Custoden anderer Jahrtausende mögen sich mit unserer Kunst abgeben, wenn wir an der Reihe sind. So ist es gleichgültig, ob Neues hinzukommt, ob Neues geschrieben wird.«

Die Sehnsucht des neuen Autors geht dahin, ein alter Autor zu werden. Das Museum lockt. An dessen Pforten pocht er an. Vor das Pochen hat der Autor, der deutsche zumal, das Papier gesetzt. Wobei es ihm schwerfällt, sich vom Papier zu lösen. Daß er draußen vor dem Theater bleibt, hängt auch mit seiner unauslöschlichen Sehnsucht zusammen, das Theater ins Papier zu holen, aus den weißen leeren Seiten eine Bühne zu bauen, ein *Théâtre imaginaire*. Der Autor glaubt unverbrüchlich an die Macht der Phantasie, vor allem seiner eigenen. Auf den Gedanken, daß das Theater keine Phantasie haben könnte, kommt er nicht. Der Autor, selbst wenn er erklärter Atheist ist, reserviert seine Einfälle und Gedanken immer noch für Gott: Er erhält sie vom Himmel. Und er glaubt daran.

Franz Xaver Kroetz ist einer der lebenden Autoren, den die Theater wie einen Klassiker behandeln. Das heißt: Sie nehmen ihm alles ab, auch daß er keine Stücke mehr schreiben möchte, und nehmen ihn, wenn sie ihn spielen, ernster als Schiller. Kroetz erläuterte in einem Interview mit André Müller seine Arbeitsweise, als er noch an Stücken arbeitete; in der Zwischenzeit hat er das Stückeschreiben eingestellt, was ihn noch mehr zum Klassiker, also ganz wunderbar tot macht:

»Ich erarbeite mir meine Stoffe nicht, indem ich auf meinen Pimmel schaue. Die Vorhaut ist viel zu kurz, um so lange darüber zu schreiben. Der größte Teil ist Erfindung. Ich hab' halt ein glückliches Maß an Phantasie.«

Auf die Frage, woher diese komme, antwortet Kroetz schlicht: »Von oben.« Der Interviewer: »Sie meinen, es war göttliche Eingebung, in dem Stück *Bauern sterben* zu zeigen, wie sich ein Mann von einer Prostituierten einen Kothaufen wünscht, um ihn verpackt nach Hause zu tragen?«

Darauf Kroetz: »Da bin ich ganz sicher. Ich habe an dieser Szene drei Wochen geschrieben.«

Das Göttliche im Kot hat einen materiellen und einen finalen Grund, den Kroetz so enthüllt: »Ich muß das Stück ja verkaufen. Ich habe den Ehrgeiz, etwas zu schreiben, was man nicht übertreffen kann. Nach mir soll Literatur nicht mehr möglich sein. Das wünscht sich doch jeder Autor. Dichter sind wahrscheinlich immer irgendwo auch Faschisten.«

Bei Heiner Müller (»Ich bin der beste lebende Dramatiker, gar keine Frage. Das weiß jedes Kind inzwischen«) liegt Gott in den Füßen: »Stücke zu schreiben ist eine motorische Tätigkeit. Ich kann zum Beispiel einen Dialog nicht im Sitzen schreiben. Ich muß herumgehen. . . . Der Wahnsinn ergibt sich aus der Motorik. In mir läuft ein Motor, der braucht manchmal Auslauf. Das ist alles. Weshalb es so ist, frage ich nicht. Da bin ich mit Goethe einig, der formuliert hat, Gott möge ihn davor bewahren, sich selbst zu erkennen.«

Das Göttliche im Fuß hat für Heiner Müller einen beruhigenden Grund: »Ich schreibe, um schlafen zu können. Ich habe keine Schlafstörungen, weil ich meine Texte als Schlafmittel benutze. Ich merke mir, was ich geschrieben habe, und wiederhole es in Gedanken, wenn ich einschlafen möchte. Da das mit alten Texten nicht funktioniert, muß ich ab und zu etwas Neues schreiben.« Auch so wird man zum Klassiker.

Denn Heiner Müller kann wie Kroetz ruhig schlafen. Auch seine unspielbaren Stücke werden gespielt.

Kroetz glaubte an das Elend der kleinen Leute, das er in seinen Stücken peinlich knapp beschrieb, so lange, bis er Arbeiter mit dem Gesang der Wale zusammenbrachte (*Nicht Fisch, nicht Fleisch*), Mädchen Menstruationsblut-Eiszapfen zwischen den Beinen wachsen ließ (*Furcht und Hoffnung der BRD*) und zwischen Landshut und Kalkutta die Bauern sich zu Blut, Kot und Sperma unter die Erde wühlen hieß (*Bauern sterben*). So lange auch, bis er über die Mystikgrenze hinweg es sich in den Vorzimmern und Salons der Reichen als Gesellschaftslöwe und Society-Star bequem machte. Er gehört zu den drei, vier etablierten Autoren, die von ihren Tantiemen leben können. Diese Tantiemen berechnen sich nach der Zuschauerzahl pro Aufführung: Je öfter eine Inszenierung vor möglichst vielen Zuschauern gespielt wird, desto reicher wird ein Autor.

Heiner Müller glaubte an das Elend des Kapitalismus, den Untergang der Welt und an die irreale DDR: Aus allen dreien machte er in seinen Stücken, die immer weniger wurden, oft nur mit ein paar Seiten auskamen, eine Lyrik der kühlen, zynischen dramatischen Verzweiflung, gemalt mit rabenschwarzen kulturkritischen Farben, die ihren romantisch-eschatologischen Grundton geschickt kaschierten. Gerne siedelte Müller seine Stoffe aus dem Müll des Mythos und der Geschichte im »Bunker nach dem Dritten Weltkrieg« an, einem seiner Lieblingsspielorte. Kaum einer versteht seine Stücke, am allerwenigsten er selber: »Es zeugt von einem tiefen Kulturverfall, daß man sich heute, statt die Texte zu lesen, nur noch für das interessiert, was dahintersteckt«, klagt Müller, der den Theatern liebend gerne die Interpretation seiner Texte austreiben, diese nur als pures Material aufgeführt sehen möchte. Die Theater aber verstehen sie nur allzugut: Sie raunen sie in die Tiefe.

Müller ist ein idealer Projektionsautor; seine Texte sind gut für alles: für Seufzer, Schreie, Gelächter, Geseires. Und er sitzt dabei, lächelt, saugt an seiner Zigarre, nippt am Whisky, kultiviert das Bild vom großen Raucher und starken Trinker und war vielleicht ganz gewiß der »erste Clown im kommunistischen Frühling«; im kommunistischen Winter kommt ihm die Rolle des letzten Zynikers zu. Auch er schreibt schon lange keine Stücke mehr, hat aber versprochen, den Untergang der DDR und Deutschlands als *Germania Tod in Berlin 2* in einem großen dramatischen Nachschlag ohne Punkt und Komma in seine Pfanne aus Gußeisen zu hauen. Seine alten Stücke sind mit der DDR untergegangen und historisch geworden. Man wird mit ihnen umgehen müssen, wie mit Stücken von

Schiller heute umgegangen wird: Steinbruch alter Geschichten, mit denen man neue Katastrophen bastelt.
Auch Müller gehört dem Repertoire. Im europäischen
Ausland zählt er zu den Lieblingsdeutschen: weil er so
tief und unverständlich ist. Vor allem die Franzosen
lieben das an ihm.

Müller ist mit seiner Manier, die meisten Worte wie
Brocken in Versalien zu schreiben und aneinander-
stoßen zu lassen, zum geistigen Vater und Onkel man-
cher jungen Regisseure vor allem aus der einstigen
DDR geworden, die das Brockenschmeißen und -zer-
hauen zur szenischen Manier erhoben. Insofern nimmt
Heiner Müller als dramatischer Regiebefruchter unge-
fähr eine ähnliche Stellung ein wie Bertolt Brecht für
die jungen Regisseure der sechziger, siebziger Jahre, die
Brechts Methodik des historisierenden, kritischen
Blicks auf ihre Materialismus-Schlachten in Klassiker-
Inszenierungen anwandten.

Müller ist für die Theater keine Frage und kein Problem, ebensowenig wie Tankred Dorst, der in seinen
Stücken die großen geschichtlichen Bewegungen und
Fragen in hochdramatischen Privatschicksalen immer
ein bißchen zu sorgsam verhandelt; ebensowenig wie
Botho Strauß, der einer der perfektesten Gesellschafts-
komödienschreiber der deutschen Dramengeschichte
überhaupt ist, was die Theater nur noch nicht begriffen
haben. Sie nehmen seine Stücke, in denen banale Ge-
genwartsmenschen urplötzlich mit mythischen Figuren
und Begebenheiten ganz nebenbei konfrontiert werden,
viel zu schwer. Sie stolpern mehr auf seinem Mythen-
boulevard, als daß sie ihn durchtänzelten, aber sie spielen Strauß fleißig. Strauß gehört zum eisernen Bestand.

Thomas Bernhard ist tot und hat mit seinen
Stücken längst den Zustand heiliger Klassizität er-

reicht, in denen er den Ekel vor der Welt sich seiner
selbst urkomisch vergewissern läßt in rasenden Anläufen gegen die immer gleiche Wand, die er hie und da in
den österreichischen Nationalfarben bemalt hat. Wobei
die eine Farbe katholisch, die andere nationalsozia-
listisch ist. Auch Elfriede Jelinek, die literatursaugende
Vampyrette aus der »feministischen Haßboutique«
(Georg Hensel), die wahnvoll in ihren vor un-
dramatischer, flächiger Sprache strotzenden Stücken
gegen berühmte Männer die Zähne wetzt, damit endlich »der Frau ein Werk zugetraut« werde, auch diese
Parade-Frau gehört mit ihrem sie unterstützenden
Betroffenheitskartell in Verlagen, Dramaturgien und
Zeitschriften zum silbernen Gesinnungsbestand: Wer
an »Theater oder Moderne Frauen« denkt, muß hie und
da eine Jelinek spielen. Sie ist »durch«.

Ob Werner Schwab »durch« ist, ist ihm selbst am
allermeisten Wurscht, auf jeden Fall wird man von
ihm ums Jahr 2000 herum sagen können, daß er in den
Spielzeiten von 1991 bis 1993 der Renner war. Die
Theater stürzten, würde man dann sagen dürfen, sich
auf Schwabs Stücke wie die Aasfliegen auf den Mist-
haufen — denn Schwab, der junge, wilde Grazer, der
vom Theater, wie er sagt, keine Ahnung hat, schreibt
sogenannte Fäkaliendramen. Kleinbürger, bis über die
Unterleiber in Kloaken steckend, werfen mit Wort-Kot,
dem freilich hochgestochenste Wort-Hülsen übergestülpt sind. Seine Stücke tragen Titel wie *Volksvernich-
tung oder Meine Leber ist sinnlos.* Die Theater lachen sich
kaputt an Schwab-Stücken bis tief in die Provinz hinein
und vermitteln sich gleichzeitig das Gefühl, endlich
mal wieder ganz nahe an der absoluten Kunst-Sprache
und am absoluten Leben zugleich zu sein, auch
oder gerade weil beide in Abortnähe siedeln. Selten

hat man Dramaturgen von Scheiße so schwärmen hören.

Kann sein, daß Schwab nur eine Mode-Erscheinung der frühen neunziger Jahre, des Dezenniums der Neuen Ruppigkeit, gewesen sein wird. Auf jeden Fall möchte Werner Schwab, der gar nicht so schnell produzieren gekonnt haben wird, wie die Theater ihn verbraucht haben möchten, »so viel Kohle« (Schwab) mit seinen Stücken gemacht haben, daß er ausgesorgt hat. Das ist ein absolut vernünftiger Standpunkt: Damit stellt Schwab die Kloake vom Kopfsumpf auf die Füße.

Aber diesseits von Schwab beginnt die Sphäre des wirklich neuen deutschen Autors. Er ist unbekannt und schlägt die Mahnung Goethes an den Theaterdichter in den Wind, die Eckermann am 4. Februar 1829 notiert hat: »Für das Theater zu schreiben ist ein eigenes Ding, und wer es nicht durch und durch kennet, der mag es unterlassen.«

Der unbekannte Autor hat zwei Barrieren vor sich, die er sich selbst baut: Er kennt das Theater nicht. Er schreibt zwar ein Theaterstück, aber er schreibt es nicht so, als schriebe er es für das Theater. Es fällt auf, daß selbst Autoren, die, bevor sie Autor wurden, zum Beispiel Schauspieler oder Dramaturgen waren, ihre Stücke an lesende, nicht an spielende Köpfe richten. Der deutsche Dramenautor hat einen Drang zum Lesedrama. Am liebsten besteigt er seine Kopfbühne.

Er klagt zwar, daß er nie gespielt werde, aber wenn er gespielt wird, empfindet er das als Profanierung. Die zweite Barriere besteht in seiner Ratlosigkeit. Er kann sich nicht entscheiden, ob er nun ein Zeit-Stück schreiben soll oder muß, das die gewaltigen dramatischen Veränderungen ins Drama holt, die draußen in der Welt passieren: fallende Mauern, zusammenbrechende

Gesellschaften und Reiche, Ausländerhaß, Asylanten-
not, Dritte-Welt-Elend, Kinderhandel, Jugendwut,
Arbeitslosigkeit und so weiter und so fort. Denn der
Schrei nach dem Zeit-Stück schallt immer wieder durch
die Szene. Es ist der Selbstberuhigungsschrei des
Theaters, das seit dem Anbruch der Moderne, seit es im
Naturalismus begann, dem wirklichen Leben Raum auf
der Bühne zu schaffen, immer ein schlechtes Gewissen
dem wirklichen Leben gegenüber pflegen mußte. Denn
das Leben schuf der Bühne, weil es reicher, schlimmer,
toller, wahnsinniger, grausamer, blutiger als jede Le-
bensdarstellung ist, lauter Defizite.
Als im Spätsommer 1989 in Prag die deutsche Botschaft mit Tausenden von DDR-Flüchtlingen besetzt
war und sich auf dem Gelände der Mission unbeschreibliche Szenen abspielten, wurde sofort der Ruf
laut, diese Szenen auf der Szene beschreibbar zu
machen. Bevor noch ein Stück hätte geschrieben, eine
Inszenierung hätte in Gang kommen können, war die
Botschaft leer, die Grenze offen, das dramatische Zeit-
Geschehen ein Vorgang von gestern. So ging es mit
dem Fall der Mauer, mit dem Zusammenbruch der
DDR, der deutschen Einigung, den Brandanschlägen
auf Asylantenheime zu Anfang der brutalen neunziger
Jahre, unserem harschen *Fin de siècle.*
Man verlangte vom Drama dauernd jene Dramen
dargestellt zu sehen, die man im Fernsehen jeden Tag
sah. Der Autor, der diesem Wunsch nachkam, hatte
gute Chancen, gespielt zu werden, nicht weil die Theater vom Wert seines Werks überzeugt gewesen wären,
sondern weil sie mit ihm ein Bedürfnis nach dem Schein
von Wirklichkeit befriedigten. Klaus Pohls *Karate-
Billi kehrt zurück* war saisonweise so ein Stück, das kurz
nach der Wende einen DDR-Zehnkämpfer aus der

Psychiatrie zurückkehren läßt, in die man ihn eingesperrt hatte. Billi will wissen, wer ihn verraten hat, und
bekommt heraus, daß jeder im Dorf ihn verraten hat,
vom offiziellen Stasi-Spitzel, der noch der Harmloseste
von allen war, bis hin zum Pfarrer, der schlimm war,
von Billis Schwester bis zum Bürgermeister: alles Men-
schenvernichter. Billi greift zum Messer, bevor er wieder in die Psychiatrie eingeliefert wird, ein Unschuldiger muß sterben: Showdown zwischen Realität und
Kolportage im Zeit-Stück-Corral.

Doch zum Schußwechsel kommt es gar nicht; die
Realität ist längst über alle schwarzen Berge davon; die
Kolportage meuchelt sich selbst. Fürs Zeitstück, das
die Politik vom Tage rasch aufs Theater wuchtet, ist
das Theater ein zu langsamer Betrieb, zu schwerfällig,
zu kostbar auch, wenn es Figuren bevölkern, die man,
schaute man nur neugieriger auf die Welt-Bühne, dort
lebensvoller, praller, dramatischer erleben kann.

Oder soll der Autor ein Kunst-Stück schreiben? Soll
er auf Dramaturgen hoffen, die ihm freudestrahlend verkünden, für sie seien acht Leute, die auf einer Bank auf
einem Hochhausdach bei Regen und Wind und Schnee
und Sonne ausharrten, um einen Hochhausdach-Dauer-
sitzweltrekord aufzustellen, das wahre Zeitstück? Also
setzt er sich hin und versucht etwas Ähnliches, läßt in
genau gezirkelten Zeitabständen tote Krähen vom
Himmel fallen, zu denen eine Stimme aus dem Off oder
sonstwoher immer »Krax, krax, krax, krax« sagt, wozu
die Figuren, die keine Figuren sind, sondern nur mit
M 1, M 2, M 3 und so fort bezeichnet werden, irgendwelche Wortfetzen beisteuern. Das wiederum ist dem
Dramaturgen, der das gerne gelesen hat, weil auch er
am liebsten Lese-Dramen liest, so lieb, daß er es gar
nicht erst einem Regisseur gönnt: Solche Dramen be-

hält er für sich, bewahrt sie als teure Schätze im Kopf, aus dem er sie ungern entläßt. Und der Autor bleibt draußen vor dem Theater sitzen.

Man stelle sich die Szene vor: In einem schönen, alten, hohen Raum sitzen bei Kaffee und Kuchen und belegten Brötchen eine Reihe junger, unbekannter, ehrgeiziger, noch nicht oder noch nicht viel gespielter Autoren und eine Reihe junger, ehrgeiziger, unbekannter, noch nicht viel inszeniert habender Regisseure zusammen — die Kinderstube des Gegenwartstheaters. Der junge Zeit-Stück-Autor, der sich durch nichts von seinem Drang abbringen läßt, aus der Wirklichkeit eine Komödie zu machen, lehnt sich lächelnd zurück. Er hat die Uraufführung seines Stücks in der Tasche, in dem Ostdeutsche und Westdeutsche einen benzinfreien Motor basteln und eine GmbH gründen, bis sich herausstellt, daß die Ostdeutschen gar keine Ostdeutschen sind, sondern Perspektivagenten des VW-Konzerns, der die Gründung der GmbH und die Fertigung des Motors natürlich unterdrücken möchte. Der Autor hat den Dreh gefunden, dem Zeit-Stück-Dilemma zu entkommen, ohne auf das Zeit-Stück zu verzichten: Er überdreht es und nennt es Groteske, baut auf der Basis der wahren Wirklichkeit und enthüllt zugleich: »Es ist alles nicht wahr!«

Der Junge mit den absurden »Krax, krax, krax, krax«-Krähen hat dagegen einen schweren Stand. Ein Jungregisseur stottert ihn an: »Für wen schreibst du eigentlich? Doch nicht fürs Theater?« Eine Frage, die sich der Motor-Komödiant gar nicht erst gefallen lassen muß; wer eine GmbH auf die Bühne bringen möchte, und sei es nur eine fiktive, hat bei Regisseuren einen Vorschuß. Trotzdem beschleicht sie ein leises Unbehagen, ob ein Motor abendfüllend sei.

Es sind aber liebe Jungen. Beide, ob Regisseure oder Dramatiker, reden über ihre Stücke in der Sprache des Deutschunterrichts, den sie alle gemeinsam genossen haben, kein Satz ohne Hintergedanken, keine Andeutung ohne Metaphorik, alles, auch noch die Krähe im Baum, wird sofort fix und fertig verbraucht in interpretatorischer Rede, alles geht auf in Thesen. Alles ist sofort Besinnung und Aufsatz. Hinter allem wittern sie eine Kommunikationstheorie, sie jonglieren mit Meta-Ebenen. Unter den Bergen von fotokopierten neuen, ungespielten Dramen, die sie einträchtig rauchend miteinander sichten, entdecken sie plötzlich eine ganze Reihe, die der Art, wie sie über Dramatik und Theater überhaupt reden, ungemein entgegenkommt.

Es handelt sich um das sogenannte »Vermittelte Drama«, das auch »Drama-Drama« oder »Theater-im-Theater-Drama« genannt werden kann. Es folgt unbewußt der dramaturgischen Prämisse Karl Valentins, der in einer seiner Szenen aufgeregt davon berichtet, daß er einen Käs' gefressen hätt' — »aber nur im Traum«.

Diese Art, den Käs' zu fressen, verknüpft das Zeit-Stück mit dem Kunst-Stück mühelos. Es ist des Rätsels Lösung. Die Neger der dritten Welt wetzen lüstern die Zähne und freuen sich, bis sie in die satten Schenkel der ersten Welt beißen können zum apokalyptischen Genuß — aber nur im Traum einer Kabarett-Szene, eines wilden Dialogs, in dem die Figur, die sich so kannibalisch und zeitkritisch geriert, ein Schauspieler ist. Der Schauspieler, der sie spielen wollte, hätte nichts weiter zu spielen als einen Schauspieler. Das ist eine Lieblingsrolle auf dem Gegenwartstheater, das sich so nur mit sich selbst zu beschäftigen braucht. Das Spiel im Spiel schottet das Theater gegen das

Draußen ab, läßt es aber durch die verspiegelte Hintertreppe wieder herein. Botho Strauß hat das in seiner Komödie *Besucher* virtuos vorgemacht, wo der Lebenskampf ein Kampf zweier Schauspieler um ein Lebensschauspiel ist: die Puppe in der Puppe in der Puppe.

Das »Drama-Drama« erlaubt die Vernichtung ganzer Familien, die dann aber, ätsch!, alles Theater!, wieder auferstehen und in einer Inszenierung nach der Inszenierung wieder von vorn anfangen. Oder die Figuren sind nur Fetzen aus dem Medienalltag, Talkshow-Schnipsel, elektronische Planks, die wie auf einem Endlosband dahinsplittern, ewig wiederholbar, ewig nicht totzukriegen. Oder Terroristen verrichten ihr blutiges Handwerk — aber nur im Fernsehen, das im Theater sozusagen noch einmal aufgenommen wird. Oder ein Jude stirbt unter antisemitischen An- und philosemitischen Vorwürfen — aber nur in der Fernsehdiskussion, die das Theater nachdiskutiert. Oder ein Schauspieler erzählt sein Leben, das er durch Jahrhunderte hindurch als Schauspielerleben voller Rollenspiele sich vorstellt in einem Film, der über dieses Schauspielerleben gedreht wird, ein Film, aus dem der Schauspieler wieder ein Rollenspiel macht: die Spirale in der Spirale in der Spirale.

Die Namen der Autoren tun nichts zur Sache; sie verschwinden in der Regel, wenn sie bis zur Bühne vordringen, schnell wieder von der Szene. Liest man ihre Stücke, hat man das Gefühl, ganz rasch durch ganz weiches Material zu stoßen. Sie flutschen. Weil sie eine Hauptregel befolgen: Schaffe nie einen Menschen. Ihre Figuren haben kein Gesicht, keine Kontur, keine Luft um sich herum. Wenn sie etwas sagen, dann sagen sie es gleich bis zum Letzten, erklären sich und ihre Stimmungen und Marotten, kommentieren sich. So wird das Theater als Apparat leichter mit ihnen fertig, aber den Schauspielern geben sie wenig. Die Neben-regel, der viele auch folgen, heißt: Halte dich vom Dialog fern. Laß monologisieren. So werden Figuren kaum gestört, können sich eindeutig entfalten, bis sie ganz flach sind.

Manchmal, wenn der junge Autor dichtet, träumt er verzweifelt von einem Autorentheater. Würde es ein solches geben, würde der junge Dramatiker dort auch auf ganz alte Verzweifelte treffen, wie zum Beispiel auf Rolf Hochhuth, der seit Jahrzehnten versucht, aus Re-cherchen, Leitartikeln, Polemiken und archivalischen Essays Dramen zu basteln: Die Bühnen spielen, wenn sie ihn spielen, immer Hochhuths guten Willen, nie seine guten Dramen, denn erstens sind es keine Dramen, zweitens sind sie nicht gut. Er ist der Meister der Papier-Figur, des Thesen-Menschen: Unter Kirchen-leuten und Politikern, Päpsten und Premierministern hat er damit großes Aufsehen, bei Theaterleuten nur Langeweile erregt.

Das Autorentheater wäre das Theater, das keine Rücksicht aufs Theater nähme, nur die Texte der Auto-ren vorstellte, möglichst ungekürzt in gigantischen, bebilderten szenischen Lesungen, ungestört von Regie, unbehelligt vom Apparat, dienend unterstützt von ehr-fürchtigen Schauspielern. Es ist der Traum vom Thea-ter als der Magd der Literatur, vom Verschwinden des Theaterkunstwerks im Diktat des Autors, der Traum von »Am Anfang war das Wort«, der die Wirklichkeit von »Am Anfang war die Szene« zum Verstummen bringt. Es ist der Traum vom Papier-Theater für Papier-Autoren. Ein Hochhuth-Traum. Der junge Autor erwacht — und schaut dem Regisseur in die Augen, der ihn übersieht.

»Theaterstücke interessieren mich nicht, sage ich. Wir sitzen hier in ihrem Zimmer, auf der weißen Auslegeware, die sie regelmäßig verflucht, weil man alles auf ihr sieht . . . Das hat ja nichts mit Kunst zu tun, sagt sie jetzt, Theater, da geht's ja um alles, diese Emotion wie auf der Bühne erreichst du im wahren Leben ja gar nicht . . . Und dann sagt sie her, was sie schon alles ausprobiert hat, Griechenlandurlaub und Streetfighting, sie hat das Repertoire durch, da ist sie sich sicher. Theater, sage ich, ist die pure Simulation, ein zeitlich begrenzter Abklatsch der Realität, beziehungsweise der Realität, wie sie sich in einem Dichterhirn einstellt, also im Grunde die Simulation einer Simulation.« Was dem jungen Dramatiker Woelk im Verlagsprospekt zum Stückeschreiben einfällt, trifft auf die meisten Produkte seiner Kollegen und auch auf das seine zu: Es sind Kinder der großen Simulation, die sie als solche durchschauen, sich ihrer aber froh bedienen, Geschöpfe eines Baudrillardschen Zeitalters, in dem die Bilder, die man sich von der Realität macht, schon die Realität sind. Das »Drama-Drama« entlarvt diesen Zustand nicht, obwohl es das gerne von sich behauptet: Es lullt sich in ihn ein.

In den siebziger Jahren begannen die Regisseure, in ihre Klassiker-Inszenierungen ganze Monitor-Batterien einzubauen, auf deren Bildschirmen man dann Hamlet sah, wie er gerade auf der Bühne vor den Monitoren Hamlet war: Das Theater begann, sich selbst fragwürdig zu machen. Es demonstrierte seine mediale Überflüssigkeit. Dieser Zustand ist inzwischen zum Kunststück geworden, das in Form von Selbstbeschäftigungs- und Selbstbespiegelungsdramen blüht. Die jungen Autoren weisen dem Theater keine Wege. Sie entwerfen dem Theater nicht die Gegen-Welt. Sie schauen, daß sie sich in der Theater-Theaterwelt einrichten — wenigstens für einmal, wenn sie einen Regisseur finden, den sie interessieren. Dann verschwinden sie wieder. Übrig bleibt ein Stück Papier. Und eine Rezension, in der steht, es gebe leider zu wenig neue Autoren.

Der Schwellkopf. Dramaturg.

Welchen Beruf schwänzen Sie gerade?
Fritz Kortner

dramaturgeīn ist griechisch und bedeutet »ein Drama verfassen«. Kein Dramaturg verfaßt Dramen. Das Äußerste ist, daß er Dramen liest, und zum Äußersten läßt er es ungern kommen. Er schöpft nicht. Er konsumiert. Er selber würde sagen: Ich lese, also bin ich. Er ist davon überzeugt, daß er der Kopf des Theaters ist. Alle anderen am Theater halten ihn für den Schwellkopf des Theaters. Er bläht Gedanken.

Wenn er über sich selbst redet, verliert er gern den Kopf, zumindest weiß er dann nicht, wo der Kopf ihm gerade steht. »Er«, sagt er, der sich in der dritten Person am sichersten wähnt, »er träumt, meist im Maschinenraum des Theaters, schaufelt die Kohlen, macht die Kärrnerarbeit — und keiner merkt's.« So definiert sich im Fachorgan *Theater heute* rabenschwarz ein Dramaturg mit dem lichten Namen Lux, der aber auch findet, er sei »ein Libero, der bei Bedarf kaiserliche Tore schießt«. Oder er meint, seine Tätigkeit sei »ein bißchen fischen, ein bißchen sammeln«. Bliebe man im Bilde, müßte der Arbeitsplatz des Dramaturgen ein Antiquariat im Fluß sein, der durch ein Fußballfeld rieselt, das im Schiffsbauch eines Dampfers liegt, der wie alle Dampfer längst außer Mode wäre. Denn wo gibt es noch Kohlen?

Andere Dramaturgen sehen sich eher im Wald, auf Bäumen schlafend. »Ich glaube, ein gelungener Dramaturgenarbeitstag ist immer der, an dem man abends ins Bett kriecht und das Gefühl hat, sich wieder mal selbst einen Ast abgesägt zu haben, auf den man sich gerade gesetzt hat.« Diese wunderbare Formulierung des Dramaturgen Huthmann, der diverse Theater jahrelang im Glauben lassen konnte, er bekleide eine Professur an einer altehrwürdigen Universität, bis sich herausstellte, daß er weder promoviert noch habilitiert war, zeigt, daß der Dramaturg davon lebt, daß er sich hochstapelt: erst auf Bäume hinauf und dann ins Paradoxe.

Ein Dramaturg muß Dinge tun, die jeden Siegfried überfordern würden: »Er trägt allmorgendlich das Recht der jeweils letzten Nacht zur Arbeit; dabei ist das Denken viel zu unbeweglich, um dem Dramaturgen in alle Winkel des Theaters folgen zu können; dabei hat der Dramaturg längst im Drachenblut der Verwandlung gebadet, und dort, wo das Blatt (Papier) einst klebte, trifft ihn nur noch der berühmte ›goldgespitzte Pfeil««, phantasiert der Dramaturg Palm. Demnach wäre der Dramaturg ein proletarischer Graf Almaviva, der in Jungsiegfrieds Nischen mit dem Denken zuerst kopuliert, das er am nächsten Morgen auf den Markt trägt. Der Dramaturg, der Exklusivgefangene im Metaphernverlies.

Der Dramaturg, sagt die Dramaturgin, sei eine Dramaturgin. »Sie müßte denken. Kommt aber erst dazu, wenn sonst niemandem mehr was einfällt. Und manchmal ... heimlich ... so nach 23 Uhr oder an stillen Sonntagen ... wenn das Haus ruht und sie das Theater, ganz unbeobachtet, neu erfindet. Sie liest immer zu wenig. (...) Dabei manchmal das Glück: Da flattert ein Phönix aus dem halbgaren Ei. Krächzt und setzt sich stolz. In ein Programmbuch, mitten in

eine Probe, auf einen leeren Stuhl bei einer Direktions-
sitzung ... Und dann strahlt das Dramaturginnen-
herz, und dann geht's wieder. In die volle Kantine,
den leeren Fundus, die dröhnende Druckerei«, freut
sich die Dramaturgin Ferbers. Eine Haushaltswirt-
schaftsmanagerin mit Feierabendsehnsüchten? Eine
Sonntagsarbeiterin, in den Sielen beglückt von Sym-
bolvögeln?

Dramaturgen, in *Theater heute* befragt, was Dramaturgen sein könnten, haben wenig Ahnung davon, was
sie sein sollten. Der Dramaturg ist das sich selbst unbekannte Wesen — eben, weil er ganz auf sich selbst
gestellt ist. Alle anderen am Theater Beschäftigten
bewegen und reizen als Subjekte irgendwelche Ob-
jekte: der Intendant den Apparat; der Regisseur die
Schauspieler; die Schauspieler die Figuren; die Bühnenbildner die Techniker; der Betriebsdirektor den Betrieb; der Verwaltungsdirektor die Gewerkschaft.
Der Dramaturg aber bewegt nur sich selbst. Er ist
der wahre Solist, der Einsame in der Kunst-Gesell-
schaft der Gesellschaftskünstler. Er gehört zum Theater. Aber er hat dort eigentlich nichts verloren.

Er ist der Schamane im Theaterstamm, der den
Regen beschwört, wenn die anderen längst die Sonne
genießen. Seine Liturgie sagt der Gemeinde wenig.

Und doch. Wenn Intendanten »Dramaturg!« sagen — wie anerkennend nehmen sie dies Wort in den
Mund. Aber sie sagen gern das Unbegreifliche. Wenn
ein Regisseur »Mein Dramaturg!« jubelt — wie ehelich
klingt das. Aber es gehört zu einer guten Ehe, daß der
eine nicht zuhört, wenn der andere etwas sagt. Der
Dramaturg ist immer der andere.

Wenn Schauspieler von »der Dramaturgie« reden —
wie bewundernd scheinen sie das zu tun, als träumten

sie von einem Kopf, der Dinge dächte, die sich ihre szenische Schulweisheit nicht träumen ließe. Aber sie lügen so schön.

Der Betriebsdirektor verläßt sich im Zweifelsfall lieber auf den Dramaturgen als auf den Intendanten, wenn es um die Einhaltung von Probenterminen oder Premieren geht. Aber es nützt nichts. Der Intendant redet lieber mit dem Dramaturgen als mit dem Regisseur, wenn er Zweifel an einer Inszenierung hat. Aber es hilft nichts. Der Regisseur lädt beim Dramaturgen ab, was er beim Intendanten nicht abladen mag. Das erleichtert ihn. Die Schauspieler intrigieren lieber mit dem Dramaturgen gegen den Regisseur als mit dem Regisseur gegen andere Schauspieler. Das kostet sie weniger.

Ein Kritiker steht an der Abendkasse. Es ist vergessen worden, eine Pressekarte für ihn zurückzulegen. Ein Plakat im Foyer hängt falsch. Eine Schulklasse würde gern einen Besuch hinter den Kulissen machen. Aufgebrachte Abonnenten beschweren sich beim Portier über eine verhunzte Klassiker-Inszenierung. Die jugendliche Naive geht in den Mutterschutz. Der Rundfunk bittet um ein Interview mit dem Regisseur der »Friedenswoche des Stadttheaters«. Ein Kritiker muß über die Unverschämtheiten seiner letzten Rezension belehrt werden. Ein anderer Kritiker darf nicht mehr angerufen werden. Ein Regisseur wünscht die neue Fassung eines alten Stückes. Ein anderer Regisseur möchte die alte Fassung eines neuen Stückes. Der Bühnenbildner verliert die Fassung. Der alte Komiker weigert sich, einen jungen Wüstling zu spielen.

Der Dramaturg ist für all dies irgendwie verantwortlich, ohne etwas damit zu tun zu haben. Er hat den Kopf in den Bibliotheken, die Stirn im Apparat, den

Mantel im Wind, den Bauch im Morast. Mit den Knien stützt er sich an den Machtverhältnissen ab. Diese kennt er so gut, daß er mühelos in ihnen aufsteigen kann. Aus Dramaturgen werden gerne Intendanten.

Alle anderen am Theater zaubern mit Kunst. Der Dramaturg zaubert mit sich selbst. Er ist der Trick, den er einstudiert hat.

Manchmal, wenn er, wie der Dramaturg Jäger, an *Theater heute* schreibt: »Heute bin ich schlecht gelaunt«, dann fragt er sich heimlich: Woher komme ich? Die Fragen: Wer bin ich? und Wohin gehe ich? hat er unerledigt liegenlassen. Die eine durch beruhigende existentielle Ignoranz: Ich bin, was ich gerade tue. Die andere durch praktischen Opportunismus: Ich gehe dorthin, wo die anderen auch gerade sind.

Nur bei der Frage nach seiner Genesis gerät er in unruhige Träume. Da war doch noch was?

Der Anfang aber ist ihm entschwunden.

Im Anfang war das Theater ganz einfach. Eine erhöhte Fläche und eine etwas niedrigere Fläche. Auf der erhöhten Fläche der Erhöhte, Erwählte, der den Menschen auf der niedrigeren Fläche etwas vorspielt: der Schamane, der Priester als der Erste Spieler, der den Gott herabruft über blutigem Opfer — so lange, bis er selbst den Gott spielen muß, damit der Glaube nicht perdu geht. So wird er zum Dramatiker Gottes: Er erschafft eine eigene Welt. Alle Dramaturgien hat er in der Hand, zunächst natürlich die tragische, weil Blut im Spiel ist. Einen Dramaturgen braucht er nicht. Denn er ist Schauspieler, Dramatiker, Bühnenbildner und Bühnenbild in Personalunion, vom Drama zu schweigen, das er auch ist.

Osiris, der Verwandlungsgott der Ägypter, wird in der Show der dramatischen Priester zum zerstückelten, ermordeten und wieder auferstandenen Stück Wunder in einer mit Fressen, Saufen, Gelagen und Orgien umtosten heiligen Inszenierung. Dionysos, der im Schenkel des Zeus als Embryo ruhte, bevor er die Erde frucht- und furchtbar heimsuchte in Räuschen und Metamorphosen, zeugte den ersten Schauspieler unter der Regie eines Tyrannen. Peisistratos von Athen (600–527 v. Chr.) ließ bei den Dionysien aus einer Menge bocksbeinig und bocksfellig verkleideter Chorsprecher einen hervortreten: den Ober- und zugleich Anti-Dionysier. Dieser forderte von der Menge, die ihm gegenübergestellt war, Rechenschaft und Auskunft über den Gott, über seine Taten, Flüche, Vorschriften, Weissagungen, Segnungen und über die Menschen, über deren Tollheiten, Widerstände, Folgsamkeiten, Sünden und Heilsgewißheiten. Der Dialog beginnt: ein Fest unter Trunkenen und Kommissaren; das Verhör unter Räuschen — Dionysos vor dem Tribunal seiner Gläubigen.

Thespis, ein Unternehmer aus dem attischen Ikara, zieht mit seinem Karren durch Attika und spielt dem Gott Dionysos mit. Im Jahr 534 v. Chr. gibt Thespis dem Antwortenden, den er dem Chor gegenüberstellt, eine Menschenmaske statt der bis dahin üblichen Tiermaske, verkleidet ihn als Dionysos und verpaßt dem Chor statt der Bocksmasken ebenfalls Menschenmasken. Georg Hensel feiert das Ereignis im »Spielplan« so: »Das war eine Revolution: Der Mensch tritt aus der Liturgie, in der er bisher nur einer von vielen Lobsängern Gottes gewesen ist, als einziger hervor.«

Es geschah, so Hensel, am Südhang der Akropolis von Athen, »im heiligen Bezirk, wo während des fünf-

ten und vierten Jahrhunderts vor Christus das steinerne
Amphitheater, das Dionysos-Theater entstand. Heute
sieht dieses Theater ziemlich heruntergekommen aus.
Gras und Quecken wuchern zwischen dem piräischen
Kalkstein der Sitzreihen, die Zypressen verstärken
noch die Friedhofsstimmung, mannshohe Barrieren
von Kakteen und Agaven über den oberen Sitzreihen.
Und darüber leuchten die kahlen Stützmauern des
Akropolis-Felsen. Doch wer Sinn hat für den Geist
eines Ortes, der begreift unmittelbar, wieso gerade
hier, in der Stadt Athenes, das Theater entstehen
konnte: Zu dem ekstatischen Dionysos-Kult mußte
der Geist Athenes kommen, die Kontrolle des Ver-
standes. Athene, so glaubten die Hellenen, ist mutter-
los aus dem Kopf des Zeus entsprungen: die streitbare,
männliche Vernunft, die von keiner Frau geboren werden kann.«

Das Theater kommt aus dem Herzen und dem Unterleib von Dionysos und aus dem Kopf von Athene.
»Kein dunkler Schoß,/ Nicht mütterliche Nacht,/ Hat
sie genährt —/ Und trotzdem ist sie — seht! — die
Herrlichste: ein Kind, wie keine Göttin sie gebären
könnte!« — so feiert Aischylos in den *Eumeniden* die
kopfgebärende Kopfgeburt Athene.

Der Dramaturg also käme als Kopfgeburt *in effigie*
aus dem Hinterkopf der Athene: ein Hirn-Abziehbild,
eine Ganglien-Projektion. Insofern ist es schon in
Ordnung, daß immer mehr Dramaturgen Dramaturgin-
nen sind.

Die Figur des Dramaturgen schläft, skizziert im
Abziehbild, über Jahrhunderte und Jahrtausende hinweg unerkannt zwischen Kulissen und Soffitten, Fundus und Abendkasse, Direktion und Hinterbühne,
Karren und Kothurn, Dramenpapier und Dramen-

praxis. Denn Verstand und Rausch, Regel und Aktion, Poetik und Drama gingen in eins. Aristoteles zwar, der philosophische Dramenfundamentedenker, der anfing zu denken, als die Fundamentaldramatiker Aischylos, Sophokles und Euripides lange schon tot waren, schuf einen strengen Kosmos der Dramaturgie.

Die folgenden Zeiten hielten sich aber an die paar Balken aus dem Fundament des Aristoteles: Einheit der Zeit, des Ortes, der Handlung. Oder sie hielten sich auch nicht daran. Oder staatliche oder kirchliche Instanzen übernahmen im Zensurpurpur die Funktion eines regelgebenden, -gewährenden, -einhaltenden Oberdramaturgen. Sie schwangen die Geistespeitsche oder reichten Zuckerbrot, wenn Könige wie Ludwig XIV. einen Molière in Schutz nahmen gegen andere Peitschenschwinger, zum Beispiel gegen den Klerus. Terenz, Plautus, Shakespeare, Lope de Vega, Calderón, Corneille, Racine, Molière, Marivaux und Diderot waren sich selbst Dramaturg genug, wie sie sich auch selbst Kritiker genug waren.

Noch heute ist in Frankreich und Italien der »dramaturge« oder »drammaturgo« so nahe beim Autor, daß er in ihm aufgeht: Er schlummert dort in glücklichem, theorielosem Produktionsschlaf im Dramatiker weiter. In Deutschland aber, der Dramaturg nämlich ist eine urdeutsche Gestalt, erwachte er in den sechziger Jahren, allerdings denen des achtzehnten Jahrhunderts, aus langem griechischem Schlaf. Die Kopfgeburt hat sich in Vetternschaft zur Kopfgeburt des Kritikers dem Drama beigesellt, wobei die wahre Geburtsstunde den einen Vetter begünstigte. Lessing, der Geburtshelfer des Kritikers, versteckte die junge Theaterkritik, als die Schauspieler allzu sehr gegen sie protestierten, und zog den jungen Dramaturgen hervor. Diesem

gab er als Krabbel-Ideal das Tempo der Schnecke
vor.

In der *Hamburgischen Dramaturgie,* dem Ur-Buch der
Zunft, schlug er zugleich die Schneisen, auf denen die
Schleim- und Kriechspuren der Schnecke glänzen
konnten: Besserwisser-Bahnen mit Kunstrichter-Leit-
planken: »Der Stufen sind viele, die eine werdende
Bühne bis zum Gipfel der Vollkommenheit zu durch-
steigen hat; aber eine verderbte Bühne ist von dieser
Höhe, natürlicher Weise, noch weit entfernt: und ich
fürchte sehr, daß die deutsche mehr dieses als jenes
ist.

Alles kann folglich nicht auf einmal geschehen. Das
was man nicht wachsen sieht, findet man nach einiger
Zeit gewachsen.

Der Langsamste, der sein Ziel nur nicht aus den
Augen verlieret, geht noch immer geschwinder, als der
ohne Ziel herum irret.«

Bewerkstelligt soll die Verbesserung des Theaters
werden durch »ein kritisches Register von allen aufzu-
führenden Stücken«, wobei jeder Schritt begleitet und
überwacht werden muß, »den die Kunst, sowohl des
Dichters, als des Schauspielers, hier tun wird«.

Lessing war der Dramaturg, der Dramen verfaßte,
in denen er sich an die Regeln, die er als Dramaturg
aufstellte, nicht hielt. Er dachte hoch vom Drama,
verlangte von dessen Bau und Wirkung viel, versprach
sich einiges von dessen Effekten fürs gesellschaftliche
Leben, glaubte, durchs Theater »Leidenschaften in
tugendhafte Fertigkeiten« verwandeln zu können. Er
installierte den Dramaturgen als Über-Dramatiker,
Einpeitscher, Aufseher, Welt-durchs-Theater-Verbes-
serer. Der jahrhundertelange Schlaf des athenischen
Kopf-Ungetüms Dramaturg gebiert durch Lessing ein

deutsches Ungeheuer: eine Mischung aus Nervenbün-
del und Polizist, Wärter und Priester, der mit dem
Anspruch des theoretischen Wissens die Praxis in die
Schranken weist. Er ist der Avantgardist, der nervös
hinter sich schaut. Von 1767 an ist der Dramaturg die
Geißel und das Gift, auf jeden Fall aber die Kopf-
Droge des Theaters. Er bastelt Papier-Modelle. Das
Theater soll sie zum Fliegen bringen. Er hat eine Auf-
gabe: Er macht Programm.

Man kann das vor allem daran erkennen, daß er das
Programmheft macht. Als er aus seinem Geschichts-
schlaf unruhig-deutsch träumend erwacht war, steckte
er sich Lessings Federn hinters Ohr und versuchte im
Verlauf der weiteren Geschichte eine Synthese aus
Wälzern, die er las oder schrieb, und Umwälzungen,
die er herbeisehnte oder herbeischrieb. Er stellte sich
an Wegscheiden auf und wies die Richtung: Tieck dem
romantischen, Immermann, Gutzkow und Laube dem
frührealistischen, Brahm dem naturalistischen, Brecht
dem epischen Theater. Das waren Über-Dramatiker,
Dichter-Geißeln, Einpeitscher, Förderer aus Dichter-
tum, Dramatiker, die auch Dramaturgen waren, Theoretiker aus Praxis. Gespaltene Existenzen, aber mit
dem alten Einheitsideal im Blut — der Dramaturg,
sein eigener dramatischer Vollstrecker. Oder er suchte
sich, wie im Falle von Otto Brahm, Brüder im Voll-
streckergeiste, die er mit unnachsichtiger Liebe ver-
folgte, zum Beispiel Gerhart Hauptmann oder Arthur
Schnitzler.

Spätestens seit Brecht ist die Einheit endgültig dahin.
Denn auch alle Theorien sind mehr oder minder gemacht oder fertiggemacht, alle Programme irgendwann einmal schon ausprobiert worden. Die Zeit der
Herrschaft des Programmhefts war angebrochen. Im

Programmheft entfernt sich der Dramaturg am wei-
testen vom Theater, ist aber am meisten bei sich. Dort
demonstriert er, daß Athene ihm zu Recht im Nacken
sitzt: Stolz ist er auf seine göttlichen Kopfschmerzen.

Das Programmheft entstand aus dem Theaterzettel.
Der Theaterzettel verzeichnete die Personen des Dramas und ihre Darsteller, Anfangszeiten, Preise, Mitarbeiter. Programmhefte enthalten heute immer auch
noch diesen Theaterzettel. Er interessiert das Publikum am meisten. Aber er wird im Programmheft zum
unwichtigsten Teil deklassiert. Das Programmheft ist
kein Spiegel des Theaters. Es ist der Spiegel des Dramaturgen. Unter Umständen sind Programmhefte so
groß wie ein Plakat, unter anderen Umständen so dick
wie eine mehrbändige Kassette. Auf jeden Fall gelten
sie kaum mehr als Hefte. Sie wollen Bücher sein.
Darin legt der Dramaturg Zeugnis darüber ab, was er
alles gelesen, was er in Bibliotheken und Bibliographien
aufgestöbert hat; in welchen Kunstbänden er fündig
geworden ist; in welchen Briefbänden er recherchiert
hat; wie gut er mit Schriftgrößen und -graden jonglieren kann.

Programmbücher sind die Monumente des Dramaturgen. Wer sie zu lesen sich unterstünde, fände kaum
mehr Zeit, ins Theater zu gehen. Wer sie zu lesen versucht, merkt schnell, daß sie mit den Stücken, deren
Titel ihre Vorderseiten im Regelfall schmücken, nichts
zu tun haben. Kommt im Stück ein Neger vor, Othello
zum Beispiel, wird ein durchschnittliches Programmbuch Zeugnisse, Texte, Dokumente, Essays zur Geschichte der Sklaverei und der Negerbefreiung enthalten, womöglich auch Elegien auf die Farbe Schwarz
aus der Dichtung von der Antike bis zu Rilke. Oder
Auszüge zu einer Soziologie des Taschentuchs. Einst

träumte der Dramaturg von einer Umwälzung durch Wälzer. Jetzt wälzt er nur noch Wälzer um. Er schafft das Material herbei, das vom Theater nicht gebraucht wird, das sich zum Theater mehr oder weniger assoziieren läßt.

Über der Geburtsstunde des Dramaturgen leuchtete eine Geheimschrift: Theater ist Praxis. Aus den papierenen Monumenten des Dramaturgen im Seniorenzustand der Zunft hängen lange, dünne, ausgebügelte Fahnen, auf denen in vergilbten Lettern zu lesen ist: Theater ist Wissenschaft.

Der Dramaturg verfaßt keine Dramen. Er ist schon lange nicht mehr für Dramatiker da. Aber er hat das Drama studiert, meistens in Form von Germanistik. Wenn seine Blicke aus den Seminarfenstern über die Baumkronen im Universitätspark hinweg zum Portal des Stadttheaters schweiften, wünschte er bei sich, es könnte eine wunderbare Liebesgeschichte zwischen ihnen drei werden: den Büchern, dem Theater und ihm. Er würde den Theorien die Treue halten, ohne sie wie auf der Universität immer weiterentwickeln zu müssen. Er könnte sein Leben ändern, ohne es wie im wirklichen Leben ändern zu müssen. Er könnte am Theater teilhaben, ohne es betreiben zu müssen.

In den sechziger Jahren, allerdings denen des zwanzigsten Jahrhunderts, schien es so, als würde hie und da aus der Dreiecksgeschichte ein großes, dramatisches Verhältnis. Die Universität dachte, sie könne die Gesellschaft verändern, indem sie der Gesellschaft einfach erklärte, was sie besser machen müsse. Der Dramaturg als Teil der Universität trug diesen Glauben ins Theater. Vorher war er Verfasser literarischer Gutachten und Manifeste fürs Theater. Jetzt wurde er zum Produktionsdramaturgen.

Als auf dem Sofa des Intendanten des Bayerischen Staatsschauspiels, einem gütigen, weißhaarigen, feinen Herrn, die Dramaturgen Wendt und Jenny saßen und zusammen mit dem alten Herrn stundenlang glücklich einfach nur schwiegen, nur zeigten, daß es sie gab, und sich in ihrem So-Sein wohl fühlten, war dies in jenen Jahren eine reaktionär-anarchische Sedativ-Gruppe. Die Regel waren laute Konzepte, geschwätzige Lehrstunden der Dramaturgen, in denen Aufrisse diskutiert wurden mit genauen Verteilungsplänen von Herrschenden und Beherrschten, Kämpfen und Klassen, Thesen und Antithesen.

Der Glaube, durch Reden und Diskutieren etwas verändern zu können, führte zur Mitbestimmung. Sie war am Theater ein dramaturgischer Traum: das Konzept einer Kollektiv-Regie, unter der die Institution Theater mittels kollektiv vollstreckter Theorie sich praktisch ändere und bessere. Kritische Theorie, in Paragraphen und Statuten verfaßt. In Frankfurt zum Beispiel hat das bis kurz vor Beginn der achtziger Jahre vorgehalten. Der dramaturgische Entwurf wurde gnadenlos durchgezogen, auch dann noch, als fast alles Menschliche am Theater dadurch kaputtgegangen war.

Marx und Engels und Adorno hatten sich längst auf dem Boulevard der Dämmerung verlaufen. Die Gründe dafür lagen im Sein der Gesellschaft, die, gut marxistisch übrigens, ihr Bewußtsein von ihrem Sein bestimmen ließ. Für eine Revolution ging es ihr zu gut. Besonders gut ging es dem Theatersystem. In den Programmbüchern und in Mitbestimmungsstatuten funzelten die Verlaufenen jedoch weiter herum: Ersatzleuchten für das entgangene Umgewälzte, in das man sich unter angenehmen Substratschauern zurückträumen konnte, wenn man im Programmheft nachlas, was Gretchens Defloration mit der Entwicklung des Kapitalismus zu tun haben könnte, oder wenn man auf der Vollversammlung des Ensembles einen Mißtrauensantrag gegen das Dreier-Direktorium in Nachtsitzungen mitformulierte: Spartakus gegen Cäsarenmacht.

Die genuine Gegen-Weltlichkeit des Theaters, sein grandioser Charme des »Ist alles nicht wahr!« wurde zum Nennwert eines Nachhilfe-Instituts genommen, das den schönen Schein in die Schule des gerade aktuell Scheinenden zwang. Der Dramaturg: der perfekte Nachhilfe-Lehrer, Theorie-Pauker, der selbsternannte Delegierte der Gesellschaft im Theater. Er war der Universitätsabgeordnete im Thalia-Parlament.

Um 1970 erwies sich auch die alte Vetternschaft wieder als virulent. Der Kritiker wurde zum Komplizen des Dramaturgen: Dem Konzepttheater entsprach die Konzeptkritik. Ein Frankfurter Kritiker, der zusammen mit Dramaturgen und Theaterleuten die Frankfurter Mitbestimmungsstatuten für das Schauspielhaus ausarbeitete, über dessen Produktionen er dann schrieb, verlangte kategorisch: Ein Dramaturg oder Regisseur oder Schauspieler oder wer auch immer am Theater könne nicht wirklich Theater machen, wenn er nicht mindestens das Parteibuch der SPD, besser aber noch der DKP besitze.

Nie wieder waren Dramaturgen so mächtig. Das Ende der Konzept-Zeit, des Lehr-Theaters, der Umwälz-Gebärde war aber nicht das Ende der Macht der Dramaturgen. Die Aura der Besserwisser blieb ihnen. Wenn Wissen Macht ist, ist Besserwissen mehr Macht. Vor allem wissen alle am Theater seit den sechziger, siebziger Jahren, als ihnen das Wissen nicht weitergeholfen hat, daß Wissen auch weh tun kann — außer den Dramaturgen, denn sie geben Wissen weiter.

Vielleicht ist der größte Künstler unter den Dramaturgen, diesen Nicht-Künstlern *par excellence,* derjenige, der das Wissen, das er erworben hat, am schmerzlosesten weitergibt. Und vielleicht geht das nur dann, wenn er sich nicht äußert, sondern ohne Entäußerung seiner Person in den Sachen verschwindet, über die zu reden es lohnt. Dieter Sturm, von dem die Sage geht, er kenne jedes Buch und er kaufe auch solche Bücher, die niemand kennt, scheint der Inbegriff eines solchen Kopf-Sachen-Dramaturgen zu sein. Er versorgt die Regisseure und die Schauspieler der Berliner Schaubühne in perfekter mündlicher Seminarrede mit einem Wissen, von dem sie, würden sie es in Praxis umzusetzen versuchen, auf der Bühne vollends erdrückt werden müßten — und sie spielen manchmal schon so, als trügen sie Zentnerlasten auf ihren Köpfen.

Der Schauspieler Thomas Holtzmann hat geschildert, wie angenehm und lehrreich es gewesen sei, vier Wochen lang zur Schaubühne zu fliegen, um dort nicht Marivaux zu proben, sondern sich nur über die Gartenkunst des Rokoko, den Asylzauber der Aufklärung, die negative Dialektik und das Zeremoniell der Annäherung glänzend unterrichten zu lassen. Die Aufführung vom *Triumph der Liebe* war trotzdem wunderbar, das Programmheft eine Faltblatt-Inszenierung für sich mit kostbaren Bildern, herrlichen Graphiken, gescheiten Texten. Der Dramaturg verschwindet so mit seinem Kopf in den Köpfen, die die Aufführung ausmachen: Er gibt ihnen Nahrung, von der sie naschen könnten, wenn sie diese brauchten, an der sie sich aber, wenn sie glauben, sie verdauen zu können, leicht überfressen. Dann haben sie versucht, Papier zu inszenieren.

Das Papier soll da sein. Es soll der schönste Luxus sein; man soll es mögen, bewundern und genießen — aber beim Spielen nicht daran denken. Anderenfalls hätte der Dramaturg nur Schmerzen vermittelt.

Seine Pein wäre dann zur Pein der anderen geworden. »Der Dramaturg ist die irrsinnige Inkarnation der in Deutschland vorherrschenden Idee, daß ein Schöpfungsakt weh tun und, wie eine leibhaftige Geburt, Krämpfe erzeugen müsse. Wenn kurz vor der Premiere nicht alle Augen rot sind und alle Wangen bleich und nicht auf allen Stirnen Angstschweiß steht, dann stimmt was nicht mit dieser Produktion.« So verhöhnte in *Theater heute,* einer Zeitschrift, deren Redakteure sich aufführen wie Über-Dramaturgen, der Regisseur Benjamin Korn die Dramaturgen. Es geschah ein Wunder.

Es war zwar schon dagewesen, daß eine Krähe der anderen ein Auge aushackte. Aber es war noch nie dagewesen, daß die eine Krähe öffentlich fragte, ob die andere Krähe überhaupt eine Krähe sei. Ein Regisseur stellt einen Theaterberufsstand in Frage, der mit dem Berufsstand des Regisseurs in den letzten Jahrzehnten so verbunden schien wie Pech mit Schwefel, wenn man den Dramaturgen glauben durfte. Regisseure und Dramaturgen träten immer auf wie Plisch und Plum, sagten die Dramaturgen. Der Dramaturg, der von sich behauptete, er sei Produktionsdramaturg, konnte sich leicht als *alter ego* des Regisseurs aufspielen, als dessen geistige rechte oder linke Hand. Es schien so, als inszenierte eine Reihe von Regisseuren weniger Stücke als die Konzepte ihrer Dramaturgen, die sich diese mit dem Material der Stücke zusammenbastelten. Das Drama: ein Zulieferbetrieb für die Vollendungsarbeit des dramaturgischen Bastlers.

Benjamin Korns wütende Kolumne bedeutete die spektakuläre öffentliche Aufkündigung des scheinbaren Pech-und-Schwefel-Syndikats. Statt des Vollendungsgehilfen oder -kollegen, statt des unentbehrlichen Fundamentgipsers, der dem sinnlichen Chaos des Regisseurs erst die geistige Basis verschafft, taucht nun plötzlich der parasitäre Spinner auf, der abgehobene Kretin des Betriebs, der Papst ohne Land, der Kulissen-Kauz mit Diktatoren-Allüren.

Korn: »Die Kunst, mit vielen Worten nichts zu sagen, aber auch das Gegenteil sagen zu können, ohne daß man den Unterschied merkt, ist die eigentliche Kunst des Dramaturgen. Er kann Quellwasser in Spülwasser verwandeln. Er ist der Alchimist, der Dramaturg. Der Dramaturg ist auch die Parze des Theaters. Er webt und dreht, verknotet und verknüpft. Er spinnt die Fäden vom Theater zum Publikum, vom Intendanten zur Presse, von den Schauspielern zum Regisseur, er spinnt die Fäden kreuz und quer, verbindet, schnürt, zerschneidet sie.« Er habe ausgebeulte Hosen, eine erkaltete Pfeife im Mund, eine Frau, die keiner kennt, gleiche einem »pfeildurchbohrten Märtyrer«. »Der Dramaturg ist das wandelnde moralische Bewußtsein von der Schwere der Aufgabe. Er segnet die Inszenierung ab wie der Pfarrer die Eheschließung, damit das sinnliche Vergnügen zweitrangig und die Idee von der Heiligkeit der Sache erstrangig werde (darum ist Lachen, dieses ›Ranschmeißen an die niedrigsten Instinkte des Publikums‹, ein Greuel für den Dramaturgen).« So erledigt der Regisseur Korn im Namen des Theaters den Wissenschaftler im Theater. Er wirft den Bannstrahl gegen den Papier-Geist.

Doch der Bannstrahl trifft schon den Falschen. Die Nickelbrillenträger mit ihren ausgebeulten Hosen und erkalteten Pfeifen, die Machthaber aus Abgehobenheit dünsten heute mehr Dinosaurierschweiß als Nikotin aus. Er ist als Typ ein Auslaufmodell. Er hat sich auch abgelaufen. Auf abgehetzten Theoriegäulen erreicht er kein Ziel mehr.

Nach dem Scheitern der Nachhilfe-Zeit, so um 1974 herum, als Helmut Schmidt Kanzler wurde, montierten die Dramaturgen die Spiegel ab, in denen sie der Gesellschaft deren Fratze zeigten. Sie trugen von da an der Gesellschaft lieber die Spiegel nach. Die Trends lösten sich rasch ab. Für jede neue Witterung wurde ein Signet gesucht: Erst die Eiszeit, dann die Innerlichkeit. Selbsterfahrungsgruppen zogen unter Anleitung von Dramaturgen und unterm Training von Regisseuren in Fabrikhallen, deuteten in Gestalten von Schauspielern auf ihre Geschlechtsteile oder auch nur auf ihre Ellenbogen, sagten *Mit tränenüberströmtem Gesicht* (so der Titel eines dieser Unternehmen) zum Beispiel: »Dies ist mein Penis!« oder »Dies ist mein Ellenbogen!« — und im Programmheft fand man die entsprechende Assoziation in Texten von Deleuze oder Foucault.

Dann das Theater der Clowns, des Zirkus, des Betons, der Restauration, der Bilder, der Apokalypse, der Friedensbewegung, des Golfkriegs. Die Moden in ihrem Wechsel zeigen sich im Wechsel der Programm-Zeugen der Dramaturgen, ihrer Zitat- und Assoziationsschätze: erst Marx, dann Fromm; erst Horkheimer, dann Weizsäcker; erst Benjamin, dann Baudrillard. Der Dramaturg: ein Widmungskünstler. Auf der Bühne das ewiggleiche Repertoire von Klassik, inklusive Antike; neunzehntes Jahrhundert, inklusive gemäßigtes zwanzigstes Jahrhundert; und Uraufführungen, inklusive »uraufgeführten« Klassiker-Bearbeitungen. Im Programmheft aber die jeweils aktuelle Widmung.

Lessings *Nathan* zum Beispiel taugte für den Yom-Kippur-Krieg 1973 ebenso wie für Nordirland 1969 oder für die Probleme der deutschen Einheit nach 1990. Strindbergs *Totentanz*, eines der Glanz-Widmungsstücke des »Theaters der Eiszeit« am Übergang zum »Theater der Innerlichkeit«, konnte 1991 in Bonn ganz lässig als Beitrag der Bühne zum Golfkrieg gewertet werden, der Strindbergs Ehekrieg beim Kriegswort genommen zu haben scheint. Die dramaturgische Überhöhung weist sich aus als dramatische Verkleinerung.

Die großen Figuren des Welttheaters, von Elektra bis Ella, von Faust bis zum Weltverbesserer, von Gretchen bis Godot und Gott (i.e. Mr. Jay von Tabori), sind groß durch die Luft, die sie um sich haben. Daß sie für jede neue Zeit neu atmen können, ist ihr Geheimnis. Nur dieses Geheimnis reizt ein späteres Interesse an ihnen, das dem Geheimnis nichts nehmen, es ungelöst oder wenigstens mit größeren Resten von Spannungsgeladenem versehen weiterreichen kann an die noch Späteren — und immer schön so weiter. Die dramaturgische Widmung, die Verlegung der Großen an kleine Aktualschauplätze, erledigt alles Geheimnis. So arbeitet der Dramaturg an der Vernichtung der Dichter.

Oder er bearbeitet sie. Nach der Widmung ist seine zweite Lieblingsbeschäftigung die Übertragung. Er liest die alten Stücke vor allem dazu, daß sie ihm das zurückgeben, was er nie war: ein Schöpfer. Er verfaßt das alte Drama mit, ohne daß der Dramatiker etwas dagegen unternehmen kann. Dafür bekommt der Dramaturg, was dem alten Dramatiker nicht mehr zusteht: Tantiemen.

Er stellt die Schlußszene eines Dramas an den Beginn, die Mittelszene des dritten Aktes an den Schluß des vierten, die Anfangsszene des zweiten Aktes zusammen mit der dritten Zeile des ersten Auftritts des fünften Aktes an das Ende des ersten Aufzugs. Dann übersetzt er »difficult« nicht wie Schlegel-Tieck mit »schwierig«, dafür mit »schwer«, oder überträgt aus Ibsens Norwegisch das »Nora, ich verstehe kein Wort« in »Nora, zu sind meine Ohren«, wozu er kein Norwegisch zu können braucht — und der Dramaturg fängt an, erst zu schöpfen, dann abzuschöpfen.

Der Dramaturg und der Dichter: ein Verrat.

Der Dramaturg und der Kritiker: eine Vetternwirtschaft.

Der Dramaturg und der Regisseur: eine Ehe.

In einer Ehe sind die meisten Paare glücklich — nur nicht miteinander. Der Dramaturg: der Kopf — der Regisseur: der Bauch plus Herz. Wer aber regiert wen? Manchmal träumt der Dramaturg, er sei der Überregisseur. Manchmal glaubt er, durch die Herbeischaffung eines Aufsatzes, das Zuschieben eines Zitats, die wissenschaftliche Erläuterung eines Bildes einen Regisseur dahin treiben zu können, wo ein Regisseur nicht hinzudenken scheint. Der Dramaturg spekuliert auf die Kopflosigkeit des Regisseurs. Je kopfloser aber der Regisseur, desto weniger bemerkt der Regisseur, daß der Dramaturg ihm nichts zu sagen hat.

Manchmal stoßen Dramaturgen- und Regisseursköpfe zusammen, und es klingt nicht hohl. Hermann Beil und Claus Peymann zum Exempel — ein ideales Ehepaar, glücklich nur miteinander, einer des anderen Schatten, jeder des anderen Licht.

Ihr Versuch, das Wiener Burgtheater zum Leben zu erwecken, wurde in Wien als eine Art von Doppelunzucht verstanden. Das ist verständlich, bedenkt man, was im Burgtheater der Dramaturg war. Er hatte dort einst keine Funktion, aber eine eigene Stiege. Jan Kott, der polnische Theatertheoretiker, durfte eine Weile im Burgtheater als Hauptdramaturg hospitieren. Sein Bericht liest sich wie die Beschreibung eines Kafkaschen Paradieses.

»Im Nebenflügel, zu dem eine Extratreppe führte, das Archiv und die Zimmer der unteren Dramaturgen. Es gab ihrer, glaube ich, sieben, und alle außer einem Langhaarigen hatten, obwohl sie viel jünger als ich waren, eine Glatze. Nur der Langhaarige sprach Englisch. Ich fragte ihn, was sie alle so tun würden. Wieso? — antwortete er, etwas verwundert über die Naivität meiner Frage. Sie läsen die zugeschickten Stücke und machten daraus Auszüge für den Großen Direktor.«

Das Zimmer des Hauptdramaturgen verfügte über eine gepolsterte Tür, führte in ein Appartement mit kleiner Küche, Toilette, einem Porzellanservice für vier Personen und einem Vorrat an Cognac und Kaffee. Vier Clubsessel und zwei Sofas vervollständigten den Komfort, der von einem roten und einem schwarzen Telefon gekrönt wurde. In diesem stillen Gehäuse saß der Hauptdramaturg, trank Cognac und Kaffee. Irgendwann entdeckte er in einem Raum am Ende einer anderen Stiege im zweiten Stock den früheren Hauptdramaturgen, der ihn darauf aufmerksam machte, daß der noch frühere Hauptdramaturg in einem Zimmer am Ende einer anderen Stiege im dritten Stock hause, den sie dann zusammen besuchten. »Mit seinem riesigen weißen Bart sah er wie ein Zwerg aus. ›Ich habe schon vergessen, wann hier das letzte Mal jemand vorbeigekommen ist. Ich kann Ihnen nicht einmal einen

Kaffee anbieten, seit einem Jahr schon wurden meine Vorräte nicht erneuert. Und die Zeitungen bringen sie mir wohl vom Müll.«

Am Ende seiner Wiener Zeit hatte Jan Kott wohl seine Vorräte verbraucht, ohne vom Theater weiter belästigt worden zu sein. Der Alt-Wiener Dramaturg bildet die Versteckstelle des Theaters. Er wäre die absolute Horrorvorstellung des Dramaturgen der Zukunft. Dieser sucht die grelle Veröffentlichungsstelle des Theaters. Er ist ein Mutationsprodukt. Weder für Dichter noch für Regisseure findet er Zeit. Das grämlich Überanstrengte einer nachgelassenen Theorie-Instanz hat er abgelegt. Bücher interessieren ihn wenig. Über Lessings Schneckentempo würde er lachen, kennte er die Stelle. Den Traumblick aus dem Seminarfenster über die Bäume des Universitätsparks hinweg zum Portal des Stadttheaters hat er nie geworfen. Ein Seminar muß er nicht von innen kennen.

Sein Tempo ist das Tempo der Tagespresse, der Rotations- und Produktionszeiten der Medien. Er kennt sich in Kanälen aus. Er weiß, bis wann eine Nachricht aus dem Theater über den Ticker oder über Fax gelaufen sein muß, damit sie die Öffentlichkeit zum rechten Zeitpunkt erreicht. Er hat den Glauben an die gesellschaftliche Wirksamkeit des Theaters nie gehabt. Aber er glaubt blind an die Wirksamkeit von Theaternachrichten. Er hat als Volontär bei der PR-Abteilung der Wasserwerke Aachen angefangen, ist zu einer Chemie-Firma übergewechselt und organisiert jetzt die Dramaturgie eines Stadttheaters. Er will nicht mehr nach innen wirken. Er bringt das, was drinnen ist, nach draußen.

Er redigiert die Theaterhauszeitschrift, macht Interviews mit Schauspielern, vermittelt Pressetermine, lädt zu Gesprächen ein. Sein Instrument ist nicht der Karteikasten, nicht die Handbibliothek oder die Exzerptsammlung. Sein Hauptinstrument ist das Telefon. Er geniert sich nicht, in einem Gewaltakt alle wichtigen deutschen Kritiker anzurufen und ihnen vorzulügen, daß der *Woyzeck*, der an seinem Haus gerade laufe, der absolut tollste, provokativste *Woyzeck* sei, der je gelaufen sei.

Er hat in seiner Ausbildung gelernt, daß er solche Worte nicht im Ton eines Bananenverkäufers oder Versicherungsvertreters vortragen darf. Sein Ton ist marmoriert von Schlieren stiller, unausgesprochener Anklage: Warum lassen Sie unser Haus, das wichtigste Theater weit und breit, links liegen? Sein Ton ist aufgeputzt mit den Lichtern erreichbarer Verheißungen: Sie versäumen eine Riesenchance! Sein Ton ist grundiert mit den Erfahrungen eines gewaltigen Kampfes: Wir liegen im Clinch mit den Spießern dieser Stadt; wir fighten für ein lebendiges Theater! Helfen Sie uns!

Spürt er, daß der Partner am Ende der Leitung auf »lebendig« ein bißchen anspringt, dann legt er sofort »Ausländerfeindlichkeit«, »Rassenhaß« oder »dritte Welt« drauf. Spürt er, daß der Gesprächspartner an all dem kein Interesse hat, springt er sofort um auf »großes Schauspielertheater« oder »existentielle Abgründe«.

Er hat den Umwidmungsjargon noch drauf, aber in absolut gewissenloser, effektiver Weise: zielgruppenorientiert, wie die Marktstrategen sagen. Er läßt Straßenbahnwaggons mit dem Theaterlogo bepflastern, diskutiert mit Werbeagenturen eine Plakataktion, bei der eine blutende Gans vor schwarzem Hintergrund für den neuen Shakespeare am Stadttheater die Trommel rührt.

Seine Dramaturgenstube ist frei von Spinnweben, aber auch frei von Literatur. Er trägt nicht Bedeutung im Gesicht, nicht einmal falsche. Er kennt nur Action. Er ist glücklich, wenn er dem Regisseur einen Auftritt im Fernsehen vermittelt hat. Ihm ist die Inszenierung des Regisseurs egal. Hauptsache, der Regisseur kann für sie Werbung machen. Er würde dem Regisseur nie ein Buch empfehlen, ihn aber zum Fototermin prügeln.

Ob er sein Theater gut findet, ist unerfindlich. Auf jeden Fall redet er es gut. Er preist nicht Kunst. Er verkauft ein Produkt. Heute eine *Medea* im Betonbunker, morgen eine Fäkalienschlacht im *Lear,* übermorgen ein *Hannele* in der Disco. Er ist dazu fähig, jedwedes Theater zu propagieren, wenn es nur stattfindet.

Er suggeriert, daß »etwas los« ist. Er hat das literarische Theater gar nicht mehr kennengelernt, er ist viel jünger als seine Kopfgeburt-Kollegen, die jenseits der Fünfzig sich eingerichtet haben. Er ist Mitte, Ende Zwanzig. Er hat nichts im Kopf, alles im Händchen. Er bringt das Event-Theater voran, das den Vermarktungsgesetzen eines Rock-Konzerts sich anzupassen beginnt. Die Light-Show hat Vorrang vor dem Inhalt. Dieser Dramaturg knipst zwar nicht das Licht an, er löscht es auch nicht, aber er steuert die Reflexe, die es in die Öffentlichkeit wirft.

Hört man ihm genau und vorurteilsfrei zu, stellt sich ein angenehmes Gefühl ein: Hier ist eine Sprechmaschine, die das Theater ersetzt; der Wind, den sie macht, spielt den Sturm vor, den das Theater schon lange nicht mehr entfesselt. So erfüllt er den alten Traum der alten Dramaturgen: Er ist das Theater. Es sei denn, er kehrt morgen zu den Wasserwerken zurück. Dann ist er das Wasserwerk.

Der Guru. Bühne und Trance.

Das Nichts nichtet.
Martin Heidegger

Ihn zeichnet aus, daß er nichts will. Vor allem will er nichts bedeuten. Das macht ihn in einem Betrieb, der dauernd nur Bedeutungen produziert, immer Antworten auf die Frage »Was sagt uns das?« gibt, zum Mann der Wunder. Er ist kein Mann des hiesigen Theaters. Er kommt von außen.

Aus Texas. Aus Belgien. Manchmal kommt er auch aus Berlin. Er bringt Hühner mit, die auf der Bühne Eier legen. Oder er hat Lichtleitern, gläserne Stühle, geheimnisvoll glühende Würfel oder auch nur Riesenechsen im Gepäck, die er in unendlich langsamer Bewegung, zehn Zentimeter in einer halben Stunde, über die Bühne schickt, schleichend, rollend, fliegend, schwebend. Oder er läßt zwei Rollstuhlfahrer vier Stunden lang ewig Sätze wiederholen, in denen es um Eulen geht, derweil halbnackte Mädchen auf hohen Säulen turnen, die Beine grätschen und eine Spießergesellschaft mit Brocken aus Talk-Shows und Tagesschauen hinter einer Batterie von einarmigen Banditen hervor- und wieder zurücktritt, als kenne ihr Dasein nur den ständig wiederholten Wetterhaus-Refrain: Du raus, du rein, du raus, du rein.

Der Guru paßt nicht zum Theater. Deshalb übt er eine große Faszination aus. Er strapaziert es, wenn es sich auf ihn einläßt, bis zum äußersten. Er verbraucht mehr Geld, Material und Nerven als jeder andere. Er erschöpft das Theater. Und manchmal macht er es dadurch glücklich. Auch wenn er Wörter in seiner Theaterarbeit duldet, sind sie nur dazu da, zu beweisen, daß mit Worten nichts mehr gesagt ist. Er schwebt über dem Theater und flüstert so lange »Maul halten!« zu ihm hinunter, bis es in Hingabe und Ehrfurcht verstummt und ihn landen läßt. Er spricht, wenn er überhaupt noch zu sprechen beabsichtigt, in Bildern.

Er ist der Über-Bühnenbildner, der Bühnenbilddichter, der Zeichen-Regisseur. Er hat einen Horror vor dem Bild eines Theaters, das ungefähr so aussieht: »Ein geräumiges Gartenzimmer im Bernickschen Haus. Links im Vordergrund führt eine Tür in das Zimmer des Konsuls; weiter zurück, an derselben Wand, ist eine ähnliche Tür. In der Mitte der gegenüberliegenden Wand befindet sich eine größere Eingangstür. Die Wand im Hintergrund besteht fast ganz aus Spiegelglas; von ihr führt eine offene Tür zu einer breiten Terrasse, über die sich ein Zeltdach spannt. Ein Teil des Gartens wird unten vor der Treppe sichtbar, die von der Terrasse herabführt. Er ist von einem Gitter eingefriedigt, das eine kleine Pforte hat. Vor und längs dem Gitter draußen zieht sich eine Straße hin, die auf der gegenüberliegenden Seite mit kleinen, hell angestrichenen Blockhäusern bebaut ist. Es ist Sommer, die Sonne scheint. Einzelne Leute gehen auf der Straße vorüber; man bleibt stehen und unterhält sich; in einem Kramladen an der Ecke werden Käufer bedient usw.«

Diese Bild-Regie-Anweisung Ibsens zum ersten Akt seiner *Stützen der Gesellschaft* wäre dem Guru der Gipfel der Theaterverfälschung: die naturalistische »Simulation von Realität«. Nichts verabscheut er mehr als

Realitäten, von denen behauptet wird, man könne sie in Bildern wahrnehmen. Für ihn wird die Wahrnehmung selbst, das Sehen, zum Thema. Die Bilder, die er macht, kommentieren oder illustrieren nichts, sagt er. Sie reden in einer Sprache, die den herkömmlichen Codes mit ihrem A=A-, B=B-, C=C-Schema nicht gehorcht, behauptet er. Eine Sprache, so wünscht er sich, die im Zuschauer ständig den Wunsch ausspreche, vom Augenblick zu verlangen, er möge verweilen. Denn nur auf den Augenblick kommt es ihm an. Nie auf eine Geschichte. Er stellt nichts dar. Er »erzählt« nichts. Er verführt. Er tötet die Illusion im Theater, gegen die seit Beginn des Jahrhunderts Sturm gelaufen wird, vollends. Er will den reinen Raum, in dem er den Illusionsdrachentöter spielt.

Er verführt zum Beispiel mit der Farbe Blau, die er den meisten seinen Arbeiten zugrunde legt. Oder mit der präzisen Langsamkeit, der Trance, in die er seine Bildzeichen versetzt, und Schauspieler sind weiter nichts als Zeichen unter anderen Zeichen, denen keine andere Aufgabe zukommt, als bis zweiunddreißig oder sechsundsiebzig zu zählen und bei sechzehn den kleinen Finger der rechten Hand in fünfundvierzig Grad zum Ringfinger zu spreizen, dabei den Kopf zwei Grad nach links zu drehen. Oder er verführt damit, daß er Menschen in geometrische Statuen, gekrönt von Schwellköpfen, geleitet von algebraischen Monstren, zwischen Wolken und Sonnen stolzieren läßt, denen die Worte zu einem Rauschen und Brabbeln verkommen sind, die sich aber von einer Bewegung in die andere verwandeln, dazu aber Stunden brauchen.

Der Guru hat womöglich im ganz normalen Theaterbetrieb angefangen, hat Regisseuren Bühnenbilder angeboten, die so prächtig, so üppig, so überbordend waren, daß die Regisseure darin untergingen und der Bühnenbildner die Regie übernahm. Er hätte nun den Weg fast aller Bühnenbildner gehen können, die konsequenterweise irgendwann anfangen, Regie zu führen, denn sie sind die wahren Herren im Theater, die den eigentlichen Herren, den Regisseuren, längst über die Köpfe gewachsen sind. Sie definieren mit ihren Gigantismen und ihrem Raumgeprotze, was ein Schauspieler in dieser oder jener Situation bedeutet. Sie verschlingen das meiste vom künstlerischen Etat, sie erhalten die höchsten Gagen. Ihnen ist das Beste vom Besten gerade gut genug. Sie verschwenden Gold, Perlen, Seide, Pelze, Teak, Palisander, Ebenholz, Silber, Edelstein. Sie bringen das Theater und seinen Apparat, seine Werkstätten und seine Mittel an den Rand des Nichtmehrfunktionierens. Sie, die Ausstattungskönige, sind die Diktatoren des Theaters. Ginge es nach Recht und Gesetz, müßten sie eigentlich Intendanten sein — wenn Intendanten nicht so ohnmächtig wären.

Der Guru als Bühnenbildner legt seinen Machtanspruch ab: Er drängt nicht ins Theater hinein, er flieht aus ihm hinaus.

Seine Bilder fliehen mit. Manchmal laufen sie ihm davon. Wenn er sie einholt, will er fast keine Schauspieler oder Sänger dabei haben, denn, so findet er, die Schauspieler seien zu subjektiv, wollten immer in eine Person hineinkriechen und sie mit dem besetzen, was sie über die Figur dächten; dabei werde die Figur so groß wie der Schauspieler selber — also lächerlich klein. Der Guru aber will Figuren, die den Raum sprengen: Sie sollen im Gedankenraum entstehen, der dadurch entstehe, daß der Kopf-Raum des Zuschauers den Bild-Raum der Bühne mit den Augen berühre.

Der Guru kann aber auch als Architekt angefangen haben, der, selber hoch sprachgestört, sprech- und gehirngestörten Kindern Unterricht gab. Aus der Zuneigung zu einem taubstummen Jungen erwuchs ihm die Erkenntnis, daß dieser in »Termen aus visuellen Zeichen und Signalen« dachte, mit Worten nichts anfangen konnte. So kam er zu seinem Theater, in dem nur die Zeichen reden und langsam wandern.

Oder der Guru hat eine kulturkritische These, die seine Urahnen, die Naturalisten, die er haßt, so ausgedrückt hätten: Die Welt ist ja so schlecht — zeigen wir sie. Er drückt die These so aus: Die Welt ist schlecht zu zeigen, sie ist nicht mehr als Welt darstellbar — zeigen wir, daß wir sie nicht zeigen. Er zitiert die Mediensprache, die Politiksprache, die Alltagssprache, Krankenzimmer, Rollstühle, Krankenschwestern, Zivilisationsmüll, Bewußtseinsabfall, Gedankensplitter und läßt dies alles durcheinandertanzen, -plappern, -toben, -rauschen. Einer seiner Jünger beschreibt dies ehrfürchtig so: »Die Aussprache der Sätze, ihre Intonation verschwindet, nicht ihr ästhetischer Sinn. Die Übersetzung der Mediensprache in eine Komposition rhythmisierten Geräuschs ist schlicht — hier die wörtlichere Übersetzung von Text auf das Theater. *Sweet Temptations* ist keine Straßenbahn, die uns aussichtsvoll eine Strecke von hier nach da zeigt. Das Drama wirkt wie eine Untergrundbahn: Eine U-Bahn, die gelegentlich an die Oberfläche sticht. (...) Die Bühne ist die Haltestelle, an der gelegentlich nach einer eingefahrenen Text-U-Bahn ein paar Worte wie ein Strom Passanten passieren und — wieder verschwinden. (...) Seine Worte sind längst beim Wort genommen, vollständig in die Bewegung der Bühne übertragen. Er müßte sie gar nicht mehr sprechen lassen.«

Das will weiter nichts besagen, außer daß dieser
Guru große Mühe hat, nichts zu sagen. Ihn drängt
es stark zu den Naturalisten, ohne daß er das weiß:
Der Guru, der einen Rollstuhlfahrer auf die Bühne
läßt und ihn mit Mediensprachenschnipseln umgibt,
ist von den *Stützen der Gesellschaft* und den armen Leuten samt deren Küchen gar nicht mehr weit entfernt —
auch wenn dann in den Küchen starr grinsende Mädchen endlos Liegestützen machen würden. Bis jetzt
gilt er noch als freier Theatermacher, der wie eine
Spinne im Netz des »Geflechts aus Strukturen, Zeiten
und Räumen, Eigenem und Fremdem« sitzt, wie es ein
Dramaturg formuliert hat, der ihn verehrt. Bis jetzt
gilt er als der Verächter des »realistischen Moments«,
der fragwürdig geworden sei »angesichts einer Realität,
die nicht mehr in ihrer Totalität erlebbar ist. Anstelle
einer Wahrheit gibt es im Kunstwerk unzählige Wahrheiten gleichzeitig und sich gegenseitig überlagernd«.
So der Dramaturg. Ein Schwärmer.

Es sind Negativ-Chimären, die man aufbaut, um
sich dafür zu entschuldigen, daß einem Worte zum
Halse heraushängen, daß man zu müde ist, vernünftig
zu sprechen.

Dafür aber, daß der Guru sich nur ungern auf den
Überbau der Dramaturgen einläßt, ja von ihm nichts
wissen will, wird er geliebt. Er bleibt in seinem System präzise, in den Beziehungen zu den Zuschauern
aber bewußt undeutlich. Er wirft sich ihnen mit
großzügiger Geste zum Fraße vor, indem er das allen
gleich Gültige zum Prinzip erhebt: Der Zuschauer
erst mache seine Inszenierung fertig; er solle assozii-
ren, was ihm beliebe, solle in Gedanken oder in Träumen mit dem Material einfach nur spielen, das er ihm
überlasse. Dieses bedeute gar nichts — von ihm aus.

So verführt der Guru scheinbar zur Autonomie. Und wenn er auftaucht und zum ersten Mal Proben seiner Kunst vorführt, fangen die Zuschauer tatsächlich an zu träumen.

Sie lassen sich faszinieren. Sie unterwerfen sich. Sie machen mit, gehorchen einer sanften Diktatur der reinen Zeichen. Sie gehen einen anderen Gang als sonst, passen ihr Wahrnehmungstempo, das sonst auf raschen Verzehr von Bildern und Szenen eingerichtet ist, den anderen Zeit-Räumen an, die sich vor ihnen nun auftun. Sie wandern mit den Echsen, den rollenden Steinen, den schwebenden Leitern, schleichenden Dinosauriern, den im Mondschein baumelnden Männern und den schlafwandelnden Frauen im Engelsgefieder. Sie taumeln mit den Rollstuhlfahrern und murmeln mit den Medienlarven. Sie wandeln mit den Wolken und den Metamorphosen. Damit der Guru dies erreicht, hat er eine Truppe, die er ans Stadttheater mitbringt. Sie ist ihm absolut ergeben, kennt jede seiner Techniken aus dem Effeff, geht für ihn durchs Feuer und durch jede Übung.

Seine Ergebenen tun dies ihm zuliebe so lange, bis der Vorrat an Leitern, Stühlen, Rollstühlen, Monitoren, Lichtschranken, Neon-Schlitzen, Echsen, Wolken, Gebirgen, Steinen, Raben und Drachen verbraucht ist. So lange auch, bis das Spreizen eines Fingers, das Ausbrechen einer Handbewegung aus der absoluten Unbeweglichkeit kein Ereignis mehr, sondern zur Wiederholung eines Ereignisses geworden ist. Wiederholung, ja sogar Wiederholung bis hin zur Langeweile oder Trance, ist zwar ein durchgängiges Kompositionsprinzip eines jeden Gurus. Dieses Prinzip bekräftigt ironisch augenblickslos, daß nur jeweils der Augenblick zähle. Aber wenn das Prinzip sich wiederholt, werden aus traumhaften Augenblicken prinzipielle Fabrikationen. Der Zuschauer, der beim Guru gelernt hatte, daß ein Augenaufschlag, das Verziehen eines Mundwinkels eine Sensation sein kann, wenn man diese Bewegungen heilig ernst nimmt, gewöhnt sich an den Augenaufschlag und das Mundwinkelverziehen, wie er sich früher an die Sensationen von Schauspielerausbrüchen (»Ha! Verworfener!«) gewöhnt hat.

Dieser Moment der Gewöhnung fällt meist mit dem Moment der Integration des Gurus in den Betrieb zusammen. Er kommt nicht mehr als seltener Gast von außen. Er hat keine feste, ergebene Truppe mehr. Er arbeitet jetzt mit deutschen Stadttheaterschauspielern, die eine Probe und eine Inszenierung mit ihm als Selbsterfahrung registrieren. Und langsam, leise, aber unaufhaltsam schleichen sich nun Worte, Sätze, Geschichten, Texte, Stücke, ja regelrechte Tragödien auf die Szene des Gurus. Er ist heute in München, morgen in Berlin, übermorgen in Houston/Texas, dann in Hamburg, New York, Amsterdam, wieder München, Frankfurt am Main zu Hause. Seine frühere Wundertechnik, seine Exerzitien des Außergewöhnlichen sind schablonierten Handlungsanweisungen und Bewegungsdirektiven gewichen. Er, der sich strikt geweigert hat, einen Text zu illustrieren, illustriert nun alle möglichen, ihm völlig gleichgültigen Texte immer gleich, ob *Lear, Alkestis, Krankheit Tod.* Ob er eine Tragödie oder ein Musical in Szene setzt: Seine Technik verhüllt nun nur noch im Glücksfall wie mit einem Zaubermantel etwas Geheimnisvolles, Schönes, nie Gesehenes — wenn ein erstarrter Kopf, ein minutenlang aufgerissenes Auge, ein spitzer Finger, eine in Zeitlupe huschende Person auf ein Wort, einen Satz, eine Phrase treffen, an denen sie sich im magischen

Feuer entzünden, ohne zu kokeln und zu wabern. Meist enthüllt seine Technik die Leere, die Kälte, die Langeweile des Gurus.

Er wollte immer nichts sagen. Jetzt, wo er mit Sagendem arbeitet, läßt er es das Nächstliegende, Flache, Harmlose sagen. Er ist dem Stadttheater um Äonen voraus oder hinterdrein gewesen. Seine strenge Absichtslosigkeit, seine reine Kunst haben das Stadttheater zu Exkursionen ins Wunderland verführt, wofür es viel Geld springen ließ — wie überhaupt der überseeische oder auswärtige Guru in seiner präzisen, kalkulierenden Art am deutschen Theater vor allem die Finanzressourcen schätzt. Dafür nimmt er die deutschen Schauspieler seufzend in Kauf, die immer wissen wollen, was es bedeutet. In der Zwischenzeit hat er sich an beides allzusehr gewöhnt. Das Geld nimmt er mit. Die Schauspieler nehmen ihn mit.

Am Ende hat der Guru sich in einen ganz normalen Regisseur verwandelt, der einen Stil hat, in dem jede Menge technisch machbarer Theaterwunder die Regel sind. Oder er kündigt an, er werde sich nun endgültig vom Theater zurückziehen, er habe es ausgeschritten, sei der Räume und Wolken und Schwellköpfe und Wundertechnik müde. Dann schreitet er zu seiner letzten Inszenierung, danach zu seiner garantiert allerletzten, und so fort.

Der Guru wirkt hilflos oder schamlos oder ratlos. Das Stadttheater war nur seine Sekte auf Zeit. Es hat so getan, als könne er es zu sich emporheben. Dabei hat es ihn zu sich heruntergezogen. Aber bei dieser Berührung hat es, gierig, wie es ist, von ihm auch etwas angenommen. Die eine oder die andere Marotte, das eine oder das andere Klischee. Man sieht plötzlich auch an Provinzbühnen langsam wandelnde Licht-

bahnen, taumelnde Rollstuhlfahrer, hie und da eine
grüne Langsamechse — und in Heidelberg sogar ein
Rhinozeros, das mitten durch eine Hofmannsthal-
Komödie schwebt. So tut der Guru Wunder noch im
dritten und vierten Glied.

Der Eimer. Bühne und Bild.

So eine Anmaßung! Es begann
mit einem Bühnenbild.
Louis Aragon, »Theater«

Auf der deutschen Bühne, wo nicht so schnell etwas glänzt, funkelt er, seit die letzten zehn Jahre des zwanzigsten Jahrhunderts angebrochen sind, am hellsten: der Putzeimer. In Hamburg steckte Stella schrill japsend ihren Kopf viele Male in ihn hinein. In Berlin vergingen sich die Töchter des Königs Lear ekstatisch an den Putzeimern, wobei Cordelia ausdauernd in den einen Eimer ihr Wasser ließ, das sie dann ausdauernd aus ihm trank, was wiederum mit den vierzehn Frankfurter Gretchen korrespondierte, die in vierzehn Putzeimer lang anhaltend pinkelten. In Basel gebrauchten die *Ajas*-Griechen die Putzeimer intensiv, in Frankfurt benötigten Goethes Götz und seine Vasallen dies Gerät zum Putzen nicht nur des Bodens, sondern auch des Hinterteils des Rebellen. Auch Thebanerinnen haben in Frankfurt, das lange Zeit die Eimer-Hochburg schlechthin war, diesen silberglänzenden Gral im Dutzend billiger verwendet. In Freiburg, in der Provinz immerhin, hat der Prinz von Homburg viertelstundenlang voller Liebe und schielender Ausdauer seinen Eimer mit Klopapier von innen und außen geputzt, als gäbe es nichts, was sich im Staube Brandenburgs besser plazieren ließe als dieses Requisit. Das deutsche Theater ist, was seine bildhaften Äußerungen

angeht, ohne den Eimer neuerdings nicht mehr denkbar.

Die Liebe zum Eimer gilt wohlweislich nicht jenem
farbigen, langweilig nützlichen Gerät aus Plastik, an
das jeder moderne Haushaltsführer sich längst zu gewöhnen bemüßigt gefühlt hat. Sie gilt ausdrücklich
dem Ding aus Metall, das man der alten Putzfrau zu-
ordnet, jenem Wesen auf Knien, das die Holzbohlen
mit geröteten und wunden Händen schrubbte, der
Putzfrau, die in Wirklichkeit längst abgelöst ist von
der Dame, die mittels Stielen und Stangen auf Knopf-
druck automatische Schwamm- und Saugvorrichtungen
in Gang setzt, die sie nur noch in große, nun gerade
nicht mehr runde, sondern riesige rechteckige Eimer-
gebilde taucht — und sie dann ohne Druck der Hände,
aber getränkt von druckvoll-scharfen Chemikalien,
dem Boden nahebringt.

Die alte Putzfrau ist zusammen mit der proletarischen Realität verschwunden, deren zitierfähigste
Galionsfigur sie einst war. Sie stellte, weit vor dem
gleichfalls oft bemühten Taxifahrer oder der Köchin,
die wirksamste Drohung für die theatermachenden
Bürger mit schlechtem Gewissen dar.

»Inszenieren Sie für die Putzfrau?« — mit dieser
Frage konnte man Schwadronen von Regisseuren
schamrot machen, genauso wie man Schwadronen von
Kritikern zum Beispiel aus der Fassung bringen konnte
mit der Frage: »Schreiben Sie für die Putzfrau?« Die
Kritiker schrieben noch nie für Putzfrauen, schon weil
sich Putzfrauen kaum für Theaterkritiker interessier-
ten. Regisseure aber zum Beispiel inszenieren heute
sowenig für Putzfrauen wie eh und je, aber sie inszenieren jetzt gerne das, was von der Putzfrau übrigblieb:
den Eimer. Er ist das greifbare Relikt von etwas

ungreifbar Vergangenem. Er wirkt wie das henkelige Gefäß, das etwas enthält, wonach sie alle verzweifelt gesucht und was sie nie erreicht haben: das Volk, das Leben, die Wirklichkeit, die Kraft, die Macht, die Herrlichkeit.

Es ist nur am Rande von Interesse, daß es ausgerechnet Regisseure und Bühnenbildner aus der gewesenen DDR sind, die den Eimer so lieben. Für sie war vor der bürgerlichen Novemberrevolution das Proletariat nie nur eine schöne Koketterie mit dem Unverbindlichen wie für ihre West-Kollegen, sondern stets ein hochoffiziell verordneter Partner: Für sie mußte schon immer alles im proletarischen Eimer sein. Das war die Überlebensillusion des DDR-Theaters. Wenn sie jetzt den Putzeimer heiligen, ehren und feiern, haben sie eigentlich den ersten Schritt zur Bewältigung ihrer Vergangenheit getan. Sie inszenieren nun das, was sie einmal in Bann hielt, als das, was es immer für sie war: Hokuspokus. Aber indem sie so wütendrepetitiv darin eintauchen, zeigen sie auch, daß der Bann noch immer wirkt.

Der Eimer freilich ist nur eines der virulenten Bann-Requisiten auf deutschen Bühnen. Er führt nur am auffälligsten die Herrschaft von Requisiten überhaupt vor. Vielleicht weil er so offen ist, ist er das schlagendste Beispiel dafür, daß Menschen, Figuren, Gestalten, ganze Textpassagen, ja ganze Akte in und unter Requisiten verschwinden können. Es ist die Dominanz der Materialien über das Lebendige, das sie umnebeln, verkleiden, verwässern, vereisen. Also ist es auch der Triumph der Innenarchitektur einer Szene über den Gedanken einer Szene.

Man denke an die Zigarette, die, ob bei Julia, ob bei Desdemona, bei Gretchen, bei Antigone, Hamlet,

Mephisto, bei *Was ihr wollt* oder *Wie es euch gefällt* eine dominierende Rolle spielen kann. An der Zigarette können sich Schauspieler glänzend festhalten. An Zigaretten lassen sich nervöse Könige, ruhige Königsmörder, dumme Prinzen, lüsterne Mädchen, böse Onkels und blasierte Gutsbesitzer erkennen. Die Artikulation von Gesten, der Beweis einer Bewegung oder Erregung, die Tiefe oder die Flachheit eines Gefühls gehen ein und auf im konzentrierenden Glühen des kleinen weißen Stäbchens in den Mündern; der Text wird an es gleichsam delegiert. Die Zigarette schafft dort Aura, wo gar keine ist, sie überbrückt dort noch Leere, wo kein Steg mehr führt. Sie suggeriert atmendes Leben, wo längst automatisches Ein-und-Ausatmen herrscht. Sie umnebelt das große Nichts mit den kleinen Schwaden flüchtigen Geheimnisses. Sie hat mit ihrem erborgten, rotfunkelnden und blaudunstigen Leben die gleiche Funktion wie ein Tier auf der Bühne: Sie kann nichts dafür, daß sie wirkt. Sie wird mißbraucht. Sie ist unschuldiger als der Eimer, weil sie sich nicht so in den Vordergrund spielen läßt — aber vor dem Mund ist ihr Mißbrauch um so größer: Ihre theatralische Verselbständigung spricht ihrem eigentlichen Genußbrauch im untheatralischen Alltag hohn. Im Alltag ist sie Tabak, der nützlichgenüßlich verbrennt, auf der Bühne ein Opferfeuer fürs Regie-Einfall-Theater.

Dieses Los teilt die Zigarette mit der Schreibmaschine, einem sogenannten Wanderrequisit, das vor allem in Klassiker-Inszenierungen seine Runde machte und macht. Alle Figuren, die nur irgend etwas mit Worten oder Papier oder Druckwerken zu tun hatten, waren wie auf einmal genötigt, eine Schreibmaschine zu benützen. Und da alle irgendwie mindestens mit

Worten zu tun haben, war niemand vor diesem Requisit sicher. Das Käthchen von Heilbronn machte in Stuttgart den Anfang, wobei wenig später die Stuttgarter Iphigenie nachzog, was den Bochumer Tasso nicht ruhen, den Konstanzer Tasso nicht faul sein ließ, den Mannheimer Clavigo inspirierte, den Frankfurter Götz ebensowenig kalt ließ wie zuvor der Eimer, und so fort. Auch wenn der Mannheimer Clavigo in Stahlrohrmöbeln und der Konstanzer Tasso in abgewetzten Schöner-Wohnen-Möbeln hauste, der Frankfurter Götz von mittelalterlichen Totenschädeln umgeben tippte — immer war es eine Remington von 1910 oder eine ihrer Jahrgangsschwestern, auf der die Klassiker in die Tasten hieben: Das Requisit aus der großbürgerlichen Vorkriegsepoche signalisiert, wo die Regisseure des bürgerlichen Theaters des späten und des spätesten zwanzigsten Jahrhunderts sich in Wahrheit immer noch wirklich zu Hause fühlen — in der Tschechow-, Ibsen-, Hauptmann-Welt, im nervösen, sentimentalen Post-Naturalismus, in dem alle Zweifel, alle verzweifelten Gefühle, alle Liebesbrüche und Wahnvorstellungen, alle Todeskeime und Untergangsphantasien angelegt waren, übersichtlich, schön, geschmackvoll, die über fast zehn Jahrzehnte hinweg immer noch die Nerven der Nachgeborenen ansprechen. Wie sollte sich dies perfekter fassen lassen als im einigenden Bild der Schreibmaschine? Und wie sollte ein Regisseur, dem alle die Gefühle und Gedanken und Assoziationen über den Kopf wachsen, sich nicht auf die Schreibmaschine besinnen, wenn er die ganz alten Stücke und das ganz neue, aber doch irgendwie schon auch alt gewordene Bewußtsein zusammenbringen möchte?

Es sei denn, er schickte seine Figuren von der Schreibmaschine weg in den Wassergraben, nachdem sie ihre Zigarette ausgedrückt haben und über den Eimer gestolpert sind.

Der Wassergraben, meist im vorderen Drittel der Bühne postiert, ist ein Reinigungsbad. Die Schauspieler tunken die Figuren, die sie spielen, ins Elementare. Sie waschen sie von sich ab. Übrig bleibt ein pudelnasser Schauspieler — minus Figur sozusagen. Der Wassergraben ist das Bindeglied vom Bühnenbildcharakter der Requisiten zum Requisitencharakter der Bühnenbilder. Er wirft die Worte, die gesprochen, die Szenen, die gespielt, die Vorgänge, die vorgestellt werden, auf sich selbst zurück: Er verschluckt's, taucht's unter, überschwemmt's. Das Bild, wenn Ophelia, Hamlet auf dem Rücken, durch den Wassergraben kraucht, zeigt weniger als der bloße Bericht von der ertrunkenen Ophelia: Der Bericht gibt ein Bild vom endgültigen Schrecken des Wahnsinns; der Wassergraben bebildert nur eine symbolische Schlauheit: Ophelia habe Hamlet mit ins Wasser genommen; die Figur wird um so kleiner, je prustender sie daraus hervortritt.

Der Wassergraben im Bühnenboden mit seinem plätschernden Elementargetue hat zwei Entsprechungen. Da ist einmal die Nebelmaschine in der Seitenbühne. Immer, wenn es irgend dunkel oder düster oder geheimnisvoll zugehen soll auf der Bühne und die Schauspieler von sich aus kein Dunkles, Düsteres oder Geheimnisvolles herstellen können, faucht wabert und nebelt es aus ihr. Oft ist gleich der ganze Zuschauerraum mit eingenebelt. Und unter allgemeinem Gehuste und Gepruste leiden Zuschauer und Akteure gemeinsam an bronchialer Undurchsichtigkeit.

Zum anderen ist da die Schneemaschine im Schnürboden, alternativ die Regenanlage — je nach Temperatur. Wenn eine Szene in Melancholie-Zeit getaucht werden soll, wird die Regenmaschine angeworfen. Dräute die Eiszeit, und sie dräute zu Zeiten jeden Abend, tritt die Schneemaschine in Aktion. Man sieht die Schauspieler vor einem feinen Vorhang aus Regenschleiern sich trübsinnig in den Armen liegen oder unter stiebenden Kunstschneeflöckchen sich fröstelnd in ihre Paletots mummeln, wobei jede Berührung unmöglich wird und also der Zweck der Eiszeit sehr schön hergestellt ist: daß nichts mehr geht. Wozu man sonst intelligentes Sprechen oder einsichtiges Sichverhalten benötigt hätte, das erledigt eine Atmosphäre-Maschine von selbst. So viel Trauer, Weltschmerz und Wehleidigkeit war jahrelang nie auf deutschen Bühnen — aber sie kamen und kommen selten von Herz oder Hirn oder Seele, sie kommen meist vom Apparat. Eine logistisch perfekt unterstützte Tranigkeit: Requisiten, die Gefühle machen.

Der weiße Leinenanzug, den Tschechows Gutsbesitzer so gut wie Thebens Herrscher, Goethes Fürsten so gut wie Brechts Götter, Shakespeares Kaufleute und Cäsaren ebenso wie die Boulevardgespenster von Botho Strauß tragen müssen, vermittelt das Gefühl einer billigen Konfektion. Sie gibt der Figur die Anti-Aura von der Stange: jedem Individuum seine entindividualisierte Kledage. Der wasserziehende Schmuddelunterrock im Tutu-Plissee, darunter die derben Fallschirmspringerstiefel für Mephisto; das Aktenköfferchen für Egmont; die *F.A.Z.* für Richard III.; die Jeans für Romeo; die Fahrräder für Lysander und Demetrius, Hermia und Helena: Requisiten und Kostüme fahren den Schauspielern übers Maul. Sie lassen ihnen keine Chancen, aus unserer Welt in die Gegen-Welt zu gelangen — als

wären diese Allerweltsmaterialien gerade dazu verwendet worden, dem Theater angst davor zu
machen, sich in etwas zu verwandeln, was man
noch nicht kennt, als krallten sie es kleinmütig am
Alltag fest. Bevor noch ein Schauspieler die Chance
hätte, einen Clavigo aus einer Zeit und einer Welt
kommen zu lassen, die mit unserer nichts zu tun hat,
aber uns vielleicht deshalb um so mehr in Spannung zu
ihr versetzt, haben die Requisiten bereits ihr Urteil
gesprochen: Clavigo kommt heute von nebenan. Man
könnte ihn in jeder Kneipe um die Ecke treffen.

Das schlechte Gewissen vor der Putzfrau heiligt den
Eimer auf der Bühne. Das schlechte Gewissen vor
dem Alltag heiligt alle Alltagsrequisiten auf der Bühne,
von der Zigarette bis zum Wasser. Das Theater hat
panische Angst, wegzukommen von dem, was jeder
gut kennt. In der Komödie *Besucher* von Botho Strauß
tritt ein Zuschauer auf, der im Theater schier wahn-
sinnig wird: »Was für ein Abend! Ich gehe ins Theater, um mir die Sorgen zu vertreiben. Was sehe ich
aber auf der Bühne: haargenau meine Sorgen. Ein
Stück, wie es alltäglicher nicht sein könnte. Man
kommt von der Garderobe und betritt den Zuschauerraum. Man nimmt Platz. Der Vorhang öffnet sich,
und man sieht vor sich wiederum die Garderobe. Ein
Mensch tritt auf, einem selbst zum Verwechseln ähnlich, jemand, der offenbar überstürzt ein Schauspiel
verlassen hat und sich nun bei der Garderobenfrau
darüber beschwert, daß ihm das Theater zu alltäglich,
zu gegenwärtig, zu wirklichkeitsnah und persönlich
nur allzu bekannt vorkommt. Womit ich mir meine
eigenen Worte des Abscheus sparen kann.«

Der Straußsche Zuschauer beschreibt das Alltags-
theater. Darin werden am Ende die Schauspieler selbst

zu Requisiten aus dem Alltag. Sie machen sich im Grunde überflüssig. Der »Zuschauer« sagt es so: »Wenn das ein schönes Stück ist, so wäre mein Leben schön. Wenn das gute Schauspieler sind, wäre ich ein Naturtalent. Stünde ich selbst auf der Bühne und brauchte mich nicht als Zuschauer über einen Zuschauer auf der Bühne zu ärgern. Ich habe letztlich keinen Schauspieler gesehen, sondern einen glücklosen Mann, den es auf die Bühne verschlagen hat.«

Dafür sieht er glückliche Eimer, selige Zigaretten, tiefgründige Wassergräben, melancholische Regentropfen, trauernde Schneeflocken, vielsagende Schreibmaschinen, unschuldige Anzüge. Das Material spricht. Das Theater verstummt.

Das Material besteht aus den Restposten eines Eroberungsfeldzugs, die nur noch eines signalisieren: »Sieg!« Die Herren dieses Feldzugs, der seit Beginn des zwanzigsten Jahrhunderts geschlagen wird, sind die Bühnenbildner.

Das Licht geht aus, der Vorhang auf — und in der vierten Reihe wirft der Kritiker einen Blick auf die Bühne, sagt laut: »Schon Scheiße!«, erhebt sich und geht. Diese absolut unverbürgte, aber im Kern wahrhaftige Anekdote ist nur im Zeitalter der Bühnenbildner erzählbar. Im reinen Schauspielertheater, wo nur Worte zählen, brauchte es viel länger, bis man sich zum »Scheiße!«-Verdikt durchringen könnte. Das Bühnenbild aber spricht sich oft sofort das Urteil.

Es erklärt den Schauspieler zum beweglichen, sprechenden Requisit. Es bezeichnet und zeichnet die Inszenierung von vornherein fertig, es legt schon alle Bedeutung nahe: ein Betonbunker, in dem alles Krieg ist; eine gekachelte Metzgerei, in der alles Schlachten ist; eine schräge Ebene, in der alles ins Rutschen gerät; eine Monitor-Batterie, auf der alles zum Fernsehen wird; ein Birkenwald, in dem alles Sentimentalität ist. Oder ein riesiger rosaroter Kasten mit Fußbodenbohlen, zwischen denen Abgründe gähnen — und mitten im Raum ein winziger Heißluftballon: So schweben die klitzekleinen Hoffnungen im viel zu großen rosa Salon durch Tschechows *Kirschgarten.* Gegen die Illusion des Theaters im neunzehnten Jahrhundert, die Welt auf der Bühne abbilden zu können, nur eben schöner und reicher und wundervoller, erfanden die Revolutionäre des zwanzigsten Jahrhunderts den Raum auf der Bühne, den sie immer erst erfinden wollten: den gebauten und umbauten »ganz anderen Zustand«, in den kein Weg von der Wirklichkeitswelt hinein- und aus dem kein Weg in diese hinausführt.

Räume für Licht- und Farbenspiele; Riesentreppen, Zyklopenburgen des rasenden, Abstraktionsgeometrien des strengen, historische Zitate und zeichenhafte Plakate des epischen Theaters. Die Revolution der anti-illusionistischen Bilder erstarrte und erstickte spätestens in den fünfziger Jahren im Stil des Stiltheaters, als man die Figuren der *Emilia Galotti* unter stilisierten Rokoko-Rundbögen über einem Schachbrettmuster auf dem Bühnenboden hin und her schob, als fehlten ihnen Fleisch und Blut, als ein Hamlet einfach aus ein paar schwarzen Vorhängen hervortrat, als sei Helsingör kein Ort, als die Brecht-Gardine so tat, als könne man sich alles andere auf der Bühne selber denken.

Plötzlich, Mitte der sechziger Jahre, purzelten Versatzstücke der Pop-art auf die Bühne, drängten Metallgitter, Metallstege, Glühbirnengirlanden, Comic-Splitter, Montagen, Collagen auf die Szene. Die Bühnenbildner ließen die Kunst-Welt ins Theater: Sie

projizierten auf die Bühne wie auf eine gigantische
Leinwand ihre artifiziellen Assoziationen zu Text und
Drama. Antigone spielte ihre verzweifelte Humanität
vor einer monströsen eisernen Maske mit stumpfen
Augenhöhlen aus, die über die gesamte Bühnenrück-
wand gespannt war. Die Räuber verrichteten ihr ver-
gebliches Machtwerk unter Maschinengewehrmänn-
chen und Sprechblasen im Stil Roy Lichtensteins.
Stahlrahmen, Neoninstallationen, kaltes Gewerke aus
der Industrie des Kapitalismus überspannte zarte Lie-
besgeschichten. Molières eingebildeter Kranker ließ
sich seine Klistiere vor einem riesigen Bühnenrück-
wandbild verabreichen, das eine blutrote Zunge zeigte,
die aus einem giftiggrünen Maul herausragte, in das
hinein Unmengen von Pillen und Kapseln und
Dragees gestopft wurden. Die Regel für Bühnenbildner war: Hier der Text — dort das Bild als Kommentar dazu. Der Bühnenbildner wurde zum zeich-
nenden und malenden Dramaturgen: zum literarischen
Kritiker mit dem Farbtopf, der mehr oder weniger
wild, distanziert, intelligent, witzig den szenischen
Leitartikel pinselte — wortlos. Einer dieser besten
Leitartikler war damals Wilfried Minks.

Dann war der Bühnenbildner des Kommentierens
und Zitierens müde. Er vertauschte die Außenaus-
stattung mit der Innenbeleuchtung eines Stücks: Er
wurde vom Leitartikler zum Magier und Beschwörer,
schuf Lichträume, collagierte Spiegelfluchten, stellte
hochhinstrahlende Natriumdampflampen auf, vor denen die Schauspieler nur noch wie Schattenrisse zu
agieren hatten, oder er ließ winzige Glühlämpchen-
bahnen hinter Gazevorhängen sich kringeln. Oder
er entwarf ungemein hohe, stuckverzierte, aber kalk-
gruftartige Altbauzimmer, ausweglose Existenzfallen,

in deren rechtem oberem Eck ein kleines Schwalben-
nest klebte. Oder er ließ Wände ganz langsam sich
gegeneinander verschieben; durch die so entstehenden
größeren oder kleineren Schlitze blickte man auf ein
Magrittesches Meer. Oder ein alter Bahnhof wurde
zum Ätna des Empedokles. Oder Berge von alten
Schuhen waren als Dickicht der Städte zu durchschlur-
fen. Oder im Dämmerlicht des großen kahlen Bühnen-
hauses, das — ungemein beliebt seit den Siebzigern —
bis zur Brandmauer aufgerissen ist, fahren nur hie und
da ein paar Züge herunter, an denen normalerweise
Bühnenbilder hängen, auf denen aber jetzt die Schauspieler schaukeln oder unter denen sie hindurchkrie-
chen. Oder über den Köpfen der Zuschauer und der
Schauspieler hängt ein Fries mit hyperrealistischen
grimassierenden Spießergrimassen in Cinemascope oder
ein in Eisesfarben gemaltes Gebirge, das kopfüber auf
alle herunterzustürzen scheint.

Licht-Magier ist Erich Wonder. Zimmer- und Ge-
schlossener-Raum-Magier ist Karl-Ernst Herrmann, der
wichtigste Bühnenbildner der Berliner Schaubühne zu
Zeiten Peter Steins und Luc Bondys. Environment-
Magier sind Eduardo Arroyo und Gilles Aillaud, die
vor allem mit dem Regisseur Klaus Michael Grüber
zusammenarbeiten. Symbol-Magier ist Achim Freyer.
Großraum-Magier ist Gisbert Jäkel, der unverrückbar
zur Regisseurin Andrea Breth gehört. Der Fratzen-
Magier ist Johannes Grützke, der gerne mit Peter
Zadek sich zusammentut.

Sie sind die stummen Herrscher des Theaters. Der
Regisseur, der Haustyrann, äußert sich lärmend, der
Bühnenbildner anschaulich. Seine Bilder sind gefro-
rene Inszenierungen. Sein Etat übersteigt den des
Regisseurs um ein bedeutendes. Er kostet das Theater

am meisten Geld, er bringt dessen Technik und Verwaltung und Kapazitäten an den Rand der Erschöpfung. Er sorgt, vor allem dann, wenn er nicht weiß,
was er will, oder wenn er zu spät weiß, was er wollen
sollte, für Verschwendung von Ressourcen. Aber er
hat auch den Regisseur nicht nur in den Mitteln, sondern vor allem in den Zeichen übertrumpft.

Die Bühnenbilder sind so prächtig und mächtig, daß
kaum ein Schauspieler noch die Chance hat, sie zu be-
herrschen, den Raum zu füllen. Der Raum erfüllt
vielmehr ihn. Bühnenbilder sind oft Materialschlachten, Zeichen-Schlachten gegen die Menschen auf der
Bühne, in denen der Sieger feststeht.

Nicht umsonst gingen die meisten der genannten
Bühnenbildner in den achtziger Jahren dazu über,
eigenständige Raum-Inszenierungen, Kunst-Theater-
Werke zu schaffen, die fast nur noch aus Bild-Elemen-
ten bestanden und den Menschen nur noch als Bild-
Element begriffen. Die zweite Phase bestand darin,
daß sie anfingen, selber zu inszenieren, das heißt, ihre
Erfahrungen mit Bild-Inszenierungen auf Menschen-
Inszenierungen zu übertragen — so daß Wilfried
Minks Leitartikelinszenierungen unterliefen und Karl-
Ernst Herrmann komplizierte Seelen-Innenraum-In-
szenierungen gelangen. Wobei Bühnenbildner im allgemeinen weniger Schauspiel als vielmehr Oper in
Szene setzen. Das musikalische Arrangement erlaubt
weitatmigere Szenen; das Singen stört das gewaltige,
schlagende Bild weniger als das dialogisch-kleinteilige
Sprechen. Das große Ungefähr musikalischer Gefühls-
werte im Operndrama paßt sich den Großzeichnungen
der Bühnenbildner besser an als das kleinere, aber
präzis-widersprüchlich Komplexe eines Schauspiel-
dramas.

Die Bühnenbildner sind übers Theater hinweggefegt wie ein semiotischer Hurrikan: Sie haben eine Unmenge an Zeichen auf die Szene gekippt, die dort wie in einem großen Arsenal bereit- und durcheinanderliegen. Und oft werden sie, vor allem an den kleineren Häusern, auch dementsprechend verwendet: als Kopien aus dem aktuellen Großvorrat, als Abzüge von den prominenten, berüchtigten, berühmten Negativen. Das Bühnenbild ist oft der letzte, verzweifelte Versuch, der Inszenierung einen Aufmerksamkeitswert zu sichern dadurch, daß ein Event ins Szenenbild gesetzt wird: *Was ihr wollt* vor einem Gummireifenlager und hinter einem Müll-See, *Penthesilea* zwischen Öltonnen, *Tristan* im Raumschiff, *Danton* in einem Fabrikwrack. Man schafft dem Stück keinen Raum, man sucht ein Stück für einen Raum: Am Anfang ist das Bild, am Uranfang aber oft das Zitat. Daraus erst ergibt sich dann die Dramaturgie. Der Zweck, mit dem brutalen, zauberischen, wunderbaren Erfinden von Räumen der Illusion entgegenzuarbeiten, das Theater könne die Welt abbilden, ist längst untergegangen in den Mitteln, die der Raum heiligt. So wirken die Bühnenbilder oft wie teure Mützen: übergestülpt.

Es war dann nur eine Frage der Zeit oder des Zufalls, daß in die großen, teuren, schönen, gleichgültigen Räume die Welt wieder ihren Einzug hielt, daß die Event-Ästhetik die Versatzstücke der Schöner- oder Häßlicher-Wohnen-Welt in sich aufnahm, daß der Alltagsschrott im Großbild seinen Auftritt hatte. Der Eimer ist nicht nur ein soziales Indiz. Der Eimer ist einmal ein Requisit gewesen. Jetzt macht er oft schon das ganze Bild aus. Requisit ist dann der, der mit dem Eimer auf der Bühne spielt.

Der Wasserkopf. Apparat.

*Alles scheint den Leuten hier die immer
gleiche Maschinerie zu sein.*
Louis Aragon, »Theater«

Das Haus war funkelnagelneu. Ein Riesenbau aus
lauter schwingenden Rundungen; eine von Stahlla-
mellen rundum verkleidete architektonische Riesen-
plastik; eine Burg mit klitzekleinen Schießscharten;
eine Theaterfestung, von der sich schon bei ihrer Fer-
tigstellung Ende der sechziger Jahre herausstellte, daß
sie von niemandem zu nehmen war — nicht einmal von
der Theaterkunst.

Die Bühnentechnik, das Feinste vom Feinen, wurde
für 8,2 Millionen Mark installiert, das waren einundzwanzig Prozent der Gesamtbausumme. Die Beleuch-
tungsanlage, die modernste, die zu haben war, dazu
angeschafft, die Kunst ins rechte Licht zu setzen, war
ein Wunderwerk der Technik. Die Supermaschine,
einmal programmiert und in Gang gesetzt, würde eine
ganze Aufführung lang jede Scheinwerfereinstellung,
jede Lichtnuance, jede Filterwirkung, jede Farbe automatisch zum gewünschten Zeitpunkt herstellen. Das
hieß erstens, daß der Mensch nicht mehr eingreifen
mußte. Das hieß zweitens, daß der Mensch nicht mehr
eingreifen durfte.

Bei der Generalprobe zu einer Uraufführung, der
ersten Bewährungsprobe des Wunderdings, fiel die
Lichtmaschine aus. Alles, was an ihr Plastik war,

erwärmte sich, lief heiß, versagte den Dienst. Und es war viel Plastik an ihr. Dunkel. Der Regisseur und Intendant raufte sich die wenigen Haare, die ihm in seinem langen Theaterleben noch verblieben waren, wandte sich hysterisch-pathetisch an einen kleinen, unscheinbaren Mann im leeren Zuschauerraum und fragte verzweifelt: »Monsieur Ionesco, was sollen wir bloß tun?« Und der große Dramatiker antwortete ganz ruhig und fast ein wenig verwundert: »Ach wissen Sie, Monsieur Stroux, wenn bei uns in Paris in unserem kleinen Theater so etwas passierte, dann hat der Bühnenmeister eine große Blechbüchse genommen, in ihren Boden ein Loch geschnitten und eine Glühlampe durchgesteckt. Es war genug Licht.«

Die kleine Düsseldorfer Anekdote illustriert einen großen Traum des Welttheaters. Der Traum hat viele Gesichte. Es ist nicht nur der Traum vom Loch in der Büchse. Es ist auch der Traum von den beiden Fässern, über die man einfach ein paar Bohlen legt. Es ist auch der Traum vom Purzelbaum aus dem Stand mitten auf dem Marktplatz ohne Netz und doppelten Boden. Es ist der Traum von der Alleinherrschaft des Theaters, das keine Herrscher über sich duldet, die Maschinen sind. Es ist der Traum von der Abschaffung der Apparate.

Der Traum ist zu schön, als daß er je wahr gewesen wäre. Vielleicht war er einmal Realität, als die Hordenkomiker um die Lagerfeuer der Neandertaler nur mit ein paar Grimassen ihre Späße trieben. Die Komödie war immer schon so verdorben, daß sie mit nichts als der Unschuld wuchern konnte — auch in den Mitteln. Aber schon die Hordentragiker, also die Priester, benötigten, um zu wirken, todsicher allerlei Brimborium, Knochen, Felle, Amulette. Die Zeremonie ist die Urmutter des Apparates; Kult braucht Aufwand.

Man kann dies alte Phänomen heute noch im Vatikan studieren, einer Institution übrigens, die leider viel zu wenig als Theater begriffen wird.

Das Verhältnis von Apparat zu Kunst ist, seit es das Theater gibt, ungefähr gleich geblieben: achtzig Prozent Apparat, zwanzig Prozent Kunst. Alle wissen das. Nur, wenn es einer ausspricht, verbreitet sich lähmendes Staunen und Entsetzen. Der Apparat ist wie ein Totem, der mit einem Tabu belegt ist: Nennt man seinen Namen, stiftet er Verwirrung.

Der Apparat steht für das physikalische Gesetz von den verheerend sich abstoßenden Anziehungskräften der Massen am Theater: Ein immer massigerer, üppigerer, aufgeblähterer Apparat, bestehend vor allem aus unkündbaren, nach keinerlei Leistungskriterien entlohnten technischen, handwerklichen und verwaltungstechnischen Mitarbeitern, produziert für immer mehr Geld immer weniger Kunst, wofür immer weniger Arbeitszeit zur Verfügung steht.

Der Apparat, die Maschinerie des Theaters, sollte eigentlich im Theater aufgehen und verschwinden: Dem Material, das die Maschine produziert, dürfte man die Maschine nicht mehr ansehen. Die Materie, die sie bearbeiten hilft, bedeutet am Ende das Immaterielle: Kunst. Hält man sich aber vor Augen, daß zum Beispiel in einer durchschnittlichen Saison an einem großen Dreisparten-Staatstheater wie zum Beispiel Stuttgart fünfunddreißig Sänger, zweiunddreißig Schauspieler und einundsechzig Tänzer fünfhundertundzehn Technikern und Verwaltungsleuten gegenüberstehen, dann mag man begreifen, was am Theater Bestand hat: Schauspieler, Sänger und Tänzer sind kündbar,

Techniker und Verwaltungsangestellte sind unkünd-
bar. Die Künstler kommen und gehen, der Apparat
bleibt.

Der Spielraum, in dem Bewegung und also das
Außerordentliche herrscht, Bewegung aus neuen Gesichtern, neuen Temperamenten und Stilen, der Kunst-
Raum also ist klein. Und er wird immer kleiner — und
teurer. Immer weniger Spitzenkräfte des Schauspiel-
oder Operntheaters werden von immer mehr Häusern
verlangt, hetzen preis- und gagetreibend von Premiere zu Premiere: das fliegende Ensemble. Und
ein paar Spitzenregisseure und Spitzenbühnenbild-
ner lassen sich von immer mehr Häusern umwerben.
Und wenn sie sich herablassen, einem Haus für ein
paar Monate zur Verfügung zu stehen, dann gehört das
Haus und dessen Apparat ganz ihnen.

Wenn sie verschwunden sind, kehrt der Alltag
wieder ein. Das Ensemblegefühl ist aber weniger auf
der Bühne als hinter der Bühne zu Hause. Das Ensemble ist an vielen Häusern das Technikerensemble:
institutionalisierte Solidarität. Denn hinter ihm steht
die Gewerkschaft. Die Gewerkschaft ist zwar nicht
ganz der Tod der Kunst, aber schon der Virus, der den
Apparat zum tödlichen Wuchern bringt.

Im Apparat-Ensemble passiert das Selbstverständ-
liche, Gewöhnliche, Ordentliche, sozial Verträgliche,
Kontrollierbare. Feste Arbeitszeiten, die immer weniger werden: Das Ziel sind 35 Stunden in der Woche;
zur Zeit arbeitet man durchschnittlich 5,5 Stunden am
Tag. Das wäre kein unüberwindbares Problem. Das
Problem liegt darin, in welcher Weise gearbeitet wird.

Angenommen, auf der Bühne der Oper läge ein
Stein von 1 kg Gewicht. Und die Schicht, die das
Bühnenbild abzubauen hätte, hätte nur diesen einen

Stein wegzutragen, dann sind alle zehn Mann der Schicht mit diesem einen Stein beschäftigt, keiner mehr, keiner weniger. Gäbe es im Falle eines Dreisparten-Hauses zur gleichen Zeit im Schauspiel mehrere Tonnen Bühnenbild aufzubauen, dann dürften die unbeschäftigten, aber voll im Einsatz sich befindlichen Einkilo-Abbauer der Oper nicht im Schauspiel mit anfassen. Und wenn die Schicht, die im Schauspiel abbaut, schneller fertig wird, kann sie der Schicht, die der Aufbau womöglich überfordert und die deshalb Überstunden machen muß, nicht helfen. Alles gewerkschaftlich und strukturell untersagt.

Der Apparat sollte beweglicher werden. Schön wäre es, wenn er nicht nach dem starren System der Tarife, sondern nach dem flexiblen Bedarf der Künste funktionierte. Aber die Künste funktionieren eher nach seinem System. Die Techniker, die Könige des Apparates, können die Kunst lahmlegen, vor allem dann, wenn der gewerkschaftlich nicht organisierte, nur banal materielle Teil des Apparates, bestehend aus Schnüren, Schrauben, elektrischen Leitungen, hydraulischen Vernetzungen, ins Spiel kommt.

Die Untermaschinerie der Münchner Staatsoper wurde für achtzig Millionen Mark umgestellt von Öl- auf Wasserhydraulik — oder war es umgekehrt? Jedenfalls befanden sich nach dem Monate dauernden Umbau, der das Haus zu Schließungen zwang, Ölteile im Wasser oder Wasserteile im Öl, auf jeden Fall herrschte eine unstatthafte Vermengung, die sofort die Maschinerie und somit den ganzen Theaterbetrieb außer Funktion setzte, so daß das Haus wieder schließen mußte. Wenn die Maschinerie eines Tages für hundert Millionen Mark nachrepariert ist, darf man gespannt sein, was sich dann dort unten in den gehei-

men Leitungen und Pumpen wieder vermengen wird.
Dann müßte das Haus von neuem geschlossen werden . . . und so weiter.

So könnte der Betrieb das Theater, das zum Nicht-
Theater wird, unaufhörlich mit den Belangen des
Betriebes beschäftigen: für immer mehr Geld die
totale Null-Kunst. Ein Menetekel? Vielerorts ist das
schon die sich einem Grenzbereich nähernde Wahrheit.
Und nicht erst seit heute.

»Den hochbetitelten technischen Vorstehern und
auch der Bühnenarbeiterschaft machte es deutliches
Vergnügen, mir die technische Überlegenheit ihrer
Bühne vorzuführen. Es ging lustig hinauf und hinunter, nach hinten und nach vorn, die Bühne drehte sich,
die Schiebebühne bewegte sich. [. . .] Es ging geradezu
fidel vor sich. Das hielt aber nur so lange an, bis alle
Beteiligten merkten, daß es sich nicht nur um eine
unverbindliche Vorführung für einen Fremden mit
einem gewissen Berufsansehen handelte, sondern um
den Ernstfall.« Das war 1964, als Fritz Kortner am
Wiener Burgtheater Ibsen inszenieren wollte. Man
rechnete dem Meister des Theaters vor, daß dieses
Wunderwerk der Bühnentechnik eigentlich gar nicht in
Gang kommen könne: Die nötigen Probestunden für
dessen Mobilisierung würde die gewerkschaftlich aus-
gehandelten Arbeitsstunden weit überschreiten. »Sie
auf Sekundengenauigkeit in Bewegung zu bringen und
die verschiedenen Teile zu koordinieren würde ein
übergroßes Arbeitspensum erfordern und Ansprüche
auf Verstand und Geistesgegenwart erheben, die gewerkschaftlich nicht vorgesehen sind.«

Die Fronten sind klar — und alt. Nur hat sich Fritz
Kortner dem Apparat nie ergeben. Er hat ihn bis zum
äußersten gefordert. Er wußte genau, was er mit sei-

nem Theater wollte. Es kam zu Krächen mit dem Diktator Kortner. Aber am Ende diente man, um es etwas pathetisch zu sagen, gemeinsam der Kunst. Sie stand oft auf der Kippe, aber nie in Frage.

Im Juni 1989 hatte in der Berliner Schaubühne Peter Steins Inszenierung von Tschechows *Kirschgarten* Premiere. Der Regisseur trat vors hingerissen jubelnde Publikum, hob herrisch die Arme; Stille im Saal. Dann hielt Peter Stein eine kleine Ansprache des Inhalts, daß man diesen Abend Leuten verdanke, die nicht auf der Bühne zu sehen seien — und er bat die ganze technische Mannschaft der Schaubühne vor den Vorhang, die er ausdrücklich dem Beifall preisgab.

Das Schwitzwasser an den Gutshoffenstern; die Tausende schneeweißer Kirschblüten, die durch die Fenster hereinleuchteten; die wunderschönen Kirschbaumäste, die einmal durch ein Fenster klirrend hereinbrechen; die Atmosphäre von Dämmerung; die Töne des jüdischen Orchesters im dritten Akt; die richtige Dosierung und Konditionierung der Heuhaufen im zweiten Akt; die Abendstimmung; die abgesessenen Fauteuils — also die ganze Stimmung des Theaterabends: reine Technik, Handwerk, Apparat, Elektronik, Mechanik, Hydraulik. Aber zugleich großes Theater. Der schmerzend-ironische Abschied, den Tschechows Menschen von der Welt feiern, wurde mit modernsten Mitteln in Gang gesetzt.

In Gang gesetzt wurde der Apparat vom Willen eines Regisseurs und eines Bühnenbildners. Aber in den Kritiken der rezensierenden Verächter Peter Steins war daraufhin die Vermutung zu lesen, es habe zu dieser Tschechow-Inszenierung eigentlich eines Regisseurs nicht bedurft — ein technischer Direktor mit Sinn für Bühnenwirkungen hätte das auch hinkriegen können.

Das ist natürlich Blödsinn — aber mit einem wahren Körnchen Hintersinn. Im Hintersinn steckt nicht der Fall Peter Stein, sondern eine allgemeine Tendenz: Die Apparate nehmen nicht nur hinter der Bühne überhand; die Bühnenkunst ist mehr in der Hand des Apparates, als daß sie ihn beherrscht.

Als kleines haltbares Aperçu zu diesem an sich unhaltbaren Zustand kann man sich merken: »Das Bühnenbild geschieht.« Es stammt von Walther Unruh, bis 1945 technischer Direktor an der Hamburger Staatsoper, danach Konstrukteur und Theaterbauberater. Unruh, ein Theoretiker der Theatertechnik, verstand »geschehen« noch im Sinne eines existentiellen Vorgangs, den die Technik nur begünstigt oder auszulösen hilft. Heute könnte man besser sagen: Das Bühnenbild passiert. Die Technik stößt dem Theater zu. Sie bricht über es herein. Sie ist der Geist, den man ruft und der einen nicht mehr losläßt. Das Theater heute ist ein Theater der Zauberlehrlinge.

Ein durchschnittliches Bühnenbild kostet heute den Preis eines Einfamilienhauses. Wenn dem Bühnenbildner zwei Wochen vor der Premiere der Einfall kommt, eine bereits für 30 000 Mark angeschaffte Arkadengalerie aus Palisanderholz sei nicht das Richtige, es müsse nun Teak sein; wenn es ihm kurzfristig beifällt, den Sängern des Chores echte Goldlitzen auf die Manschettenärmel nähen zu lassen, wobei im Publikum kein Mensch die Manschetten sieht — dann zeigt das, daß die Zauberlehrlinge das Theater nicht eigentlich treiben, sondern sich in und mit ihm treiben lassen. Ihren Einfällen, die viel Technik und Werkstatt kosten, ergeben sie sich wie einer Droge. Der Stoff wird immer teurer. Und der Dealer im Hintergrund, die Gewerkschaft, setzt den Preis immer ungenierter fest.

So kommen manche Zauberlehrlinge ins Zittern. Und sind auf dem Strich gelandet oder auf dem Schwarzmarkt — in Musical-Hallen zum Beispiel in Bochum oder in Hamburg oder Wien, wo das Theater jahrelang jeden Abend dasselbe Stück in derselben Technik dröhnend und lärmend unter- und aufgehen läßt. Phantomtheater, Starlights und Highlights *espresso:* Theater durchgedrückt und durchgepaukt; die Bühne als Bums. Der Dealer hat dort nichts zu versagen. Solches Theater findet außerhalb gewerkschaftlicher Obstruktion statt.

Der Rest ist Sucht. Und Ohnmacht. Die, die sich die Köpfe nennen am Theater, reden vom Theaterapparat gerne wie von einem Wasserkopf: von einer Krankheit. Sie haben sie dauernd.

Der Moralkopf. Resolutionist.

*Hört nicht auf zu verhandeln,
hört auf zu schießen!*
Das Ingolstädter Stadttheater-
Ensemble schreibt im Golfkrieg an
Kanzler Kohl

*Moral, das ist, wenn man moralisch ist,
versteht Er?*
Hauptmann in »Woyzeck«

Wer am Theater arbeitet, der darf gefahrlos Dinge tun,
für die er draußen in der Welt ins Gefängnis käme. Er
mordet, schlachtet, reißt Augen aus, führt Kriege, be-
trügt Witwen und Waisen, schändet Jungfrauen, denen
er anschließend die Arme und Beine abhackt und, der
Greuel noch nicht genug, die Zunge herausschneidet.
Er läßt Köpfe rollen und verführt die Frauen der
Geköpften. Er arbeitet mit vergifteten Säbelspitzen,
Zaubertränken, Flüchen, Verwünschungen, die alle in
Erfüllung gehen. Er läßt Züge entgleisen und träufelt
seinem Bruder eine toxische Substanz ins Ohr, während
der Bruder schläft. Aber dann stehen die Toten wieder
auf, die Geköpften rücken ihren Kopf wieder zurecht,
die Vergifteten haben Lust auf ein Bier, man verneigt
sich und fährt nach Hause: durch eine Welt, die nicht
das Theater ist — weshalb das Theater auch nicht die
Welt ist.
Manchmal wird diese Urvereinbarung gebrochen.
Dann läuft das Theater der Welt nach: Der Vorhang
geht auf, und man sieht auf der Bühne (Stoßseufzer

Alfred Polgars: »Ah, scho wieder a Zimmer!«) exakt
die Figuren, die man in der Welt draußen auch dauernd
sieht, die exakt in der Wohnzimmergarnitur sitzen, die
man zu Hause auch hat. Oder die exakt aus den Akten
stammen, die man aus Gerichtssälen und -archiven, aus
Diplomatensafes und Auswärtigen Ämtern, inklusive
Geheimdiensten, bezieht. Man nennt das entweder
Boulevardtheater, wenn es nur um Wohnzimmergarni-
turen geht, in denen auch ein Schrank vorkommen
darf, in dem man Liebhaber versteckt. Oder man nennt
das Dokumentartheater, wenn es um Akten geht. Das
Dokumentartheater ist die langweiligere Kehrseite des
Boulevardtheaters, das wiederum die verlogenere Kehrseite des Dokumentartheaters ist.

Manchmal wird die Urvereinbarung zwischen Welt
und Theaterwelt aber auch noch auf eine andere Weise
gebrochen. Dann kapituliert das Theater vor der Welt.
Es tut dies in der Gestalt des Resolutionisten. Der
Resolutionist taucht immer häufiger im Theater auf.
Der Resolutionist kann Intendant, kann Regisseur sein,
fast immer ist er Schauspieler.

Sein Kennzeichen ist, daß ihm das Theater nicht
mehr genügt. Er mag es nicht mehr. Er glaubt nicht
mehr an die Gegenwelt, für die er zuständig zu sein
hätte. Er stellt sich gegen die Welt, an der er verzweifelt. Für seine Verzweiflung macht er das Theater
haftbar — indem er es liquidiert. Er wirft seine Rolle
hin, legt das Textbuch weg, läßt den Vorhang herunter
und verliest eine Resolution. Auch wenn er keine
Resolution verliest, läßt er mitteilen, daß es eigentlich
nicht angehe, heute abend zu spielen, man spiele nur
unter Protest, im Ausnahmezustand.

Was ist passiert? Ein arabischer Diktator hat mit
seiner Armee das Nachbarland überfallen, besetzt, die

Bevölkerung zum Teil niedermetzeln lassen und auch das dortige Theater, an dem immerhin *Nathan der Weise* auf arabisch gespielt wurde, in Schutt und Asche geschossen. Zuvor hatte dieser Diktator ganze Bergstämme im Norden seines Reiches mit Giftgas ausgerottet. Der deutsche Resolutionist aber regte sich nicht. Er inszenierte, spielte und verantwortete die *Blume von Hawaii,* die *Fledermaus,* die *Lustige Witwe* und den *Nackten Wahnsinn,* auch den *Tollen Tag* und *Das Sparschwein.* Und das war gut so für den Resolutionisten. Denn hätte er die *Fledermaus* oder den *Nackten Wahnsinn* für frivol und unangemessen erklärt, während in Kurdistan nackte tote Kinder mit vom Gas grün gefärbten Gesichtern auf der Straße lagen, wäre er aufgefallen. Niemand draußen in der Welt außer ein paar Politikern und Nachrichtensprechern kümmerte sich darum. Als aber eine Welt-Koalition einen Krieg gegen den Diktator begann, den sie zuvor noch so gewaltig aufgerüstet hatte, daß er den Krieg gegen sein Nachbarland überhaupt führen konnte, brach der Resolutionist durch die Rampe. Denn nun plötzlich brandeten Hysterien draußen ums Theater; Schüler brachen weinend vor Kirchentüren zusammen; Mahnwachen wurden gehalten; Protestmärsche, Menschenketten organisiert. Die Schrecken des Krieges ließen sich, wie sich bald herausstellte, in wunderschönen Fernsehbildern als absolut saubere, unblutige Operationen simulieren. Das Erschrecken vor diesem Krieg, Tausende von Kilometern vom Schauplatz entfernt, entsprach fast vollkommen diesem Verfahren: Auch das Entsetzen war in einer absolut sauberen, wohlfeilen Betroffenheit simuliert. Dort Kriegsspiele — hier Pazifismusspiele.

Der Resolutionist aber spürte, daß er, wenn draußen so viel Betroffenheit herrschte, leicht den Anschluß verlieren könnte. Sein eigenes Metier, davon ist er nicht nur innerlich überzeugt, betrifft ihn kaum noch; dafür hat er es zu stark abgespielt. Er hat alles gemacht, alles hinter sich, hat, bald nach dem Selbstmord eines deutschen Ministerpräsidenten in einer Schweizer Badewanne einen *Macbeth* in der Badewanne inszeniert. Er hat jede Jeans-, jede Ledermode, jede Frisurenfarbenvariante, jedes Motorrad, jedes Transparent, jede Banane, die die Welt ihm draußen hinhielt, lässig-müde auf der Bühne untergebracht. Er ist der Welt nicht gerade nachgelaufen, er hat sie einfach hereingezerrt. So lange, bis er nichts mehr zu ihr zu sagen hatte, sie einfach sich selber auf der Bühne sich auskotzen ließ. Jetzt aber, wenn sie sich selber auskotzt, draußen, suspendiert der Resolutionist das Theater von der Aufgabe, die Tore offenzuhalten und reinzulassen, was reinwill. Er setzt die *Lustige Witwe* ab und läßt statt dessen nonstop aus dem Koran lesen. Die *Blume von Hawaii* ist ihm zu amerikanisch, denn die Amerikaner hatten den Krieg gegen den arabischen Diktator und Massenmörder angeführt. Die *Fledermaus* ist zu frivol für einen Krieg, der fünfzehntausend Kilometer weiter südöstlich stattfindet, ebenso wie der *Barbier von Sevilla*. Statt dessen verliest der Resolutionist Mahnbriefe an den deutschen und amerikanischen Regierungschef. Der Resolutionist als Befehlshaber vergattert seine Truppe. »Die Kunst hat ihren Mann zu stehen«, lautete der Theatertagesbefehl in der deutschen Stadt Essen. In Bochum krauchte der Resolutionist unter einer Totenmaske vor dem Schauspielhaus herum und schlug die Totentrommel, während andere Resolutionisten Resolutionen gegen den Krieg verteilten. In Düsseldorf legte der Resolutionist Schweigeminuten ein in Vorstellungen, die er nicht abgesagt hatte:

Solange die Bomber dröhnten weit hinter der Türkei, wollte er in Düsseldorf nicht den Mund aufmachen. In Stuttgart plante der Resolutionist Aktionen in der ganzen Stadt und »führte sie durch«. In Kiel las er vor verschlossenem Vorhang »Not-Lösung«-Texte.

‿Überall in jenen Januartagen des Jahres 1991 sah man gelöste, glückliche, erfüllte Theaterleutegesichter: strahlende Augen unter der Betroffenheitsmaske. Im Resolutionisten hatten sie, wenigstens für ein paar Tage, mancherorts auch für Wochen, zu einem Selbstverständnis gefunden, das ihnen als Shakespeare-Regisseure, Schiller-Bühnenbildner, Strauß-Schauspieler und Achternbusch-Clowns längst flötengegangen war. »Daß man etwas Wichtigeres machen könnte als Theater, ahnt — glaube ich — jeder, der heute Theater macht«, gab im Frühsommer 1968 Peter Stein als Losung aus. Er sammelte in einer Aufführungspause für den Vietcong. Seither machte er nichts Wichtigeres mehr als sein Theater.

Aber der Keim der Losung blieb virulent. Er gärt im schlechten bildungsbürgerlichen Gewissen, das sich seiner Kultur nicht sicher ist. Deshalb ist es stets bereit, sich ihrer zu schämen, als ginge es um einen unverdienten Luxus: Das vietnamesische Volk kämpft gegen den Imperialismus — und ihr macht hier Goethe! Mit einem solchen Angriff, vorgetragen in der obligaten Diskussion nach einer Klassiker-Aufführung um 1970, konnte man einen ganzen Saal voller Bürger in Legitimationsnot und ein ganzes Ensemble von Theatermachern in Selbstanklagen treiben.

Es ist der alte Traum des deutschen Idealismus, die Welt durch das Ideale besser zu machen. Es ist die alte deutsche Misere: Der Riß verläuft nicht zwischen Ideal und Welt, sondern er geht mitten durch den Idealisten.

Er verzweifelt nicht daran, daß er die Welt nicht erreicht. Er verzweifelt daran, daß er sie nicht anders als eine ideale zu denken vermag. Bleibt seine Verzweiflung latent, die Welt aber, wie sie ist, führt das hie und da zu Resolutionen. Und diese wiederum erzeugen notwendigerweise den Resolutionisten: den G'wissenswurm, der sich selbst in den Schwanz beißt. Er beruhigt sich bei dem, was er seinem schäbigen Idealismus sonst immer vorwirft: beim Wortemachen. Aber der Krieg geht weiter.

Und während er noch — Tausende Meilen weit entfernt — weitergeht, passieren tausend furchtbare Sachen ganz in der Nähe des Resolutionisten. Ausländer werden überfallen, weil sie Ausländer sind; Judengräber werden geschändet; drei Jahre vor Golfkriegsbeginn wurde ein Haus in Deutschland in Brand gesteckt, in dem vier Türken umkamen. Weder die Öffentlichkeit noch der Resolutionist haben damals darauf reagiert.

Erst nachdem vier Jahre nach dem ersten Brand ein zweites Haus brannte, in dem türkische Frauen und Mädchen umkamen, als ein Jahr nach dem Krieg am Golf rechtsradikale Gewalttaten, Morde, Überfälle sich häuften, meldete sich der Resolutionist wieder. Er setzte nun keine Stücke ab und erklärte auch keine Operette für frivol. Er begnügte sich mit Protestplakaten, Lesungen, Unterschriftenlisten und dem Hinweis im Foyer, daß ohne ausländische Mitarbeiter der Vorhang im Hause abends nicht aufgehen könne. Es war eine routinemäßige Übung in selbstverständlicher Solidarität, die das Theater und seine Übungen beinahe unberührt ließ, bis das Wuppertaler Schauspielhaus auf die Idee kam, den *Schlageter* des Nazi-Dramatikers Hanns Johst zu spielen — und gleichzeitig nicht zu spielen: Es versteckte die nationalistische Scharteke hinter einem Heine-Liederabend; das Stück überfiel die Zuschauer, weshalb sie anschließend als Lohn für den Überfall vom Dramaturgen zur Diskussion genötigt wurden.

Der Resolutionist beruhigt sein gutes Gewissen mit der Hoffnung, daß sich das Schlechte analog zum schlechten Geschmack ja doch wohl immer selbst entlarve. Er hat zu seinem Verhalten während des Golfkriegs die Wende um 180 Grad vollzogen. Damals versuchte er die böse Welt zu bannen, indem er jede Anspielung auf sie unter Kuratel stellte. Jetzt versuchte er die böse Welt zu beschwören, indem er deren Unfug-Quellen wieder zum Sprudeln verhalf.

So wie er sich zu seinem Protestpotential verhält, verhält sich der Resolutionist zu seinem Theater: hilflos. Man kann nicht dauernd weinen, man kann nicht dauernd betroffen sein, die eine Art des emotionalen Reagierens ist schnell verbraucht. Man muß sich eine andere einfallen lassen. Denn auch hier regiert das Gesetz der Mode. Und wenn die öffentliche Aufmerksamkeit, der öffentliche Skandal eines Mißstands abgeflaut sind oder wenn man sich auch nur so weit mit ihm vertraut gemacht hat, daß man ihn ein wenig aus den Augen verliert, geht auch der Resolutionist wieder zu den Tagesgeschäften seines Lug- und Truggewerbes über. Dieses betreibt er wie eh und je mit schlechtem Gewissen. So lange, bis er es wieder entlasten kann. Er liebt Katastrophen. An ihnen richtet er sich wieder auf.

Das Theatertreffen. Ein Dramolett.

Der Geschmack reift heran
auf Kosten des Glücks.
Jules Renard, »Tagebuch«

Verfolgt man ein Jahr Theater in Deutschland, dann ist der Mai der Wonnemonat. Nicht deshalb, weil da besonderes Theater stattfände. Sondern weil alle Theater so tun, als sei in diesem einen Monat Berlin die deutsche Theaterhauptstadt. Etliche Theater treffen sich in Berlin, stellen Inszenierungen vor, und Berlin tut so, als müßte es so sein. Als Berlin noch geteilt, vom Bolschewismus umkesselt und nur die imaginäre Hauptstadt eines imaginären Deutschland war, simulierte das Theatertreffen die imaginäre Theaterhauptstadt Berlin. Nachdem Berlin wieder zur realen Hauptstadt eines realen Deutschland geworden ist, simuliert das Theatertreffen immer noch die imaginäre Theaterhauptstadt Berlin. Die Stadt wäre jetzt selber groß genug, um die reale Theaterhauptstadt zu sein. Aber ihre Theater sind nicht danach. Insofern erfüllt das Theatertreffen, an sich überflüssig wie ein Kropf, immer noch eine gewisse Funktion. Es ist ein schönes Relikt der Berliner Selbsttäuschung.

Die Theater selber lieben das Theatertreffen, vor allem wenn sie dazu eingeladen werden. Eingeladen werden sie von einer Jury. Die Jury besteht aus Theaterkritikern. Die Theaterkritiker entscheiden in angestrengter Runde mit Hilfe einer permanenten Abstimmung, welche Inszenierungen eingeladen werden, welche nicht. Die Vorlieben der Kritiker, ihre Blindheiten, ihre Einäugigkeiten bestimmen den Entscheidungsprozeß. Andererseits bestimmen ihn auch Geschäfte, in denen auf der Basis von »Fragezeichen«, »zurückgezogenen Fragezeichen«, »halbem Ja«, »drittels Nein« die Einäugigkeit des einen Kritikers mit der Vorliebe des anderen Kritikers verrechnet wird. Oder bäuerlicher ausgedrückt: Läßt du mir meinen Peymann, dann schlachte ich dir nicht deinen Zadek. Diese Jury spiegelt wie keine zweite Formation die Kompromißgeilheit der bundesrepublikanischen Gesellschaft, die den öd-bequemen Komfort der Mitte der Härte der Spitze vorzieht, aber zugleich eine unheimliche Sehnsucht nach dem Weltmeisterlichen hat. Zu letzterem kommt sie dann glücklich stolpernd durch puren Zufall. Die Fußballnationalmannschaft ähnelt deshalb der Theatertreffenjury sehr.

Alle Theaterleute möchten mit möglichst allen Inszenierungen nach Berlin eingeladen werden. Alle Theaterleute hassen die Jury, weil die Jury auswählt und weil es Kritiker sind, die auswählen. Am liebsten würden die Theaterleute sich selber auswählen. Alle Theaterleute halten das Verfahren der Jury für ein Drama des Wahnsinns. In Wahrheit ist es höchstens ein wahnsinniges Dramolett. Das Dramolett verlangt eine wechselnde Besetzung, ist aber immer gleich.

I. Die Diskussion

Die Szene ist das Zimmer der Jury des Theatertreffens, ganz aus weißem Resopal, gekrönt von einer Bahnhofsuhr; auf dem großen Tisch, um den herum alle sitzen, Pralinen, Kaffeetas-

sen, Gläser. *Vor Hochhuths Platz ein Berg von belegten Broten.*

SIBYLLE WIRSING: *(kreischt elegisch)* Rühle, Sie können nicht bis drei zählen! Schleef! Schleef! Schleef!

HENNING RISCHBIETER: *(mißdeutet die Situation und schläft sofort ein)*

GÜNTHER RÜHLE: *(springt mit hochrotem Kopf von seinem Sitz auf, verschüttet Kaffee und zählt laut)* Eins! Zwei! Drei! Bitte, Gnä-, äh, äh, -dige Frau.

HELMUT SCHÖDEL: *(verläßt daraufhin den Raum, geht auf die Toilette und schaut den Elefanten des Berliner Zoos beim Kopulieren zu, kommt wieder und singt leise den Beginn von »Yesterday«)*

ROLF HOCHHUTH: *(zwischen zwei Schinkenstullen)* Frisch, Walser und ich, sonst niemand, aus uns dreien ein Festival, ein Fest der wahren deutschen Dramatik, politisch *(verschluckt sich an einem Eierbrötchen)* — Fuff mif dempf Peafferfeffen, ef lefe *(schluckt immer schwerer)* fie neuffe ffeuffsche . . . *(wird still)*

ROLF MICHAELIS: Sehr interessant, also ich muß schon sagen . . .

SEKRETÄR VON LIEBERMANN: »Emilia Galotti« von Kleist? Oder von wem?

ROLF HOCHHUTH: *(unter den Schinkenbroten hervor, matt)* Von mir.

FRAU STOESSEL: Darf ich mich jetzt endlich einbringen?

PRÄSIDENT ULRICH ECKHARDT: *(telefoniert im Hintergrund)* Mein liiieeber Herr Heyme! *(nimmt die Hacken zusammen, nickt)*

SEKRETÄR VON LIEBERMANN: »Emilia Galotti« von wem denn nun? Was soll ich ins Protokoll schreiben?

PETER VON BECKER: *(aus einer Trance erwachend)* Öh, jaaa, also ins Protokoll unbedingt den »Impresario von Smyrna«, sehr interessant, in einer Düsseldorfer Disco, die Bühne ein Schiff, das im Wasser versinkt, der Kapitän singt die Marseillaise, äh, das hat etwas von einem hellen Wahnsinn mit Kraft und einer Dialektik kleinbürgerlicher Umkehrschlüsse, ich weiß nicht, ob ich mich verständlich ... Goldoni als der Ayckbourn des achtzehnten Jahrhunderts ... im umgekehrten Brennglas gewissermaßen. *(verliert den Faden, bewegt aber den Mund unaufhörlich weiter, wird unhörbar)*

DER GEIST VON JOACHIM KAISER: *(tritt auf)* Kann man hier ein Fenster öffnen?

BENJAMIN HENRICHS: Darüber sollten wir abstimmen.

II. Die Abstimmung

URS JENNY: Fenster soll zubleiben. Ich vertrage keinen Zug. Ich fahre immer Auto.

SIBYLLE WIRSING: Schleef! Schleef! Schleef!

HENNING RISCHBIETER: *(erwacht kurz, haut mit der Faust auf den Tisch)* Antigone! *(schläft weiter)*

ROLF MICHAELIS: Sehr interessant!

PRÄSIDENT ULRICH ECKHARDT: Wir haben hier gar kein Fenster, glaube ich.

SEKRETÄR VON LIEBERMANN: Soll das ins Protokoll?

FRAU STOESSEL: Die Fensterfrage ist keine Männerfrage!

GÜNTHER RÜHLE: Ganz recht. Die Frauenfrage ist eine Fensterfrage. Die neunziger Jahre werden das zeigen. Gestus aus Glas. *(guckt stolz)*

PETER VON BECKER: *(in Trance fallend)* Da die Frauen, öh, ja, die Männer und die Männer die Frauen sind, geht ja der Riß auch mitten durchs Fenster, im Begehren des Fensterglases nach Durchsichtigkeit liegt eine Ranküne, kapriziös, der wir nicht in die Falle gehen sollten. Auf oder nicht auf, also von mir kommen da zwei Fragezeichen, aber wenn Frau Wirsing ihre Ausrufezeichen zurücknimmt und sich auf zwei Punkte verstehen könnte, würde ich ein Fragezeichen opfern.

DER GEIST VON JOACHIM KAISER: Luft!

HELMUT SCHÖDEL *(ist jetzt endgültig verschwunden)*

ROLF HOCHHUTH *(rülpst unterm Tisch)*

ROLF MICHAELIS *(malt ein paar Fragezeichen, die aussehen wie Ausrufezeichen)*

BENJAMIN HENRICHS: *(studiert unterm Tisch die Bundesligatabelle und seufzt)* HSV!

PRÄSIDENT ULRICH ECKHARDT: Ein schönes Schlußwort.

(Unter allgemeinen Umarmungen fällt der Vorhang.)

Die Vorletzten. Kritiker.

Als Kritiker, der sich all das ansehen
muß, würde ich mich wahrscheinlich
erschießen.
Peter Zadek

Das Licht verlöscht langsam, die Stimmen im Zuschauerraum ersterben, der Vorhang geht auf. Im Parkett glimmt ein Lichtlein. Der Kritiker hat seinen Leuchtkugelschreiber eingeschaltet. Sobald zwei Schauspieler oder drei die Bühne betreten haben, die Arme ausbreiten und irgend etwas Tiefes sagen, beugt der Kritiker sich über seinen Block und notiert aufs Blatt, das mühsam vom Leuchtkugelschreiber illuminiert wird: »Clavigo Arme hoch! Carlos Tiefes; Diener Kaffee. Von oben Licht. Rockmusik aus Off: Bürgerwelt in Aufruhr, Clavigo geile Verehrung.«
Hat der Kritiker keinen Leuchtkugelschreiber, kann er später im Hotelzimmer ein gutes Viertel von dem Geschreibsel wieder entziffern, hat er einen Leuchtkugelschreiber, ein Drittel. Kritiker im Theater erkennt man daran, daß sie mitschreiben, was sie sehen — und daß sie nie applaudieren. Ihre Nicht-Applausordnung tragen sie wie einen Orden. Es gibt Theaterkritiker, die hie und da ein kurzes, scharfes meckerndes Lachen oder ein gaumiges Prusten ertönen lassen, bei dem den Schauspielern auf der Bühne der Schrecken in die Glieder fährt, weil nicht zu entscheiden ist, ob es positiv oder negativ gemeint ist. Kritiker lachen im Theater nie.

Wenn sie doch lachen, dann scheiden sie sich. Die einen gehen aus dem Theater und sind böse auf sich, weil sie unter ihrem Niveau gelacht haben. Sie zahlen es dem Theater heim, daß es sie so fröhlich gemacht hat. Andere, komische Einzelgänger, danken Gott Dionysos für jeden kostbaren Moment im Theater, wo sie lachen dürfen; es kommt selten genug vor. Sie vertrauen ihren Instinkten. Die anderen vertrauen ihrem schlechten Gewissen.

Umgekehrt aber auch: Wenn diese sich fünf Stunden lang zu Tode gelangweilt haben mit eintönig schreienden, stampfenden, marschierenden und robbenden Schauspielern, dann erst haben sie ein gutes Gewissen. Sie langweilen sich auf fanatische Weise. Sie danken dem Theater, daß es ihnen große Pein gemacht, sie zu übermenschlicher Anstrengung gereizt, in den gigantischen Abwehrkampf gegen den Theaterschlaf getrieben und den köstlichsten Ennui geschenkt hat. Sie werden ihr Leiden rühmen.

Der eine wird, da er Französisch kann, seine Hymne im Hotelzimmer mit »J'adore ce qui me brûle!!« beenden und jubeln, daß dies genau das richtige Theater sei gegen den »Leichtsinn der verdorbenen Welt«, gegen den »Schmutz um uns herum«. Er ist auch einen Tag früher angefahren und hat zusammen mit dem Intendanten, seinem Freund, ein Seminar für Jungregisseure in der Kantine gehalten. Dort hat er ihnen beigebracht, daß das Theater »die einzige Möglichkeit sei, es auszuhalten, das Leben nämlich, wie es bei Thomas Bernhard steht«. Und die Jungregisseure haben genickt. Und er wird in seiner Kritik erwähnen, daß es kein Wunder sei, daß das Theater in dieser Stadt ein Wunder sei, denn es gebe dort wunderbare Jungregisseure, die wüßten, wie man das Leben noch aushalte.

Der andere wird schreiben: »Dieses Theater will Gesellschaft!«, und das ist vor allem seine Gesellschaft, in der er es am Arm packt und mit sich auf eine imaginäre Tribüne zerrt, wo »in scharfer Kontur« die »Figuren ein abständiges Interesse wecken« im »Angesicht der gigantischen Entfremdung vor dem Riß der deutschen Einigung« durch »die Funktion einer durch und durch politischen Aussage, die weit über das Stadttheater in H. hinauslechzt«. Deswegen deutet er auch an, daß der Regisseur in H. ein Kandidat für den Intendantenposten in M. sein müßte.

Ein dritter wird nachher so tun, als habe da weder eine aufregende noch eine langweilige Inszenierung stattgefunden. Er wird das Stück handlungsmäßig abnudeln und ein paar Adjektive drüberstreuen. Ein vierter wird verzweifelt das Theater verlassen im Gefühl: Wieder nichts. Wieder verlorene Lebenszeit. Wieder der deutsche Trübsinn. Und er feilt eine schlaflose Nacht lang an fünfzehn Zeilen, in denen er die ganzen fünf Stunden, drei Zeilen pro Stunde, höhnisch untergehen läßt. Ein fünfter wird achselzuckend dem Theater enteilen und gar nichts darüber schreiben. Ein sechster ist erst gar nicht angereist. Ein siebter freut sich, wenn er bei der Garderobiere seinen Mantel holt, schon darauf, in vollkommenen lobenden Worten, in denen die Vorgänge auf der Bühne leichtfüßig-sachlich auftauchen, einen Verriß zu verfassen, in dem das Debakel des Abends zwischen den Zeilen begraben wird.

Sie alle sind nichts ohne ihre Zeitungen. Da es nur wenige große überregionale Zeitungen in Deutschland gibt, gibt es auch nur wenige Großzeitungskritiker. Die Stellen sind und bleiben auf Jahre und Jahrzehnte hinaus besetzt. Man wird in Deutschland leichter Bundeskanzler als Großzeitungskritiker. Von den Großzeitungskritikern sind zu unterscheiden die großen Kritiker, die natürlich auch bei großen Zeitungen beschäftigt sind. Selbst ein kritisches Genie, das nur im stillen Kämmerlein vor sich hin kritisierte, bliebe wie ein Mozart im Urwald: Ein Kritiker braucht Öffentlichkeit. Und er braucht einen Posten.

Wie aber wird man Kritiker? Es ist ganz einfach: Man setzt sich hin — und ist's. Kein Diplom. Kein Schein. Keine vorgeschriebene Ausbildung. Jeder kann Kritiker werden. Vielleicht ist auch das mit ein Grund, daß es neben vielen Nicht- und Anti-Kritikern so wenige wirkliche Kritiker gibt. Man ist mit sich allein. Nur die wenigsten halten das aus.

Der deutsche Kritiker ist noch ein bißchen mehr mit sich allein als der englische, französische, amerikanische. Dieser hat seine große Stadt, London, Paris, New York, die er kaum einmal verläßt. In dieser einen großen Stadt finde, so darf er meinen, das bedeutende Theater statt. Außerhalb nicht. Also bleibt er sitzen in der Stadt und auf dem guten Glauben, daß diese schon die ganze nationale Welt sei. Er ist zu Hause. Nach dem Theater geht er ins eigene Bett. Er ist an sein Theater gewöhnt und dieses an ihn. Die vielen Bühnen der großen Stadt erleben ihn als eine Art Lebensgefährten, der auf allen Etagen permanent fremdgeht, aber immer im selben Haus. Wenn er mal reinschaut, will er perfekt bedient werden, wobei die englischen Kritiker dann darauf reagieren, wie es ihnen geschmeckt hat, die französischen darauf, was sich mit dem Essen assoziieren läßt, die amerikanischen sich oft schon in der Tür wieder umdrehen und das Zimmer pauschal verabscheuen oder über die Schwelle fallen und das Zimmer pauschal anhimmeln.

Der deutsche Kritiker aber hat kein Zuhause. Es gibt für ihn keine große Stadt. Er hat eine imaginäre große Stadt im Kopf, die sich aus vielen Städten zusammensetzt, in die er reist. Deutschland hat keine Theaterhauptstadt.

Es muß schon froh sein, daß es überhaupt eine Hauptstadt hat. Und dort ist das Theater genauso schlecht oder gut wie anderswo auch. Also reist der Kritiker immer von irgendwo nach anderswo, damit er es nicht verpaßt, wenn irgendwo plötzlich das gute Theater ausbricht. Sein Zuhause ist der ICE, der Airbus, das Taxi, das Hotelzimmer. Sein Rhythmus durchschnittlich fünfzig Mal jährlich im Vierertakt: Anreisen, Aufführung, Schreiben, Abreisen. An Schlaf war kaum zu denken.

Natürlich gibt es in Deutschland auch Kritiker, die meist in ihrer kleinen Stadt sitzen bleiben und nur über das Theater ihrer Stadt schreiben müssen, wiewohl selbst mittlere und mittelgroße Zeitungen ihre Theaterkritiker, wenn sie denn noch welche beschäftigen, hie und da reisen lassen. Die Sitzkritiker, die nichts anderes, und die Gelegenheitsausreißer, die zuwenig anderes gesehen haben, nehmen ihr heimisches Theater zu wichtig. Es ist ihnen schon alles. So stumpft es sie vergleichslos ab. Ein Wunder, das ihr Theater ihnen plötzlich verschaffte, würden sie ebensowenig erkennen, wie sie ein Debakel registrieren könnten. Sie verteilen wohltemperierte Zensuren. Manchmal versteigen sie sich zu einem Verriß, manchmal zu einer Hymne. Am liebsten steigen sie auf Halbhöhenwegen.

Der Intendant, der Hausregisseur, die Schaupieler sind diejenigen, denen der Kritiker ausgeliefert ist, und sie sind es ihm. Er sitzt, meist ein schon älterer Herr, oft mit grauem Bart, in Reihe vier auf Platz achtzig und notiert Adjektive, die in seinen Kritiken in Klammern nach einem Doppelpunkt wieder auftauchen. Vor dem Doppelpunkt in der Klammer steht der Schauspielernamen: »(Jobst Süßholz: ein strammer Held)« oder »(Renate-Yolinde Müller-Frauenschuh: ein reizendes Kammerkätzchen)«. Mit den Adjektiven des Lokalkritikers kann das Theater überleben. Es wird sich in seinen Rezensionen kaum wiederfinden, wenn es grausam versagt oder glänzend gesiegt hat. Der Dramaturg wird die Rezensionen in der roten Mappe sammeln. Aus ihr kommen die Bauchbindensätze, die sich auf Plakaten und Prospekten gut ausnehmen: »Eine schöne Inszenierung«, »Eine gelungene Aufführung«. Sie passen in die attributive Strategie des Theaters, die mit »schön«, »gelungen«, »hochachtbar«, »tiefsinnig«, »wakker« beim Kulturdezernenten, bei Vertragsverlängerungen und Subventionserhöhungsbegehren Eindruck hinterläßt.

Der Lokalkritiker hat Verbindungen zum Gemeinderat, auf seine Meinung wird gehört; bei der Suche nach einem neuen Intendanten berät er die Findungskommission. Im Idealfall ist er auch Feuilletonchef seiner kleinen Zeitung, für die er nicht nur übers Theater, sondern auch über Bücher, Ausstellungen, Kulturpolitik schreibt. Zusammen mit einem Kollegen, der für alles Musikalische zuständig ist, Konzerte, Opern, Liederabende, Kirchenmusik, füllt er jeden Tag eine Zeitungsseite, umbricht fürs Wochenende eine Beilage, schreibt zur Buchmesse drei Leitartikel und hat, da er für alles, worüber er schreibt, sich persönlich verantwortlich fühlt, ein Magengeschwür mehr als der Intendant. Dieser bittet ihn hie und da zum Kaffee und Gespräch.

Er kann sich auf den alten Mann mit dem stets frischen Block verlassen. Vor allem auf dessen Demut kann er bauen: Er ist selber mit der Erhaltung seiner Existenz, auf die der Verleger mißtrauisch schaut, so beschäftigt, daß er nie daran dächte, über die Existenz anderer ganz schlecht zu denken. Er glaubt ans Theater. Manchmal verzweifelt er still für sich. Zweifeln tut er nie.

Er bekommt jüngere Nachfolger, alerte Burschen, die ihr Studium abgebrochen haben und mit eiserner Disziplin, telefonischem Anrufbeantworter und Faxanschluß zehn bis zwölf Zeitungen in der Republik mit Theaterrezensionen versorgt haben, so daß ein Wuppertaler *Käthchen* in ungefähr gleichlautenden Artikeln in Bremen, Lübeck, Konstanz, Friedberg, Esslingen, Potsdam und Regensburg bekanntgemacht wird. Und zwar exakt im Klammer-Doppelpunkt-Adjektiv-Stil: N. N. + »wacker«, »beeindruckend«, »bedenklich«, »sonor«, »tapfer«, »rührend« usw. lautet die Formel, mit der die Theaterprovinz durch die Provinztheaterkritik sich vermehrt. Bleibt der alerte junge Kollege bei seiner eisernen Disziplin, dann kann aus ihm und seinem Bauchladen ein straffer, fleißiger älterer Herr werden, der zum Haushaltsgeld, das seine berufstätige Frau verdient, ein energisches Scherflein beiträgt. Hat seine Frau keinen Beruf, muß er in Stellung gehen, solange es Stellen für Theaterkritiker an kleineren Zeitungen überhaupt noch gibt. Der ältere, besorgte Kollege mit dem stets frischen Block betrachtete das Theater als eine Pflicht, der er genügen müsse. Der jüngere begreift es als sein Terrain, auf dem er sich behaupten muß: Vom Wuppertaler *Käthchen* wird er nun auf alle Heidelberger *Kirschgärten* schließen. So setzt er eine fatale Duftmarke der Weltläufigkeit, die, solange sie anhält, das Theater etwas ducheinanderbringt und das Publikum beunruhigt. Aber irgendwann verweht Wuppertal. Und in Heidelberg kehrt Ruhe ein. Das Stadttheater überlebt weiter.

Aber wenn es auflebt, kehrt der Großkritiker ein. Er verläßt den Intercity, macht Station. Er hat alle großen Aufführungen in allen großen Städten im Kopf und verlangt nach der immer noch größeren, wunderbareren. Im Hinterkopf sitzt ihm der unausrottbare Verdacht, daß unter Umständen, auf deren Eintreten er lauert, in kleineren Städten, in Nischen und Verstecken, die er immer übersieht, das neue, frische, tolle Theater sprießt. Seine Lieblingsrolle ist die des Entdeckers: In eine kleinere Stadt fahren, dort einen jungen Regisseur aufspüren, der einen sensationellen *Hamlet* inszeniert, dann in seiner großen Zeitung darüber schreiben — sofort stürzen sich die anderen Kritiker der anderen überregionalen Zeitungen auf den Entdeckten, und die Kopfjäger der größeren Theater machen sich auch auf den Weg. Binnen kürzester Saisonfrist ist der junge Regisseur in eine gegenläufige Bewegung geraten. Er wird von seinem Entdecker unaufhörlich weiter entdeckt, das heißt, er muß dessen Entdeckertum Nahrung geben, auch wenn er gar keine mehr zu geben hat. Er wird Karriere machen; die größeren Bühnen werden ihn sich schnappen. Gleichzeitig aber werden die Kritiker-Kollegen des Entdeckers diesem zu beweisen versuchen, daß er gar niemanden entdeckt habe, sie werden an dem jungen Regisseur herummäkeln, ihn hinunterstutzen. Dann werden die größeren Theater das Interesse an ihm wieder verlieren. Bald ist er verdammt einsam. Wenn er Glück hat, kann er heimkehren an irgendein kleines Haus und warten, bis er wächst. Wenn er Pech hat, verliert er jeglichen Anschluß. Oder muß so lange nach oben stolpern, bis er als ewige Begabung, aber nie durchgesetztes Talent irgendwo als Intendant einspringt.

Immer dann, wenn er angeblich »entdeckt«, bekommt der Kritiker zu spüren, daß er für einen Markt benutzt wird, der ihm sonst kaum bewußt wird. Er kann schreiben, was er will — er wird vom Theater mißbraucht. Er kann sich in Szenenbeschreibungen verlieren, sich in Details verlieben, über Arrangements ins Träumen geraten, sich ganz als Subjekt benehmen— das Theater wird diese subjektive Reaktion sofort in seine objektive Marktstrategie einbauen, sie zur Wiedervorlage bei den kulturpolitischen Instanzen und Rechtsträgern nutzen. Regt der Kritiker sich über Schauspieler auf, langweilt er sich an Szenen zu Tode, wendet er sich vom Bühnenbild degoutiert ab, so nimmt ihm das Theater diese subjektive Abscheu als objektive Schädigung des Theaters übel. Schauspieler fühlen sich in ihrer Karriere behindert. Regisseure stellen den Kritiker in eine Ecke mit Faschisten. Andere Schauspieler fragen nach, woher der Kritiker eigentlich das Recht nehme, über Schauspieler zu urteilen; was er überhaupt gelernt habe; wieso es ihn gebe.

Der Kritiker verläßt die Vorstellung und spürt nur seinen Kopf: leergespielt oder erfüllt. Am nächsten Morgen am Hotelschreibtisch fordert ihn nichts anderes heraus als ein leeres Stück Papier und seine Lust am Schreiben. Er muß an seine Leser denken. Die Theater aber nehmen ihm übel, daß er nicht fühlt, wozu er ihrer Meinung nach gehört: zum Theater. Sie betrachten ihn als einen nichtangestellten Komplizen, der außer Haus für sie arbeitet. Oder gegen sie wühlt. Er ist für sie nicht die öffentliche Gegenstimme. Er erledigt für sie die Öffentlichkeitsarbeit — oder torpediert sie.

Die Uraufführung des Stückes eines prominenten Autors und die Klassiker-Inszenierung eines prominenten Regisseurs gehören zu den Posten, von denen das Theater weiß, daß es sie auch als Attraktionen für die großen Reisekritiker betrachten darf. Damit erhöht sich der überregionale Aufmerksamkeitswert — oder wird auf schon erreichtem Niveau gehalten. Auch steigert es den Marktwert und den »Standortwert des Wirtschafts- und Imagefaktors Theater«, wie der Kulturdezernent immer sagt.

Es gibt für Kritiker verschiedene Möglichkeiten, sich zu diesen Ansprüchen der Theater ins Benehmen zu setzen, sie zu ignorieren, ihnen zu entsprechen. Kein Kritiker gleicht da dem anderen. Es gibt darunter öffentlichkeitsbewußte, autonome Köpfe, unberührt vom Theatermarkt, und es gibt aufgeblasene mitmacherische Theaterlieblinge, überverantwortliche Überintendanten und verantwortungsfreie Spieler, dramaturgische Denksportler und pointenselige Träumer. Es geht ihnen, wie immer sie sich den Theaterleuten gegenüber stellen, in einem Punkt wie den Theaterleuten, abgesehen von den Schauspielern: Sie haben wie die meisten Regisseure und Intendanten irgend etwas Literaturwissenschaftliches studiert. Und sie haben ihr Gewerbe durch die Praxis erlernt. Auch sie gehören zu den sogenannten offenen Begabtenberufen. Kritiker kann jeder werden, der's kann. Aber wer immer auch Kritiker wird, er hat nur einen einzigen Albtraum: Er hat die Reise gebucht, das Hotel bestellt, den Intercity genommen, ist in den Airbus umgestiegen, hat das Taxi kommen lassen, das Hotelzimmer bezogen, die Minibar inspiziert, den tropfenden Wasserhahn verstopft, ist zum Theater geeilt — aber er kommt nicht rein.

Die Lichter im Zuschauerraum erlöschen, der Vorhang geht auf, die Schauspieler betreten die Bühne. Alle sind da. Nur einer fehlt: der Theaterkritiker. Er hat sich verspätet, sitzt draußen im Foyer und wird vom Regieassistenten handgreiflich daran gehindert, nach Beginn der Vorstellung den Raum zu betreten. Die sensiblen Schauspieler würden sofort die Aufführung abbrechen. Da es keine Pause gibt, gibt es für ihn keinen Einlaß.

So beginnt das Drama *Tür und Tor* von Ulrich Zaum. Der Kritiker, ein Tor drinnen vor der Tür, bleibt in *Tür und Tor* vom Theater ausgesperrt. Es könnte ein glücklicher Tag für ihn gewesen sein — und auch für das Theater.

Die alte Sottise, Kritiker seien Eunuchen, die genau wüßten, wie es gemacht wird, es selber aber nicht könnten; dieser Kastraten-Witz fände heute abend kein Objekt. Peter Zadeks Aufforderung, Kritiker sollten sich erschießen, liefe ins Leere. Der Kritiker, mit sich, seinem Notizblock und seinem Leuchtkugelschreiber unter Hunderten von Zuschauern allein im Dunkeln, darf heute abend mit dem Theater einmal nichts zu tun haben.

Es könnte ein Festspiel werden. Aber es ist nur eine Komödie geworden. Es geht nicht ums Theater, es geht ums Leben. Und da sieht der Kritiker genauso gut oder schlecht aus wie alle anderen auch. Der Kritiker mit Namen Lukasch hat, wie sich nach und nach herausstellt, genauso wenig mit dem Theater zu tun wie der Regieassistent, die Bühnenbildnerin und der Regisseur. Auch der Autor hat längst die Flucht ergriffen. So bleibt das Theater von allen guten und bösen Geistern verlassen. Es ist mit sich mutterseelenallein. Selbst die Garderobiere läßt ihre Mäntel hängen und flüchtet sich Hals über Kopf zu ihrem Liebsten. Sie sagt: »Es ist stärker«, und meint die Liebe, die mehr lohnt als jedes Theater. Dieses kann mit gar niemandem mehr rechnen. Auch nicht mit dem Publikum. Der Beifall, der von drinnen nach draußen dringt, scheint ungemein enden wollend.

Die Kritiker-Karikatur aus der Gegenwart mit ihrer miesen Vergangenheit gerät Ulrich Zaum, wahrscheinlich ohne daß er das beabsichtigte, zum trüben Schattenriß des Kritikers der Zukunft. Dieser Hannes Lukasch erzählt im Foyer zwar nur sein verpfuschtes Leben, worauf ihm auch der Regieassistent ein verpfuschtes Leben erzählt, an welches sich der Lebenspfusch des Regisseurs von Schulzeiten an ganz zwanglos anschließt. Aber man erfährt dabei, daß der Kritiker Lukasch über die Fäule an holländischen Tomaten schon ebenso geschrieben hat wie über Gewichtheben, Radfahrsport oder den Polizeibericht. Über die Aufführung, wenn er sie denn erlebt haben würde, hätte er am nächsten Morgen allenfalls dreißig bis vierzig Zeilen abliefern dürfen.

Es hätte sich nicht um eine Kritik gehandelt. Es wäre, und da ist man beim Zauberwort des gegenwärtigen und kommenden Kulturjournalismus, doch wohl reiner *Service* gewesen. Keine Meinung, ein Report. Ein paar Live-Eindrücke, ein paar Informationen zur Produktion. Vielleicht noch ein Gespräch mit dem einen oder anderen Schauspieler. O-Ton Regisseur. Stimmen aus dem Haus. Ein bißchen Tratsch. Ein bißchen hauspolitischer Klatsch, Häppchen, Glößchen, Canapés: Der Regieassistent findet den Regisseur zum Kotzen; der Regisseur ängstigt sich vor seinem Lehrer, der zu sämtlichen Premieren des ehemaligen Schülers fährt und ihm anschließend schlechte Noten gibt; bei

der Bühnenbildnerin rappelt es in der Beziehungskiste
— aus all dem ließe sich eine kleine, knappe Geschichte
machen, über die sich das Medium, für das Hannes
Lukasch arbeitet, sehr freut.

Er muß dazu gar nicht im Theater gesessen haben.
Die Aufführung hätte sowieso nur gestört. Das einzige, was die Agentur, für die Herr Lukasch tätig ist,
geärgert haben wird, ist, daß er die Gespräche nicht
schon vor der Aufführung geführt hat. Der Service-
Effekt wäre dadurch absolut perfekt gewesen: Nicht
hinterher drüber schreiben, sondern vorneweg die
Sache, wie es so schön heißt, aufbereiten. Der kauzige
Grundeinfall von Zaums Stück ist längst schon zur
kühlen Methode vieler Zeitungen und anderer Medien
geworden: Sie sperren ihre Kritiker selber vom Theater
aus, indem sie sie gar nicht erst einstellen.

Sie engagieren lieber Kellner, Service-Spezialisten.
Irgendwann in den ersten Jahrzehnten dieses Jahrhunderts haben die Theaterkritiker den Frack abgelegt, mit
dem sie in den schönen alten Zeiten ins Theater gehen
durften. Die Mode wurde demokratischer, der Kopf
freier, der Kragen weiter. Jetzt, im letzten Jahrzehnt
des Jahrhunderts, werden sie vielerorts gezwungen, den
Frack wieder anzuziehen, und sei er noch so speckig.
Der Kopf verschwindet hinterm Servierteller.

Chefredakteure mittelgrößerer Zeitungen in mittel-
größeren und auch schon größeren Städten gehen seit
einiger Zeit dazu über, die Stellen für Theaterkritiker
abzuschaffen. Sie schaffen dafür Stellen für Kultur-
reporter, Lokalschmonzetteure, Feelingpfadfinder. Der
Kulturbetrieb legt zu. Das kritische Gewerbe nimmt
ab.

Der Raum, in dem Kultur stattfindet, wird lange
schon nicht mehr als nationaler oder wenigstens größe-

rer regionaler Raum definiert, vom Internationalen ganz zu schweigen. Der Kulturraum reicht gerade bis an die Stadtgrenzen. Kultur ist vor allem Stadtkultur. Je offener die Grenzen, je rascher die Mobilität, je gewaltiger die Ströme an Ideen, Gedanken, Entwicklungen hin- und herfließen könnten, desto lokaler, winkeliger, lokalpatriotisch provinzieller wird Kultur begriffen. Alle starren nur wie gebannt auf das Terrain, das von den eigenen Gartenzäunen umgeben ist. Aber innerhalb der eigenen Gartengrenzen findet auch nichts anderes statt als in der Schreberparzelle nebenan. Es sind überall derselbe Rummel, derselbe Zirkus, dieselben Tendenzen, dieselben Gruppen, dieselben Unarten auch.

Im Festivalwesen und -unwesen ist der Betrieb sowieso längst schon pervertiert. Die einzelnen Städte halten sich paradoxerweise noch für Orte, in denen das Fest, das Besondere, Herausgehobene passiert. Sie sind aber nur Durchgangsstationen und -schleusen für einen Zirkus, in dem Truppen und Gruppen ganzjährig auf Achse sind oder sogar schon seit Jahren immer wiederkehren. Faßt man es etwas ungerecht verzweifelnd ins Auge, dann müßte man zu dem Schluß kommen, daß das Ganze eigentlich auch gar nicht mehr rezensionsfähig sei: Man hat ja doch immer nur noch die Abziehbilder des Abziehbilds des Abziehbilds vor sich.

Der Schein des Einmaligen, Unwiederholbaren wird zwar aufrechterhalten, aber im gesteigerten Verlangen nach affirmativem, nettem Service enthüllt sich der Betrieb sofort als das, was er ist: austauschbar. In diesen komischen Zusammenhang gehört auch schon die fast schon stereotype Formel von Theaterleuten, wenn sie neu in eine Stadt und an ein neues Theater kommen:

Man wolle unverwechselbares Theater nur für diese unverwechselbare Stadt machen, Theater, das nur in dieser Stadt so sei, wie es dann sei, und in keiner anderen Stadt möglich wäre usw. Aber der Mannheimer Intendant bringt Mannheim nach Stuttgart, wenn er dort antritt, der Bonner Bonn nach Frankfurt, der Kasseler Kassel nach Bonn, wie er schon zuvor Tübingen nach Freiburg und Freiburg nach Kassel gebracht hat. Wer ein deutsches Stadttheater gesehen hat, hat beinahe schon alle gesehen.

Trotzdem gilt mehr denn je: Die Suggestion, ja der Traum, daß an jedem Ort an jedem Tag das Theater ganz von vorn, sozusagen bei Null in aller Unschuld beginnen könne, hält das Theater am Leben. Und die Kritik auch.

Aber angenommen, der Chefredakteur einer mittelgroßen Zeitung einer mittelgroßen Stadt würde mit einem kommenden kulturellen Ereignis konfrontiert, sagen wir mit einem internationalen Theaterfestival mit vierundfünfzig Gruppen in zwanzig Tagen oder der Eröffnungspremiere einer Jubiläumssaison. Weder der Kursverfall des Dollars noch der Zusammenbruch von Weltreichen könnte den Chefredakteur so nervös machen. Noch um 1980 herum hätte er ironisch geduldig abgewartet, was die zuständigen Damen und Herren der Feuilletonredaktion zu dem betreffenden Ereignis zu sagen hätten, nachdem es stattgefunden haben würde.

Er wäre in irgendeiner Redaktionskonferenz süffisant ein bißchen darüber hergezogen, einen Seufzer nicht unterdrückend, daß Kultur halt wohl sein müsse. Er hätte die Ergüsse, Analysen, Hymnen oder Verrisse seines Theaterkritikers als publizistische Unabdingbarkeiten, als Beigaben zu einem notwendigen, tolerablen

Übel namens Theater goutiert oder nicht einmal ignoriert. Und hätte sich dann wichtigeren Dingen zugewendet, dem Dollar oder der Entwicklung im Iran.

In den neunziger Jahren aber hat er den Lokalchef, drei Lokalreporter, den Werbechef und den Chefgraphiker des Blattes um sich versammelt. Die Organisatoren und Dramaturgen des betreffenden Festivals stehen auch bereit. Gemeinsam wird eine Beilage konzipiert mit vielen Farbbildern, Geschichten, vorbereitenden Texten, Porträts von Schaupielern, Regisseuren, Interviews. Eine halbe Stunde geht darüber hin, zu diskutieren, welcher Redakteur wie viele Exemplare dieser Beilage an welchem strategisch günstigen Platz der sogenannten Ereignisfläche austrägt und unter die Leute bringt.

Der Theaterkritiker ist der Unwichtigste in dieser Runde. Er stört eigentlich nur.

Seine Zeitung hat sich wie viele andere auch längst auf die Seite derjenigen geschlagen, auf die der Theaterkritiker überhaupt nicht gehört: auf die der Veranstalter von Theater. Manche Zeitungen treten sogar schon selber in der Rolle von Veranstaltern auf. Auf jeden Fall besorgen sie deren Service. Ginge der Theaterkritiker her und stellte den Sinn des angenommenen Festivals in Frage oder spräche ihm aus triftigen künstlerischen Gründen die Daseinsberechtigung überhaupt ab — er würde zu einem unangenehmen Störfaktor in einem Netzwerk, in dem die Macher und die Merker ununterscheidbar geworden sind, die Merker nur noch als die Agenten und Zwischenträger der Macher fungieren. Da noch schlicht und einfach »Nein!« oder »So nicht!« zu sagen fällt vielerorts schon schwer, mancherorts ist es unmöglich geworden.

Daß die Kritik stört und der Service triumphiert, hängt mit einem neuen Begriff von Kultur zusammen. Im Jahr 1979 noch formulierte der Kulturdezernent der Stadt Frankfurt am Main, Hilmar Hoffmann, das Motto des schlechten Gewissens einer bestimmten Avantgarde der sozialdemokratischen Moderne, die die Kultur mit den sozialen Zuständen und Mißständen, komme was da wolle, politisch versöhnen wollte: »Kultur ist für alle da«, forderte Hoffmann emphatisch und ziemlich siegesgewiß. Wer heute in Hoffmanns Buch *Kultur für alle* blättert, taucht tief hinab in nur noch archäologisch begreifbare Tiefenschichten bundesrepublikanischer Geistesgeschichte. Heute kann man sie so reinen, unbehelligten Herzens genießen wie zum Beispiel die *Gartenlaube*. Hoffmann verlangt in *Kultur für alle*:

»Jeder Bürger muß grundsätzlich in die Lage versetzt werden, Angebote in allen Sparten und mit allen Spezialisierungsgraden wahrzunehmen, und zwar mit zeitlichem Aufwand und einer finanziellen Beteiligung, die so bemessen sein muß, daß keine einkommensspezifischen Schranken aufgerichtet werden. Weder Geld noch ungünstige Arbeitszeitverteilung, weder Familie oder Kinder noch Fehlen eines privaten Fortbewegungsmittels dürfen auf die Dauer Hindernisse bilden, die es unmöglich machen, Angebote wahrzunehmen oder entsprechende Aktivitäten auszuüben. Für Adressaten mit Hauptschulabschluß muß prinzipiell die Möglichkeit bestehen, sich durch attraktive zusätzliche Bildungs- und Vorbereitungsprogramme schrittweise Zugang zu allen Formen der Kunst zu verschaffen.«

Kulturpolitik wird so zu einer rundum zwangsbeglückenden, Schranken überwindenden, die Menschen, ob sie wollen oder nicht, zum Heil steuernden Sozial-

politik. Diese hat ihren Zweck letzten Endes in einer
Art von Kapitänspatent.

»Ein demokratisches System ist auf die *Steuerungs-*
leistung kultureller Werte und Orientierung angewiesen.
Nichtdemokratische Regimes gefährden auf die Dauer
nicht nur den Frieden und damit die Überlebenschan-
cen, sondern auch die kulturellen Lebensgrundlagen
der Menschheit.«

Hilmar Hoffmann unterschlägt da ein bißchen die
altparadoxe Erfahrung, daß gerade unter nichtdemo-
kratischen Regimes die Künste und die Kultur einen
Grad von widerständiger Frechheit und Wichtigkeit
erreichen können, die sie in demokratischen Systemen
oft nicht besitzen. Und es fällt auf, daß er die Kultur
ganz und gar instrumentalisiert. Sie wird zum Vehikel
wohlgemeinter emanzipatorischer Politik. Sie darf
dann auch Nutz und Frommen des Theaters zum Beispiel von oben herab definieren:

»Die Bühne«, so bestimmt Hoffmann, »organisiert
nicht lediglich Unterhaltungsfaktoren zu Schauwerten,
die zu mehr oder weniger unreflektiertem und folgen-
losem Vergnügen einladen. Sie befördert mit Hilfe
ihres spielerischen Prinzips und über die sinnliche Erfahrung und Vermittlung von Kenntnissen und Er-
kenntnissen gleichzeitig Lernprozesse, indem sie eben
nicht (wie das Hollywood-Kino) zur kritiklosen
Wunschidentifikation mit den Protagonisten hier der
theatralischen Realität herausfordert, sondern zur Aus-
einandersetzung mit ihren Problemen.« Solche Sätze
fielen 1979 noch; sie bildeten die Grundlage der jüngst-
vergangenen, kaum in bedeutenden Schauwerten organisierten Frankfurter Theaterpolitik. In den Neunzi-
gern hört man die Theaterkritiker schallend und bitter
lachen — und die Filmkritiker sowieso.

Die Hoffmannsche Frage nach der sozialen Verträglichkeit und Nutzbarkeit der Kultur, nach ihrer gesellschaftlichen Relevanz und danach, wie sie sich steuern und aufbereiten lasse, damit alle Zugang zu ihr fänden und sich selbst verwirklichen könnten — diese Frage hat sich längst erledigt. Und zwar auf eine kuriose Weise. Es gilt nämlich längst nicht mehr: Kultur ist für alle da. Es gilt, und das ist zur Losung der postmodernen Jahre geworden: »*Alles ist Kultur*«.

Es geht nicht mehr darum, irgendwelche kulturellen Schwellen und Hemmnisse zu übersteuern, sei es mit privatem PKW oder in öffentlichen Nahverkehrsmitteln, mit oder ohne Hauptschulabschluß. Denn es gibt keine Schwellen mehr. Alle Tabus haben sich erledigt, alle Provokationen auch. Alles geht, alles steht zur Verfügung. Man muß nur noch zugreifen.

Wenn ein paar Leute sich in einem Stadtteil-Dritte-Welt-Café treffen und aus ihren Tagebucheintragungen laut vorlesen, ist das ein Schriftstellertreffen. Wenn fünf Filme im Vorderhofkino ein Thema haben, ist das ein Festival. Wenn drei bunte Leute in Pappnasen über ein paar Holzbohlen karriolen, ist das eine Freie Gruppe. Und wenn jemand in Gewächshäusern gruppenweise Texte von Alfred de Musset nuscheln läßt, gilt das genauso als theatralischer Gottesdienst, wie wenn ein vierzehnfaches Gretchen demonstriert, wie gut es sich nackt auf Eimern sitzen läßt. Nichts ist alles, alles nichts. Alles gilt gleich viel. Und alles wird gleich gültig hingenommen.

Wo aber alles gleich viel gilt, verbietet der Betrieb die Unterscheidung. Von der Ablehnung ganz zu schweigen. Gefordert ist ein unterschiedsnegierendes Sicheinfühlen, gefordert wird ein — und das ist auch so ein Lieblingswort des Zeitgeistes — Sicheinbringen

oder Sicheinlassen, eine wohlwollende Berücksichti-
gung von allem und jedem: von Quatsch und von
Genie und von Wahnsinn und von Blabla und von
Heureka. Man darf die Szene nicht betreten und so
frei sein, sie als überflüssig zu erklären. Man muß der
Szene dienen.

Man rezensiert dann auch nicht mehr. Der Kellner
retourniert eilfertig, was er zuvor selbst apportiert hat.
Er spielt nicht mehr den Kritiker, er macht den Diener.

Alle, ob die Tagebuchvorleser, die Gewächshaus-
nuschler, die Eimersitzer oder die Filmvorführer, sind
dann automatisch und unterschiedslos dort mit dabei,
wo Xenakis, Henze, Peter Stein und Peter Alexander
auch mit dabei sind: beim großen Betrieb Kultur.

Wir haben nicht nur eine politische Kultur, von der
wir immer dann reden, wenn wir sie nicht haben, wir
haben auch eine Unternehmenskultur, eine Manager-
kultur, eine Kneipenkultur, eine Eßkultur, eine Auto-
kultur, eine Kindergartenkultur, eine Abrüstungskul-
tur, eine Konferenzkultur, eine Rundfunkkultur, eine
Fernsehkultur und irgendwie auch eine Kulturkultur.
Es gibt nichts, was sich nicht mit Kultur koppeln ließe.

Daß man Kultur wahlweise durch das Wort Szene
ersetzen kann, deutet darauf hin, daß es sich alleweil wie
eine Szene auch arrangieren, gestalten, stylen läßt. Die
traditionellen kulturellen Genres haben in dieser Sze-
nen-Szenerie und in dieser Kultur-Kultur-Landschaft
den Charakter von eigenständigen Terrains verloren.

Sie stellen im Blick auf das, was sie in der Öffentlichkeit nur noch bedeuten, ein riesiges Reservoire von
Reizen und Namen dar und — da hat Hilmar Hoffmann ironischerweise ganz recht bekommen — von
Angeboten, die sich aber oft wenig mehr von den

Angeboten unterscheiden, die die Kaufhäuser in ihren Auslagen präsentieren.

Und das Theater macht mit. Eine der ersten Taten nach der sogenannten Wende, die das Deutsche Theater im damaligen Ost-Berlin unternahm, war die Installation eines Dramaturgen für Öffentlichkeitsarbeit, der alsbald zum Direktor für Öffentlichkeitsarbeit aufstieg. Als hätten die Bühnen in den sogenannten fünf neuen Ländern keine dringenderen Sorgen gehabt. Dramaturgen, die PR fürs Haus machen, haben Dramaturgen, die Produktionen begleiten, längst überflügelt.

Der Ausstoß eines durchschnittlichen deutschen Stadttheaters an Presse- und Werbepapieren übersteigt seinen Ausstoß an Theaterkunst um ein Vielfaches. Es gibt eine Papier- und Prospektform von Theatern, die ohne Aufführungen auskommen könnte. Jede kleine freie Gruppe oder Truppe hat ihr ausgebufftes Public-Relations-Konzept. Die Vermittlung von Vorabinterviews, Hintergrundinformationen zur Produktion und zum Konzept des Regisseurs sind, oft bereits mit Zeilennummern und Redigiervorschlägen versehen, viel professioneller gemacht als dann die in Frage stehenden Theateraufführungen selbst. Wichtig sind nicht Stücke oder Inhalte, wichtig sind Geschichten, die das Theater hergibt und die aufgefangen werden von Magazinen.

Das Magazin steht der Kritik entgegen. Kritik liest aus, ist erlesen. Ein Magazin sammelt, rafft, recherchiert, rapportiert. Der *Spiegel* zum Beispiel leistet sich gerade noch Filmkritik als ein halbwegs traditionelles, kontinuierlich gepflegtes rezensorisches Genre, weil Film offenbar für Medien, die für Massen produzieren, zu einer heiligen, unantastbaren Kuh geworden ist: Da liegt sie unterm Spotlight in dem Kulttempel der Postmoderne, dem Kino, und käut ewig die alten Geschichten wieder, Hollywood-Gras von vergangenen Jahren, aber immer neu verbläht. Und manche Filmkritiker schreiben ja auch darüber, als gelte es, Tabernakel zu umlallen.

Sonst aber geht es profan zu in Magazinen, in den sogenannten Zeitgeist-Magazinen sowieso, die vom Zeitgeist inzwischen überholt worden sind, und ganz besonders in den sogenannten Kulturmagazinen mancher Rundfunkanstalten, die hübsch bezeichnende Namen tragen wie zum Beispiel *Zirkus Culturelli.* Oder man denke an die Häppchen-Magazinkulturbilder im Fernsehen, man denke an *Aspekte* oder *Titel, Thesen, Temperamente,* diesen temperamentlosen Fall- und Abfallgruben des reportierenden Kulturjournalismus.

Den Theaterkritiker jedoch, der statt der Feder die Fernsehkamera zur Hand nähme, die Möglichkeiten des alt-neuen Mediums nutzte, Bilder zu Pointen, Takes zu Argumenten, Schnitte zu Schlußfolgerungen machte, hat es leider noch nicht geben dürfen. Es ist die Niederlage des Mediums Fernsehen vor der Theaterkritik — oder auch die Niederlage der Theaterkritik vor dem Medium Fernsehen.

Das Theater heute kommt im Fernsehen zur Ruhe. Das Fernsehen magaziniert es, nimmt es so zur Kenntnis, wie es selbst zur Kenntnis genommen werden will, läßt es reden, laufen, quasseln. Was der Regisseur, der Intendant, der Schauspieler, der Dramaturg in die Kamera sagen, gilt; dem wird vom Fernsehen nicht widersprochen.

Die journalistischen Grundformen, die den Kulturbetrieb am besten schmieren, sind das brave Interview, die flotte Reportage oder der geschwätzige Diskurs, Small-Talk-Show. Das Theater trägt dem Rechnung.

Das Theater kann ohne Öffentlichkeitsarbeit, vor allem ohne Öffentlichkeitsarbeit im und durchs Fernsehen, kaum mehr arbeiten. Es kann aber ganz gut ohne Theaterkritik leben.

Das Theater, so wie wir es kennen, verfluchen und lieben, ist ungefähr zweitausendfünfhundert Jahre alt. Aber nur die letzten zweihundertfünfzig Jahre ungefähr, ein Zehntel seiner Lebenszeit bisher, ist es von der Theaterkritik begleitet worden. Aischylos, Sophokles, Euripides kannten zwar schon Subventionen, Preise, Preisrichter, die im Namen des Staates Geld zu vergeben hatten, kannten Auszeichnungen, Intrigen, Erfolge und im Falle des Euripides etliche bittere Niederlagen. Theaterkritik kannten sie nicht. Plautus, Terenz, Molière kamen ohne Verrisse und Hymnen so gut aus wie Lope de Vega, Calderón und Tirso de Molina. Und Shakespeare blieb nicht von Rückschlägen, aber sein Leben lang gänzlich von Rezensenten verschont.

»Schlagt ihn tot, den Hund! Es ist ein Rezensent!« — diesen martialischen Vernichtungsschrei, gemünzt auf ein offenbar geschlechtsloses Wesen, das sprachlich nur ein ›Es‹, kein ›Er‹ verdient, leistete sich erst Goethe. Er, der größte Dichter des bürgerlichen Zeitalters, haßte die Kritiker, Theaterkritiker vor allem, die die genuinen Kreaturen des bürgerlichen Zeitalters sind. Sie sind dessen Weggefährten, zugleich Geburtshelfer und Kinder des Bürgertums. Ohne Kritik wäre das Bürgertum nicht denkbar, ohne das Bürgertum der Kritiker nicht. Wenn es Kritik und Kritiker abschaffen würde, schaffte das Bürgertum sich selber ab.

Der Kritiker betritt die Bildfläche, als sich die Bilder nicht mehr gleichen konnten: die Bilder, die offiziell durch den herrschenden Adel von der Welt entworfen wurden — und die Bilder, sie sich die neue Klasse der

Bürger von der Welt selbst machte. Entscheidend wurde, daß die Bilder von der Vergangenheit, die alten Formen, Stücke und Szenen, der Kanon der Konvention und Tradition, aus dem die jeweilige Gegenwart bis dahin selbstverständlich gelebt und geschöpft hatte, sich mit den Weltbildern und Weltprojektionen nur noch bedingt vertrugen, die jetzt möglich und dringlich wurden. Ein Repertoire entstand, die Differenzierung des Disparaten. Das Spiel um die Spielregeln begann, das Wächterspiel des Kunstrichters, der darüber urteilte, wann eine Regel verletzt war: das öffentliche Räsonnement eines privaten Eindrucks, die öffentliche Darlegung und Begründung einer scheinbar nur privaten Meinung.

Sie wurde zum Ersatz für etwas, was der Adel dem Bürgertum noch nicht zugestand, was das Bürgertum sich noch nicht ertrotzen oder erkämpfen konnte: politische Teilhabe an der Macht. Die Zeitung, die *Nachrichten aus dem Reich des Witzes,* wobei Witz zu verstehen war als das, was wir heute unter Kultur und Geist verstehen, die Publizistik wurde zum Parlament, zum Forum, auf dem über Theater, Literatur, Sitten, Szenen und Formen gestritten wurde. Das waren Vorformen, ideal gemeinte Antizipationen eines öffentlichen politischen Streits, in dem es später dann, irgendwann um Machtfragen, -formen und -inhalte würde gehen können und müssen.

Theaterkritik war, was sie heute nicht mehr zu sein braucht, wenn sie mag, aber sein darf: hochpolitisch. Sie zielte übers Beschränkte der Bühne hinaus ins Gesellschaftliche, das vorerst von den Bühnenkulissen umschlossen, hinter Bühnenvorhängen verborgen war. Der Streit um Rührung, Weinerlichkeit, Furcht und Mitleid, Katharsis als Erweckung von tugendhaften

Fertigkeiten, dieser Streit um scheinbar nur theore-
tische Konstrukte und uralte Topoi ging nicht nur
darum, wie und zu welchem Zweck Menschen miteinander spielen, wenn sie sich etwas vorspielen. Er ging
auch darum, wie Menschen miteinander leben, was sie
in und durch Nachahmung lernen und erfahren.

Gotthold Ephraim Lessings *Hamburgische Dramaturgie* ist ein brillantes Dokument dieser Auseinanderset-
zung. Allerdings kein theaterkritisches Dokument.
Lessing gilt fälschlicherweise als einer der Urväter der
deutschen Theaterkritik. Zum Theaterkritiker war er
etwas zu feige. Er hatte zwar als Theaterkritiker angefangen, machte sich über Aufführungen her, schilderte
Szenen, rezensierte Schauspieler und vor allem Schauspielerinnen. Er hat aber dann rasch als Dramaturg und
Theoretiker weitergemacht. Der Tapfere, Streitbare,
Mutige, der vor keiner klerikalen Pression den Kopf
einzog, zog den Schwanz schon ein, als sich Schauspieler, besonders eine Aktrice namens Madame Hensel, über
Lessings kritische Bühnenstreifzüge beschwerten. Der
furchtlose Aufklärer tauchte brav ab in die Theorie.

Als Theaterkritiker ist er kein Vorbild, aber er leuchtet zu uns herüber als der Vorschein einer Existenz,
die in dem, was sie sagte und schrieb, als eine Mühle auf
freiem Hügel, wie Lessing einmal seinen kritischen
Standort bezeichnete, ganz für sich selbst stand. Er
ließ das, was um ihn herum passierte, nicht in Ruhe,
außer es waren Schauspielerinnen. Er trat ihm gegenüber.

Die Sphäre der Produktion von Kunst und die
Genuß-Sphäre derjenigen, für die Kunst gemacht war,
bildete keine Einheit mehr wie an den Höfen und in den
Kirchen, wo die höfische Gesellschaft in den Künsten
und durch sie repräsentiert wurde. Die Sphären tren-

nen sich nun, Produktion und Rezeption klaffen aus-
einander. Es gibt keinen Thron mehr, von dem herab
ein »So ist es, so soll es sein!« dröhnt. Der König hat
im Theater abgedankt. Es gibt jetzt Tausende von
Sesseln, besetzt von Tausenden von Souveränen. »Wie
hat es mir gefallen?« war zu Zeiten Molières ausschließlich eine Frage, die sich der König oder der intrigie-
rende Klerus zu stellen hatte. Seine Antwort allein ent-
schied über das Schicksal des Stücks. Ungefähr seit den
Zeiten Lessings ist es eine Frage, die sich jeder stellen
darf.

Der Kritiker tut nichts anderes. Auch er ist nur Zuschauer. Er gehört zum Publikum, nicht zum Theater.
Er hat dem Theater gegenüber weder eine Verpflich-
tung noch eine Verantwortung. Aber er hat das
meiste, was er kann, vom Theater gelernt: Das Theater
ist die erste und beste Schule des Theaterkritikers. Von
den besten Schauspielern kann er lernen, zu welchen
Urteilen man kommen muß, wenn man schlechtere
Schauspieler sieht. Und von genialen Schaupielern wie
zum Beispiel Minetti, Gert Voss, Edith Heerdegen oder
Kirsten Dene bekommt er soviel an Menschenmög-
lichem und auch -unmöglichem gezeigt, daß sich daraus
Ansprüche, Wünsche, Forderungen gewinnen lassen,
die für mehr als ganze Menagerien von Bühnenmenschen reichen. Von großen Regisseuren wie Zadek
wird der Kritiker lernen, wieviel Wahnsinn im Witz
und wieviel Witz im Wahnsinn stecken kann, von
genialen Regisseuren wie Ariane Mnouchkine oder
Peter Brook wird er erfahren, wie einfach Wunder
sind und wie wunderbar Einfachheit ist, von Meistern
wie Peter Stein, wie wichtig Formen sein können und
wie reich das Theater sein muß, damit es nicht am
Alltag verarmt.

Der Kritiker verdankt dem Theater alles. Er ist ihm zu nichts verpflichtet. Er ist nicht dafür da, sich darum zu sorgen, wie gut oder wie schlecht es Schauspielern oder Regisseuren oder Bühnenbildnern geht, welche Verträge auf dem Spiel stehen, ob Intendanzen bestehen oder kippen, ob Autoren reüssieren oder nicht. Er hat allein dafür zu sorgen, daß es seinem Lesepublikum gutgeht. Für dessen Vergnügen, zu dessen Lust ist er da — einer Lust gerade auch manchmal, die aus Ärger über den Kritiker entstehen kann. Er ist Angestellter nicht der Bühne, er ist Angestellter des Lesepublikums.

Den Kritiker unterscheidet von seinen Lesern nur das eine: daß er laut und öffentlich darüber redet, was ihm gefallen oder mißfallen hat. Er hat die Hochmögenheit und die Anmaßung eines Subjekts, tausend anderen Subjekten vorzuspielen, wie er das, was er gesehen hat, auf seiner Kopfbühne zusammensetzt. Wie er mit den Eindrücken, die er von der Bühne empfangen hat, spielt. Wie er sie ordnet oder durcheinanderwürfelt. Und wie er nun die tausend anderen lesenden Köpfe dazu animiert, auf ihrer Kopfbühne nun ihrerseits zu spielen anzufangen, das Beschriebene und das Räsonnierte nachzuspielen. Wie er autonom und unabhängig autonome und unabhängige Köpfe dazu bringt, daß sie es ihrerseits neu zusammensetzen, womöglich ganz anders als der Kritiker ordnen, aber sozusagen unter seiner öffentlichen Schreib-Regie. An die kann man sich halten, oder man kann sich ihr widersetzen, was dem Kritiker am liebsten wäre. Er ist ein aufgeklärter demokratischer Despot, der erste Spieler und Regisseur eines Gegen-Theaters, das sich vom Theater nährt und speist, es aber auf ganz eigene, andere Art verdaut.

271

Man kann es auch ein bißchen weniger nett, aber genauso nahrhaft ausdrücken, wie zum Beispiel Herbert Achternbusch: »So wie die Weihnachtsgans die Hölle im geblähten Bauch des Bürgers erfährt, erfährt der Künstler die Hölle im Kopf des Kritikers.«

Auch wer nicht im Theater war, muß sich anhand einer Theaterkritik ein derart exaktes Bild von dem machen können, was auf der Bühne vorging, daß ihn die Beschreibung, die der Kritiker liefert, in die Lage versetzt, die Urteile, zu denen der Kritiker kommt, für sich selber subjektiv zu korrigieren. Der Kritiker schreibt das Theater sozusagen in die Köpfe derjenigen hinein, die sich fürs Theater interessieren, auch wenn sie es nicht gesehen haben. Deshalb hat er deutlich zu schreiben und verständlich. Seine Tätigkeit ist kein Rätsel- oder Verrätselungsspiel im stillen Kämmerlein, sie ist freie Rede auf offenem Markt. Würde er da zu leise werden, könnte er gleich schweigen.

Er ist der Kollege des Lesers: Dieser sitzt ihm, bildlich gesehen, von gleich zu gleich am Schreibtisch gegenüber. Ihm erzählt er, was ihn berührt, gelangweilt, erregt, gepeinigt, entzückt hat. Mit ihm diskutiert er die Schlußfolgerungen daraus. Und mit ihm ist er lustvoll einverstanden über den einen Grundsatz: Eine gute Pointe ist besser als eine schlechte Inszenierung. Und auch über den anderen Grundsatz: Eine Kritik darf alles sein, sie darf kurz sein. Denn wer kürzer schreibt, hat länger recht. Sie kann lang sein. Nur langweilig darf sie nicht sein. Auch über langweilige Theaterabende hat der Kritiker kurzweilig zu schreiben. Es hat gereicht, wenn er im Theater gegen den Schlaf hat kämpfen müssen. Seine Leser sollen nicht auch noch zum Einschlafen gebracht werden.

Der Kritiker will, wenn er aus dem Theater kommt, reicher, bewegter und angeregter und vor allem amüsierter, unterhaltener sein als zuvor. Das Theater muß ihm Dinge zeigen, die zwischen Menschen passieren, die er noch nicht kannte, nicht ahnte, nicht wußte, sich noch nicht vorstellen konnte. So reizt das Theater seine Vorstellungskraft. Und die des Lesers mit. Er erwartet vom Theater immer wieder von neuem das Wunder des Nochniedagewesenen und weiß, wie viele Wunder im scheinbar schon Gewesenen noch schlummern können. So fördert das Theater seine Entdeckungslust. Und die des Lesers mit.

Bevor er und die anderen ganz aussterben, sollte man sich anschauen, was für Typen von Kritikern es sonst noch gibt.

Es gibt da zum Beispiel den Kritiker, der seine Leser als die unmündigen Studenten eines theaterwissenschaftlichen Seminars betrachtet. Anhand jeder Aufführung erklärt er ihnen nicht nur das ganze Theater von Aischylos bis Achternbusch, sondern immer gleich die ganze Welt und was sie im Innersten zusammenhält. Er schildert Tendenzen und Zusammenhänge und Entwicklungen — und vor allem: Er kämpft für Tendenzen und Zusammenhänge und Entwicklungen. 1970 hat er verkündet, ein Theatermann, der nicht mindestens das Parteibuch der SPD besitze, könne nicht wahrhaft Theater machen: Von welcher Seite die Beherrschten auf die Bühne traten und von welcher die Herrschenden, die einen von links, die anderen von rechts, darauf achtete er streng. Er erklärte anhand des Theaters die Gesellschaft, wie sie sein sollte.

Dann, als Ende der siebziger Jahre die Eiszeit ausgerufen wurde, als überall Caspar David Friedrichs Bild von den sich türmenden Eisschollen von den Bühnen herabdräute, erklärte er seinen Lesern die Gesellschaft, wie sie angeblich war: eben erstarrt im Eise. Irgendwann war dann das Theater der Clowns dran, dann das Theater des Betons, dann das Theater der Innerlichkeit, dann das Theater der Erschöpfung, dann das Theater der Schauspieler, dann das Theater des Tanzes, das Theater der Bilder, dann das Theater der Formen, das Theater der Ekstase, des Kults und so weiter. Und immer war dieser Kritiker ganz nah und analytisch dabei. Und immer war die Tendenz seine Tendenz. Er traut seinen Lesern alles zu, nur nicht, daß sie sich selber Gedanken machen. Die macht er sich für sie. Er hat eigentlich seinen Beruf verfehlt. Er schreibt nicht übers Theater als aktuelles Ereignis für den Tag. Er schreibt Theatergeschichte, und immer gleich im Jahrzehntrahmen. Er betrachtet sich als Teil des Theaters, das ihn manchmal dazu verführt, ganz auf dessen Seite zu wechseln. Dann wird er Intendant.

Wer Intendant wird oder nicht und wie man's verhindern oder fördern könnte, wer's würde oder wer's nicht würde, interessiert einen anderen Typus von Kritiker mehr als alles andere. Auch er hat seinen Beruf verfehlt. Er ist als Kritiker immer zugleich Kulturpolitiker. Alles, was er schreibt, ist hochpolitisch in dem Sinne, daß es taktisch ist. Er hat das Intendantenkarussell scharf im Auge. Er weiß, wen Berlin oder Castrop-Rauxel jetzt nötig hätte oder wen Köln oder Mannheim nicht mehr nötig hat. Er spürt, wer gepusht und wer abgehalftert gehört, wobei ein heute Gepushter morgen schon zu den Abgehalfterten gehören kann. Beschreibung und Bewertung von Inszenierungen richtet er dementsprechend aus. »Kreuziget ihn!« und »Hosianna!« liegen als blitzende, scharf geschliffene Werkzeuge im kritischen Besteck. Er zückt sie wie ein

Chirurg Skalpell oder Säge, je nach Bedarf und Lage. So lange, bis er selber Intendant ist — ein Opfer seines eigenen kulturpolitischen Furors. Um Bert Brecht abzuwandeln: Er hat zu viele Vorschläge gemacht, jetzt wurde er angenommen. Von nun an lernt er Säge und Messer erst richtig kennen.

Überhaupt ohne Messer oder andere spitze, verletzende Instrumente arbeitet ein vierter Typus von Kritiker. Sein liebstes Werkzeug ist das »Es war einmal«, als sei das ganze Theater ein einziges Märchen. Und er ist der Märchenerzähler.

Er schildert Szenen und Schauspieler als Wesen aus einer Wunder- und Fabelwelt; er dichtet den Schmutz, das Elend und die Erdenschwere des Schaugewerbes um in den Glanz und die Glorie des Schwerelosen, Equilibristischen. Er verklärt nicht; seine feine Intelligenz gebietet ihm, die Abwesenheit von Glanz, Glorie und Schwerelosigkeit zu erkennen und darüber zu trauern. Er zeigt dem Theater dauernd, wie wunderbar es sein könnte und wie schrecklich es leider ist.

Er weiß alles vom Theater. Aber er geht trotzdem immer wieder hin. Die Last, die diese Gänge ihm bereiten, verschweigt er nicht, aber die Zeugnisse dieser Last sind wieder nur hübsche Geschichten. Seine Kritiken sind Novellen: Berichte von unerhörten Begebenheiten, schönen und weniger schönen. Er richtet nicht, er berichtet. Seine Analysen versteckt er in Impressionen, seinen Zynismus in Liebeserklärungen. Bevor es ganz schlimm wird, bricht er die eine Geschichte ab, setzt ein Sternchen und beginnt eine neue Geschichte.

Er hat seinen Beruf zur fast perfekten Kunst gemacht, die ihn über die Kunst hinwegtröstet, über die er schreiben muß oder will. Er ist ein altes Kind, das wunderschön verzweifelt daran arbeitet, das Staunen nicht zu verlernen. Manchmal gähnt das Kind. Aber selbst noch seine Müdigkeiten sind als Kostbarkeiten genießbar.

Diese vier Typen von Kritikern sind keine reinen, schlackenlosen Typen. Sie vermischen und verwischen sich. Jeder hat immer auch ein bißchen etwas vom anderen; der Taktiker ist auch Impressionist, der Tendenzhuber hat die Pointe auch verspürt, der Impressionist macht auch Politik, und der autonome Kopf erzählt genauso schöne Geschichten wie das alte Kind. Nur auf die Sternchen verzichtet er, seufzend.

Und so hat man sie alle zusammen, einzeln schon unausstehlich, gemeinsam aber schrecklich. Aber selbst an ihren schlechtesten Tagen sind sie immer noch besser als der beste Zwerg von einem Service-Kellner. Sie sind glückliche Riesen aus der Vorzeit, unverdrossen und in gutem Zustand. Sie meinen, sie hätten den schönsten Beruf der Welt. Sie ahnen, daß es einer der überflüssigsten ist, aber von allen überflüssigen Berufen der herrlichste.

Alfred Kerr, der witzigste Urgroßvater der heutigen Kritikergeneration, hat den Artikel 1 des Grundgesetzes der Theaterkritik in Reime gefaßt.

Zum Kugeln, wer ein kritisch Ämtchen
Gottsbitterlich pathetisch nimmt.
Zum Kugeln, wer im Priesterhemdchen
Das Rampenholz zum Fetisch nimmt.
Das Ding, worum man raunt und schreit,
Ist von beschränkter Wichtigkeit.

Letzte Vorstellung.

*Das Theater ist eine jahrtausendealte
Perversion,
in die die Menschheit vernarrt ist.*
Bruscon im »Theatermacher«

Das »Ding, worum man raunt und schreit«, explodiert.
Das Theater sprengt die Welt in die Luft. Eine Deto-
nation furchtbaren Ausmaßes. Es regnet Kiesmassen
und Parkbänke, Menschenleiber trudeln durch die
Atmosphäre. Graf Wallenstein ist entzückt: »Na, die
Leut sind alle da her gelaufen, ich nach, überall war
schon abgesperrt und Dragoner ausgerückt, ja und die
Artillerie kommt nach, hab ich ghört. Mich habens
aber selbstverständlich durch alle Kordon glassen . . .
Von was hamma grad gredt — ja, muß schauen, was
is.«
Ein junger Schauspieler, Rudi Lallmayer mit spre-
chendem Namen, ein »angehender Mime und Aspirant
für das Burgtheater«, hat versucht, sich, das Theater,
die Stadt und die Welt in die Luft zu sprengen mittels
einer Marinegranate, die er unter einer Bank im Wiener
Stadtpark deponierte. Dadurch aber, daß sich eine
»unermeßlich reiche Witwe« auf die Bank setzt, Rudi
daraufhin in verdächtiger Weise unter der Parkbank
herumzufummeln beginnt, dadurch auch, daß ein zigar-
rerauchender Herr seinen glühenden Stumpen weg-
wirft und dieser die Zündschnur der Granate in Brand
setzt, dadurch aber vor allem, daß Aspirant Lallmayer

aus einem Reich kommt, in dem das Sein und der Schein und das Klischee und der Aberwitz eine unauflösliche Verbindung eingegangen sind — dadurch kommt es zur Zersprengung der Welt durch das Theater.

Während noch »irres Geschrei und Gestrampel« zu vernehmen und das Niedergehen einer »großen Kiesmasse« zu bewundern ist, wird Rudi Lallmayer vom ersten besten Polizisten mit der Frage bombardiert: »Wer sind Sie?« Der Ordnungshüter aus der Welt des normal kontrollierten Wahnsinns vernimmt die alles erklärende und alles vernichtende Antwort: »Tragöde!«

Die Szene spielt in Fritz von Herzmanovsky-Orlandos wunderbarer Gesellschaftskomödie *Prinz Hamlet der Osterhase oder »Selawie« oder Baby Wallenstein*. Der altösterreichische Grandseigneur und Groß-Kauz schrieb sie um das Jahr 1937 herum. Als Hans Hollmann sie am 31. Dezember 1983 im Schauspielhaus Zürich uraufführte, wurde aus dem holden Schwachsinn der Sein-und-Schein-Melange ein albtraumbildhaftes Menetekel: Das Pfeifen der Bühnen-Granate war die doppelt gebrochene Melodie des Abgesangs auf die Sprengkraft des Theaters.

Daß durch eine Theaterexplosion eine ganze Stadt, inklusive Dragoner und Artillerie, durcheinandergebracht werden könnte, war 1937 ein guter Witz, 1983 eine bitter ironisch hingenommene Lüge: das letzte, höhnische Verflackern der damals gut vierzehn Jahre alten Illusion, datierend von 1968, daß das Theater zu irgend etwas Praktischem nütze sei in der Gesellschaft. Wenn nicht dazu, sie zu ändern, dann wenigstens dazu, ihr Veränderungsmöglichkeiten vorzuspielen; wenn aber nicht dazu, dann wenigstens dazu, ihr die Veränderung ihrer Träume zuzumuten; wenn aber nicht einmal dazu, dann wenigstens dazu, ihr die Zumutung der Veränderung ihrer Träume vorzuspielen — und so weiter, und so immer weniger.

Im Jahr 1993 scheint es, als könne die deutsche Gesellschaft ganz gut ohne das Theater auskommen. Es sieht so aus, als habe das Theater der Gesellschaft alles gezeigt und alles gegeben, was es in seinen Arsenalen hatte — und es griff immer hektischer in diese hinein und schaufelte immer Pompöseres aus ihnen heraus. Es wirkt einerseits ausgespielt, andererseits überfettet. Die Gesellschaft wiederum hatte die Theater gepäppelt und gefüttert, wie es die öffentlichen Haushalte hergaben. Je mehr sie päppelte und fütterte, desto matter wurden die Theater. Daß es so, wie es bisher gegangen ist, nicht mehr lange weitergehen kann, daß das Gesellschaftstheater und die Theatergesellschaft am Ende angekommen scheinen, ist allen innerhalb und außerhalb des Bühnengewerbes klar, die hie und da auf einer Parkbank träumen.

Die sogenannte Wende von 1989 und die zwangsläufig erfolgte deutsche Einheit bescherte dem neuen Land die Verdoppelung seiner Theatermasse und damit auch die Beschleunigung des Endspiels: hin zur endgültigen Implosion des Systems. Die Bühnen im Osten Deutschlands, die Erben des Staatstheatersystems der DDR, tragen an ihrem Erbe wie arme Leute, die riesige Häuser vermacht bekommen haben, auf denen schwere Hypotheken lasten. Die Theater, die es wie in keinem anderen Land der Welt in der DDR fast in jedem kleineren Ort gab, erstickten an ihren alten Ensembles, in denen zu DDR-Zeiten der Schauspieler-Beamte die Regel war, auf Lebenszeit gesichert, aber unbeweglich dort festsitzend, wo er einmal strandete. In Ost-Berlin oder Dresden oder Leipzig engagiert zu sein hatte eine andere Bedeutung für die Ost-Schauspieler als für ihre West-Kollegen die Entscheidung, in Hamburg, München oder West-Berlin aufzutreten.

West-Schauspieler floateten frei nach Lage ihres Marktwertes, heute hier, morgen dort. Ost-Schauspieler saßen auf einem hierarchisch organisierten Karrieresystem fest, in dem Berlin die Spitze, Leipzig und Dresden die Mitte, Anklam die Basis bildete; eine Durchlässigkeit war kaum gegeben. Theater wurde so zur Zwangsheimat, in der sich, wenn es gutging, die Zuschauer und die Schauspieler darauf verständigten, daß man augenzwinkernd, in mehr oder weniger deutlichen Anspielungen, Kritik an Partei und Staat in netter, metaphorischer Form spielerisch vorbringen konnte. Das Theater: ein kleines, miefig-aufregendes Widerstandsnest, in seiner Ventilfunktion gut kontrolliert vom Ministerium für Staatssicherheit, zentral finanziert und zensiert vom Zentralstaat DDR.

Die Frage, was aus diesen Theatern werden soll, hat nach der Wende der Föderalstaat Bundesrepublik damit beantwortet, daß er zentral für ein paar Jahre alle Theater weiter finanzierte. Damit war die Beantwortung der Frage aufgeschoben. Nach Beendigung der zentralen Finanzierung zeigt es sich, daß ausbleibende Geldmittel ein bißchen Bewegung in alte Strukturen bringen können. Die neuen Bundesländer und deren Kommunen sind auf lange Sicht noch nicht so finanzstark, daß sie die alte Staats- und Stadttheaterstruktur erhalten können. Also geht man daran, die Häuser verschiedener Städte zusammenzulegen, Orchester auszutauschen, Sparten aufzulösen. Stadttheater werden zu Landestheatern, die ganze Regionen bespielen. Manche Häuser werden geschlossen. Gleichzeitig aber bekamen die Theater im Osten dieselbe Tarifstruktur wie im

Westen. Das bedeutet, daß die äußere Bewegung, die in die Theaterlandschaft gekommen ist und die alte Schwerfälligkeit etwas durcheinanderbringt, wieder gefährdet scheint durch das Heranwachsen der gewerkschaftlich kontrollierten Apparate. Nach einer Zeit, in der alles ganz anders aussieht als zuvor, wird sich, nur etwas perspektivisch verschoben, das alte Bild wieder einstellen.

Solange sich an den inneren Strukturen nichts grundlegend ändert, kann selbst eine größere Verwerfung in den äußeren Strukturen wenig bewirken: Auch fusionierte Theater leiden an starren Arbeitszeitregelungen, am gewerkschaftlich abgesicherten Wahnsinn, daß die Leute, die abbauen, nicht beim Aufbauen helfen dürfen, daß, selbst wenn nur ein Stuhl auf der Bühne steht, es dem Regieassistenten verboten ist, als Stuhlabräumer einzuspringen, auch wenn das dem Fortgang der Probe nützlich wäre, man aber so lange warten muß, bis der zuständige Bühnenarbeiter seine Pausenzeit beendet hat.

Bevor im Osten ganze Landstriche theatralisch veröden und bevor im Westen ganze Großstädte ihre Theater an sich selbst ersticken lassen, wenn zum Beispiel ein Großbetrieb wie die Bühnen der Stadt Frankfurt am Main bei heißlaufendem Apparat vor halbleeren Sälen vor sich hin spielt, müßte die Realisierung des alten, heimlichen Traums aller Theaterleute gewagt werden: die Gewerkschaften aus dem Theater zu schmeißen. Das Theater gehört in die Hände der Theatermacher.

Angenommen, die Politiker und die Theaterleute schafften es gemeinsam, das Theater dem öffentlichen Dienst zu entreißen und es wieder mehr in öffentliche Dienste zu stellen, dann müßte das Theater auf etliche

seiner Hilfsmittel und seiner Hilfstruppen verzichten.
Zu den paar Bohlen über zwei Fässern oder dem
Kobolzschlagen aus dem Karren auf die Straße führt
kein Weg zurück. Das »Arme Theater« ist immer eine
wunderbare Seminarübung für wundervolle polnische
Existentialspieler gewesen, es ist keine wahre Alter-
native für ein reiches System.

Das reiche System kann seinen Reichtum nicht mit
Lendenschürzen und Konzentrationsübungen in Sand-
Arenen korrigieren: Das entspräche nur der schicken
Sehnsucht des beamteten A-13-Deutschen, der das Heil
und die Rettung vor dem schrecklichen kalten deutschen Land mit seinen schrecklich kalten Menschen in
einem südlichen Kral sucht, wo die Menschen noch so
herrlich unverdorben und ursprünglich zu sein haben,
daß sie exakt der Unverdorbenheitsvorstellung des an
seiner Verdorbenheit angeekelt leidenden Deutsch-
schmerzlers mit Pensionsberechtigung entsprechen —
und wehe, sie zeigen Gelüste nach ein bißchen mehr
Komfort und Wohlstand. Das »Arme Theater« ist wie
die arme dritte Welt: Je weiter weg, desto faszinie-
render.

Das reiche System wird auch dadurch nicht gesünder,
daß es privatisiert wird: Privatisierer müssen damit
rechnen, daß sich eine Sache rechnet. Theater rechnet
sich nicht. Und das Theater, das sich rechnet, *Cats,
Phantom der Oper, Starlight Express,* die lightshowdurch-
fluteten High-Tech-Spektakel zu synthetischer Musik
ähneln mehr einem Industrieprodukt als einer Kunst, in
der es um Menschen geht.

Das reiche System müßte seinen Reichtum zunächst
nicht mehr von vornherein für selbstverständlich er-
achten, ihn also leichter nehmen. Nichts muß so bleiben, wie es ist.

Auch für westliche Ballungsgebiete ist nicht einzusehen, daß alle fünfzig Kilometer ein Theater unter vollen Segeln vor sich hindümpelt, daß im Zeitalter großer Mobilität jede städtische Einheit ihre eigene große Theaterimmobilie behält. Und wenn die Frankfurter ihr Theater immer weniger aufsuchen, weshalb könnten sie nicht darauf verfallen, sich in Wiesbaden, Mannheim, Darmstadt schadlos zu halten — vorausgesetzt, die dortigen Theater zögen sie an? Aber nur die wenigsten deutschen Theater ziehen Besucher aus anderen Städten an, weil die meisten in ihrer Langeweile, ihrer Einfallslosigkeit, ihrem Mode-Profil sich so ähnlich sind.

Dazu paßt, daß auch die sogenannten Freien Gruppen nach nichts so sehr drängen wie nach Subventionen, nach einem festen, »unfreien« Plätzchen, an dem sie, herwandernd aus ihren Zelten, Kellern und Fabrikräumen, der Beliebigkeit der großen Häuser nichts Eigenes entgegensetzen, sondern diese nur um ein paar ungeniertere Varianten bereichern. Schon ihre Werbeprospekte und von PR-Agenturen betreuten Pressefeldzüge beweisen es: Das Theater von unten ist längst auf dem Weg ins Obere, wo Luft und Kunst dünn werden.

Der Grundfehler des reichen Systems ist sein Ansatz, mit dem es danach fragt, was zu machen sei: Was müssen wir bieten, damit wir in Betrieb bleiben? So kommen inhaltliche, künstlerische Entscheidungen unter die Knute betriebstechnischer und -politischer Verfahren. Ein *Hamlet* setzt den Betrieb, die Verwaltung, die Urlaubsplanung, die Abstimmung der Flugpläne, die Technik, die Werkstätten, das Besetzungsbüro ganz anders in Gang als ein Albee. »Das ist nicht zu machen« ist kein künstlerisches, es wird in Deutschland immer mehr zu einem verfahrenstechnischen Argument.

Der Ansatz wäre umzudrehen: Was müssen wir aufbieten, um das zu machen, was wir machen wollen? Das würde bedeuten, daß die Produktivität im Vordergrund stünde, daß zuerst nach dem Sinn, der wahren Geste, der schlagenden Szene, dem eindrücklichen, umwerfenden, alles andere ins Nebensächliche verweisenden Verhalten von Menschen auf der Bühne gesucht und erst dann über den Einsatz von Mitteln entschieden würde, der dafür notwendig wäre. Diese Mittel beträfen das technische Personal, das nur und ausschließlich für diese eine Inszenierung engagiert würde und sich danach auf dem freien Markt, wie die Schauspieler auch, sich eine neue Produktion suchen müßten. Diese Mittel beträfen die technische Ausstattung, die ganz auf dieses Vorhaben zugeschnitten wäre, nicht auf- und abgebaut, sondern so lange Bestand haben würde wie die Produktion. Das ganze Theatersystem müßte mit leichterem Gepäck marschieren. Das bedeutete auch, daß man wegkäme vom Wahn, Repertoire spielen zu müssen, daß man in großen Blöcken, nicht in Potpourris dächte, die immer mehr von Schließtagen durchlöchert werden. Das würde bedeuten, daß man sich auf die Stücke und die Autoren konzentrierte, die man wirklich liebt und zu denen man einen Zugang hat: Schluß mit den Pflichtstücken, den Pflichtklassikern, den Pflicht-Tschechows, Pflichturaufführungen, Pflichtgegenwartsautoren, Pflichtnachwuchsförderungen. Schluß mit der Pflicht. Weg mit der Versorgung. Weg mit der »Flächendeckung«, mit dem »Angebot«, das allen alles und keinem etwas richtig zu geben sich bemüht.

Raus aus den schauspielerischen Gemischtwarentruppen, hin zu den kleineren Ensembles, in denen jeder weiß, was der andere tut und warum er das tut. Wenn bei Ariane Mnouchkine in der Cartoucherie von Vincennes ein Schauspieler innerhalb der *Atriden* den Agamemnon, die Amme, den Orest, den Boten und einen Chorführer spielt, dann hat er einen Seelenkontinent durchwandert, in dem jede Verwandlung ein ungeheures Abenteuer war. Wenn in einem deutschen Stadttheater ein Schauspieler heute den Wetter vom Strahl, morgen den Pericles, übermorgen den Hamm spielt, dann serviert er Tutti frutti, gemischte Durchschnittskost im fliegenden Wechsel. Er kommt kaum dazu, zu einer Figur sich vorzutasten, geschweige denn, in sie einzudringen.

Was das Theater viel mehr brauchte, als es jetzt zur Verfügung hat, ist: Zeit. Nicht die Vermehrung der Apparate bringt die Lösung, die Vervielfältigung der Einheiten brächte die neue Vielfalt: Mehr kleinere Ensembles, die sich neu gründeten, aus den großen Häusern ausbrächen, neue Theater fänden, alte neu aufmachten, Räume belebten und eine Stadt nun nicht mit neuen Potpourris, sondern mit vielen neuen Theaterkonzentraten überschwemmten. Die Städte müßten nicht an ihren Riesentheatern verarmen, sie würden reicher durch den Reichtum vieler Theater, die sich aber vom ärmlichen Sektierertum der Kleintheater mit ihrer Sucht, es den Großen nachzutun, unterschieden dadurch, daß sie so lange die Szene um und um krempelten, bis aus einer alten, verstaubten Figur ein erregend neuer Typ hervorlugte.

Und die besten, phantasievollsten Regisseure würden solche Ensembles an sich ziehen, ausreichend, aber nicht hypertroph subventioniert werden, aber ein schönes Stück Geld selber einspielen, die Technikkosten senken, Kunst statt Aufwand treiben und auf Regie-

Gagen von 130000 Mark verzichten. Ein hübscher
Traum.

Die Frage, die bis jetzt in den seltensten Fällen
beantwortet werden kann, wenn Theater stattfindet,
lautet: Warum spielen die das? In den meisten Fällen
geben sich alle zufrieden, Zuschauer, Theatermacher,
Kritiker, Stadtväter und Sponsoren, wenn irgendeine
ideologische Flottheit sichtbar wird, zum Beispiel
»Deutsche Szenen«, »Bilder gegen das Vergessen«,
»Kampf um Phantasie«, »Wehret den Anfängen« usw.
Diese Plakatbegriffe werden nicht auf der Bühne zu
Gestalten. Sie kleben als Etiketten am Theater oder
umschlingen es in der Form geistiger Bauchbinden.
Wer sich solch ein Konzept einfallen läßt, braucht seine
Einfälle nicht mehr zu rechtfertigen. Er scheint auf
dauernder Suche nach einem Sprengstoff zu sein oder
wenigstens nach etwas, was sich als Sprengstoff etiket-
tieren läßt oder dessen Etikett entfernt nach Spreng-
stoffetikett aussieht. Doch unter der Parkbank findet
sich nichts. Rudi Lallmayer ist längst pensionsberech-
tigter Schauspieler-Angestellter des Burgtheaters.

Die Theater sorgen sich um ihre Gelder, ihren Bestand, ihre Strukturen, ihr Personal, ihre Strategien,
ihre Verträge. Es wäre an der Zeit, daß sie sich um
ihre Figuren sorgten. Man spielte zum Beispiel jahr-
zehntelang *John Gabriel Borkman* von Ibsen und zeigte
in jeder Inszenierung, daß der alte Bankier Borkman,
der Betrüger und Frauenverräter, nichts für uns sei.
Zu sehen war ein mehr oder weniger lächerlicher alter
Kerl, eine nordisch-naturalistische Männerphantasie.

Es wurden Abonnements aufgelegt, Scheinwerfer
installiert, Holz, Eisen, Segeltuch, Stoffe, Metalle ver-
arbeitet, Honorare bezahlt, Schauspieler engagiert,
Programmhefte gedruckt, Regisseure auf Throne ge-

setzt, Bühnenbildner hofiert — nur um zu demonstrieren, daß der ganze Aufwand uns nichts angehe. Das Stück kam auf den Spielplan, weil Ibsen in der obligaten Spielplan-Sparte »Spätes neunzehntes Jahrhundert / Spätbürgerlicher Realismus« immer mal wieder dran ist, man letzte Saison *Nora,* die vorletzte Spielzeit *Gespenster* im Programm hatte, der Regisseur, den man unbedingt für den *Faust* will, aber nur zusagt, wenn er gleich noch *Die Wildente* dazu bewilligt bekommt, die ihm für die Saison in drei Jahren fest versprochen ist, bei zwanzigprozentiger Regie-Gagen-Erhöhung. John Gabriel Borkman hatte auf den Bühnen kaum etwas zu suchen außer ein Dasein, das ihm die Bühnen gleichzeitig streitig machten.

Plötzlich aber steht John Gabriel Borkman in einer Inszenierung Luc Bondys und in der Gestalt des Schauspielers Michel Piccoli auf der Szene. Und auf einmal spürt man: Hier ist eine hochinteressante, spannende Figur, die aus ihrer alten Schuld, ihren alten Verbrechen ein leichtes, komisch-spleeniges Spiel macht. Und urplötzlich fallen alle Konzepte »Wider das Vergessen« in einer Handbewegung Piccolis, einem Augenrollen des Schauspielers zusammen, der die umwerfende Geste findet für den Wahn und die Lust des Vergessens. Die Frau, die er liebte und nicht heiratete, und die Frau, die er nicht liebte und heiratete, spielen mit ihm um das verlorene Spiel, das ihr Leben war. Der Zuschauerraum ist voller Lachen, ein glückliches Glucksen über die Tollheit und den Witz von Leuten, die aus ihrer Lebenstragödie eine Komödie gemacht haben. Und der Tod ist leicht wie eine Feder und streng wie eine Fuge, die alle Fluchtwege zusammenführt. Memento mori als zarte Zimmerschlacht, das Kammerspiel um Liebe, Schuld und Bankrott als

Requiem, in dem die alten Sünden unerbittlich aus-
gesungen werden, aber so, daß sie als Posten eines
Lebensreichtums verrechnet erscheinen: Schuld ist
auch etwas, wovon man etwas hat. Die Schuldlosen
sind viel langweiliger.

Die Inszenierung kam in Lausanne heraus, wurde
mit Theatern in Paris und Brüssel koproduziert. Sie
überschritt mit europäischer Leichtigkeit Grenzen
bei gleichzeitiger Konzentration auf den neuen Kern
einer alten Gestalt, die liebend ernst genommen wird.
Schön der Gedanke, daß sie überall zu Hause sein
kann. Schöner der Gedanke, daß in dieser Leichtigkeit
ein Modellkeim für ein Theater läge, das aufbräche
aus der omnipotenten germanischen Verstocktheit der
Selbstdarsteller. Ein Theater, das in lässige, schwe-
bende Bewegung käme und sich um nichts weiter
scherte als um die Leute, die darzustellen wären. Das
ist ein zweieinhalbtausend Jahre alter Wunsch, immer
wieder unerfüllt.

Der Wunsch bleibt. Auch nach der letzten Vorstellung.

Texthinweise

»Exkursion in den Wald. Das Welttheater tanzt« ist zuerst erschienen in der *F. A. Z.* vom 7. November 1992.

»Die Theaterferien. Ein Freilicht« ist zuerst in veränderter Form erschienen in der Stuttgarter Monatsschrift *Kultur*, Juni/Juli 1991.

»Der Wasserkopf. Apparat« ist zuerst erschienen in stark gekürzter Form in der Stuttgarter Monatsschrift *Kultur*, September 1990.

»Das Theatertreffen. Ein Dramolett« ist in veränderter Form zuerst erschienen in der *Zeit* vom 6. Mai 1988.

Gern benutzte Quellen und Materialien

Gerhard Ahrens (Hrsg.), *Bernhard Minetti / Faust.*, Berlin 1983.

Heinz Ludwig Arnold / Theo Buck (Hrsg.), *Positionen des Dramas. Analysen und Theorien zur deutschen Gegenwartsliteratur*, München 1977.

Manfred Brauneck, *Klassiker der Schauspielregie. Positionen und Kommentare zum Theater im 20. Jahrhundert*, Reinbek 1988.

Manfred Brauneck, *Theater im 20. Jahrhundert. Programmschriften, Stilperioden, Reformmodelle*, Reinbek 1986.

Hans Peter Doll, *Vorhang zu! Geschichten eines Theatermachers*, Stuttgart 1990.

Herbert A. Frenzel, *Geschichte des Theaters. Daten und Dokumente 1470–1890*, München 1964.

Christina Haberlik, *Peter Lühr. Ein Porträt*. Mit Beiträgen von Dieter Dorn, Thomas Holtzmann, Peter Stein, George Tabori, Bob Wilson, Berlin 1989.

Georg Hensel, *Spielplan. Der Schauspielführer von der Antike bis zur Gegenwart*, 2 Bde., München 1992.

Leopold Jeßner, *Schriften. Theater der zwanziger Jahre*, Berlin 1979.

Marie-Luise Könneker / Esther Fischer-Homberger (Hrsg.), *Götterspeisen. Teufelsküchen. Texte und Bilder vom Essen und Verdauen, vom Fressen und Fasten,*

Schlecken und Schlemmen, von Fett und Fleisch, Brot und Tod, Frankfurt am Main, 1990.

Fritz Kortner, *Aller Tage Abend,* Berlin 1991.

Klaus Lazarowicz / Christopher Balme (Hrsg.), *Texte zur Theorie des Theaters,* Stuttgart 1991.

Friedrich Michael / Hans Daiber, *Geschichte des deutschen Theaters,* Frankfurt am Main 1990.

André Müller, *Im Gespräch,* Reinbek 1989.

André Müller, *Interviews,* Hamburg 1982.

Ulrike Müller-Harang, *Das Weimarer Theater zur Zeit Goethes,* Weimar 1991.

Andres Müry, *Minetti ißt Eisbein. Lob der Hinterbühne,* Frankfurt am Main 1992.

Michel Onfray, *Der Bauch der Philosophen. Kritik der diätetischen Vernunft,* Frankfurt am Main, New York, Paris 1990.

Propyläen Weltgeschichte. Eine Universalgeschichte, hrsg. von Golo Mann, Bd. VIII/1, *Das neunzehnte Jahrhundert,* Frankfurt am Main, Berlin, Wien 1976.

Max Reinhardt, *Leben für das Theater.* Schriften und Selbstzeugnisse, Berlin 1989.

Henning Rischbieter (Hrsg.), *Theater-Lexikon,* Zürich und Schwäbisch Hall, 1983.

Jürgen Stelling, *Menschenfressende Gäste. Ein literarisches Kochbuch,* Zürich 1979.

Lee Strasberg, *Schauspielen & Das Training des Schauspielers. Beiträge zur ›Method‹,* hrsg. von Wolfgang Wermelskirch, Berlin 1988.

Alexander Tairoff, *Das entfesselte Theater. Aufzeichnungen eines Regisseurs,* Berlin 1989.

Theater heute, Seelze 1992, Hefte 5, 6, 7, und überhaupt.

Theater 1992, Das Jahrbuch der Zeitschrift ›Theater heute‹, hrsg. von Peter von Becker, Michael Merschmeier, Henning Rischbieter, Franz Wille, Seelze 1992.

Theaterschrift. Der Geschriebene Raum, hrsg. von Tom Stromberg u. a., Nr. 2/1992, Frankfurt am Main, Berlin, Wien, Amsterdam.

Peter Zadek, *Das Wilde Ufer. Ein Theaterbuch.* Zusammengestellt von Laszlo Kornitzer, Köln 1990.

Über den Autor

Gerhard Stadelmaier, geboren 1950 in Stuttgart, ist der fürs Theater zuständige Redakteur und Theaterkritiker im Feuilleton der *Frankfurter Allgemeinen Zeitung*. Lebt unter Rosen in Bad Nauheim. Sein Buch *Lessing auf der Bühne. Ein Klassiker im Theateralltag* erschien 1980.

Inhalt

LETZTE VORSTELLUNG. EINE FÜHRUNG DURCHS DEUTSCHE THEATER von Gerhard Stadelmaier ist im September 1993 als hundertundfünfter Band der ANDEREN BIBLIOTHEK im Eichborn Verlag, Frankfurt am Main, erschienen.

Die Bilder stammen von den Kölner Photographen Hermann und Clärchen Baus.

Dieses Buch wurde in der Buchdruckerei Greno in Nördlingen aus der Korpus Garamond Monotype gesetzt und auf einer Condor-Schnellpresse gedruckt. Das holz- und säurefreie mattgeglättete 100 g/qm Bücherpapier stammt aus der Papierfabrik Niefern. Den Einband besorgte die Buchbinderei G. Lachenmaier in Reutlingen.

1. bis 8. Tausend, September 1993. Einmalige, limitierte Ausgabe im Buchdruck vom Bleisatz.

ISBN 3-8218-4105-2. Printed in Germany.

Von jedem Band der ANDEREN BIBLIOTHEK gibt es eine Vorzugsausgabe mit den Nummern 1–999.

Platzanweiserinnen.

Disposition.

208.

KÜNSTL.-BETRIEBSBÜRO
DES SCHAUSPIELS

HORST SCHEBENZ

Kostümabteilung.

Garderobefrauen.